ELOGIO A JACQUES LACAN

CIP-BRASIL. CATALOGAÇÃO NA PUBLICAÇÃO
SINDICATO NACIONAL DOS EDITORES DE LIVROS, RJ

A452e
Almeida, Wilson Castello de
  Elogio a Jacques Lacan / Wilson Castello de Almeida. – São Paulo : Summus, 2017.
  264 p. : il.

  Inclui bibliografia
  ISBN 978-85-323-1056-9

  1. Lacan, Jacques, 1901-1981. 2. Psicanálise. I. Título.

16-36636
                                                         CDD: 150.195
                                                         CDU: 159.964.2

www.summus.com.br

ELOGIO A JACQUES LACAN

Wilson Castello de Almeida

summus editorial

Editora executiva: **Soraia Bini Cury**
Assistente editorial: **Michelle Neris**
Projeto gráfico: **Crayon Editorial**
Capa e diagramação: **Santana**
Impressão: **Geográfica Editora**

Summus Editorial
Departamento editorial
Rua Itapicuru, 613 – 7º andar
05006-000 – São Paulo – SP
Fone: (11) 3872-3322
Fax: (11) 3872-7476
http://www.summus.com.br
e-mail: summus@summus.com.br

Atendimento ao consumidor
Summus Editorial
Fone: (11) 3865-9890

Vendas por atacado
Fone: (11) 3873-8638
Fax: (11) 3872-7476
e-mail: vendas@summus.com.br

Impresso no Brasil

A psicanálise lacaniana busca tirar o analisante da condição de objeto para transformá-lo em sujeito, implicando-o em sua própria história por meio da fala, do desejo e da sua singularidade.

A capa deste livro reproduz "A grande onda de Kanagawa", mais conhecida como "A onda", famosa xilogravura do mestre japonês Katsushika Hokusai. Publicada em 1830 ou 1831, faz parte da série de trinta e seis vistas do monte Fuji, sendo a obra mais conhecida do artista. Nela se observa uma enorme onda que ameaça um barco de pescadores na província de Kanagawa, estando o monte Fuji visível ao fundo. A obra sugere a fragilidade da existência humana perante as forças da natureza.

(Wikipédia)

Sumário

Prefácio
Lacan e o real muito além
da realidade

"Deveis, pois, à loucura todos os bens que já se introduziram no mundo, todos esses bens que estais gozando e que tanto contribuem para a felicidade da vida."

ERASMO DE ROTTERDAM, *Elogio da loucura* (1509)

UM ELOGIO A LACAN nos tempos que correm parece algo de um tanto... louco. Em uma era pragmática, tão preocupada com a gestão eficaz, com os resultados concretos e contabilizáveis, com o tratamento técnico-científico de todas as questões humanas e com a busca incessante de uma sempre precária excelência, qual o sentido de ainda se evocar a obra de um autor que nos recorda, a partir de Freud, que nossa existência real se ancora em uma "Outra cena"?

Para nossa ótica pós-utópica, os dados parecem já terem sido definitivamente lançados e o mundo, tal como a Coca-Cola, "é isso aí". Algo simples, autoevidente, a que devemos nos adaptar, como a uma realidade inexorável, e do qual devemos desfrutar com humildade, segundo a modalidade de um gozo imediato, que se consome no próprio instante em que se realiza. Nessa cultura dominante, os sonhos, os desejos, as paixões são ingredientes fundamentais para a propaganda, para a mídia, para a indústria do *entertainment*. Mas não fazem parte, de fato, da vida. Eles servem apenas ao divertimento e aos pequenos parênteses de consolo que nos concedemos na esperança de que a existência possa ser "outra coisa" e não apenas "isso aí". Na vida cotidiana, esses tolos idealismos atrapalham o serviço, prejudicam a eficácia.

Entretanto, é justamente de um autor assim que este livro faz o elogio. Lacan da linguagem, da escuta, da falta impreenchível, da singularidade pela qual cada um é responsável. Aquele que nos fez ver que o sujeito não se confunde com a imagem que faz de si mesmo, mas é o que se exprime sempre de contrabando, de forma excêntrica, em momentos fugazes de abertura nos quais se manifestam seu desejo e fantasia. Esse sujeito lacaniano é apenas suposto, incoerente e incompleto, em busca de um outro capaz de reconhecê-lo em sua radical diferença e que funcione como testemunha de que ali se exprime em ato a verdade única daquele ser marcado pela linguagem.

Wilson Castello de Almeida assume esse risco por própria conta e apresenta ao leitor uma visão geral, ampla e apaixonada da vida e do pensamento de Lacan. Ele incorpora sem dissimulações seus próprios pontos de partida e suas surpresas na descoberta da obra daquele grande psicanalista. Estão presentes as preocupações de alguém provindo do campo psiquiátrico, que frequentou a leitura e as práticas de outros autores psicanalíticos, que fez a descoberta em si próprio da pertinência radical dos postulados lacanianos mais fundamentais.

Em momento nenhum o autor dissimula uma pretensa neutralidade objetiva em face de Lacan – o próprio título explicita desde o início essa posição intelectual e ética. Dessa forma, o leitor poderá se beneficiar de uma apresentação geral do campo lacaniano escrita com a pena do esforço do rigor, mergulhada na tinta da paixão (Brás Cubas *dixit*).

Nesse mundo da objetividade e no qual o sucesso narcisista do eu constitui a melancólica atualização da transvalorização de todos os valores, um livro que busca transmitir o vigor do pensamento de Lacan na forma de um elogio não deixa de ser uma loucura. Wilson Castello de Almeida está louco ao redigi-lo. Eu estou louco por escrever o seu prefácio! E você, leitor, está louco por lançar-se à descoberta de um autor cuja obra fundamenta-se em demonstrar que o Real está muito além dessa nossa pequenina realidade cotidiana. Ou seja, ainda resta uma esperança.

Boa leitura, translacanado leitor.

Mario Eduardo Costa Pereira
Psicanalista, psiquiatra, professor titular de
Psicopatologia Clínica pelo *Laboratoire de Psychopathologie
Clinique et Psychanalyse* da *Aix-Marseille Université* (França)

1. Por que escrevi este livro[1]

EM 50 ANOS DE clínica psiquiátrica, houve o tempo de entusiasmar--me pela obra de Jacques-Marie Émile Lacan.

Inscrevi-me, no Instituto de Psicologia da Universidade de São Paulo, no curso "Teoria, técnica e estratégias especiais em psicanálise" e por três anos dediquei-me aos estudos teóricos, ao atendimento clínico e subsequente supervisão e à produção de uma dissertação que, ampliada, resultou neste livro.

A coordenadora do curso foi a professora doutora Maria Lúcia de Araújo Andrade, uma presença balizadora, exigente e firme em seus propósitos programáticos. Como orientadora da dissertação de conclusão de curso, conduziu-me com maestria pela leitura de Lacan, permitindo-me conhecer de perto as ideias da vanguarda psicanalítica nesta entrada de milênio.

Em correspondência, frequentei o divã do reconhecido Carlos Augusto Nicéas, psicanalista rigoroso, que acompanhou por seis anos o meu experimento analítico, dando-lhe lastro.

E também recebi as bênçãos do meu contemporâneo de faculdade de medicina (UFMG), Francisco Paes Barreto, psicanalista da Associação Mundial de Psicanálise (Paris), generoso amigo e incentivador de minha caminhada.

O objetivo da dissertação era o de enfocar as leituras lacanianas sobre dois casos de psicose. O primeiro deles é caracterizado por surtos clássicos da doença, bem conhecidos da psiquiatria – o caso Schreber; no outro, formatado de modo insuspeitado, a loucura se torna obra literária – o caso

---

1. Psicoterapeuta reconhecido no âmbito científico-cultural de São Paulo, de forma singular não se filia a sociedades de psicanálise sob o alinhamento burocrático da IPA (Londres) ou AMP (Paris). A profissionais sem esse tipo de relação institucional, Elizabeth Roudinesco (1994) prestou homenagem com a frase: "Esses praticantes e seus analisandos, é provável que deem força, uma vez mais, à invenção freudiana".

Joyce. Como peculiaridade, o fato de que ambos estão cingidos por um denominador comum: a estrutura psicótica.

A razão do meu interesse pelo assunto prende-se à minha formação médica, marcada pela consciência de que, por certo tempo, a psiquiatria, em virtude da dificuldade de se definir como ciência, esteve ameaçada de extinção. E de que, no momento, a expansão das neurociências, com acesso aos códigos genéticos e à função dos neurotransmissores, passa a ser nova ameaça de idêntico teor. O entusiasmo pela psicofarmacologia, adredemente estimulado pelo *lobby* dos laboratórios farmacêuticos, já determinou a profecia: todas as especialidades médicas indicarão e receitarão os remédios num formidável reducionismo (antítese de certo reducionismo psicanalítico) e numa ampliação social inquestionável.

Não se podem negar os notáveis progressos da cozinha farmacológica, cujo resultado está na diminuição das internações hospitalares, na ampliação do tratamento ambulatorial e na sustentação médica dos pacientes psiquiátricos em regime de psicoterapia. Os próprios puristas do espaço psicológico cedem às evidências, como o psicanalista Jarbas Portela, que é enfático ao afirmar:

> Finalmente a psiquiatria, apoiada na biologia molecular, quebra mais uma vez o orgulho humano. Se o homem deixou de ser o centro do universo (Copérnico), se deixou de ser senhor em sua própria casa, teleguiado pelo inconsciente (Freud), se não fez a sua história (Marx), agora é produto da variação de substâncias químicas e circuitos neuronais, suprema humilhação até hoje não assimilada.

Nesse quadro, um fôlego é dado às psicoterapias e à psicanálise: elas se encarregarão de cuidar de mais uma ferida narcísica posta na evolução do homem, entre outras tantas que perturbam a mente no decorrer dos milênios.

E a psiquiatria?

O psiquiatra e psicanalista Antônio Beneti brindou-nos com o artigo "Psiquiatria lacaniana?" (1993), no qual desfila os significantes emergidos das instituições públicas de saúde mental de Minas Gerais – psicose, psiquiatria, psicanálise, apresentação de enfermos em reuniões clínicas, diagnóstico, prognóstico, internar ou não internar, medicar ou não medicar, tratar em psicoterapia ou fazer análise... –, num deslizamento que leva às contribuições de J. Lacan no que diz respeito ao doente psicótico.

Lacan foi o psicanalista que não esqueceu sua formação médico-psiquiátrica; ao contrário, incorporou a questão psiquiátrica da psicose aos debates psicanalíticos, não abandonando a prática – tradicional nos hospitais universitários da Europa e também do Brasil – de fazer a chamada "apresentação clínica de doentes".

Essa participação de Lacan, entrevistando os pacientes diante de um auditório de médicos, residentes em psiquiatria e outros interessados, no entanto, era diferente da tradicional clínica médica.

Psiquiatra do Hospital Sant'Anne, ele mantinha as apresentações clínicas para dialogar com o paciente da semana e, assim, demonstrar como podia ler seu discurso. Sua visão psiquiátrica/psicanalítica exigia um diagnóstico. Mas não o diagnóstico objetivista da velha psiquiatria, menos ainda o mecanicista da psicanálise do Ego. Lacan queria tocar o "sujeito" no ser doente. Há um apelo que se faz por meio de J. A. Miller (1997 , p. 523): "Para ser lacaniano é preciso estudar a clínica". Essa frase tem um sentido especial, pois não se está propondo estudar somente a clínica psiquiátrica e a clínica psicanalítica de Freud; a referência que se faz é ao estudo da clínica conforme Lacan.

Em minhas leituras inaugurais, pude detectar três Lacans: o filósofo, o retórico e o clínico capaz de ver e ler a psicanálise de outro modo.

O **filósofo** remete-nos à dialética, à fenomenologia, a Hegel, a Freud, a Heidegger, a Descartes, a Kant e outros – e o faz com o brilhantismo próprio da cultura humanística francesa e um estilo com as peculiaridades que a língua francesa lhe permitia.

Ainda que possamos encontrar em Freud e em Lacan uma crítica à filosofia, tal fato não exclui essa matéria da elaboração mais fina das ideias desses dois pensadores. A crítica inteligente, pertinente, e até mesmo alguma dose de puro sarcasmo apenas confirmam que eles também fizeram filosofia, estando inapelavelmente presos à evidência do pensamento filosófico moderno que, por fim, ajudaram a construir.

Conforme registra Bairrão (1996), Lacan foi um dos psicanalistas que mais se preocuparam com as elucidações das dúvidas existentes entre filosofia e psicanálise. Assim, o apelo, muitas vezes lançado, de condenação às elaborações filosóficas é uma maneira de se afastar do eixo primordial que inspirou Lacan e lhe permitiu oferecer-nos um avanço epistemológico da psicanálise dos dias atuais.

O **retórico** é o trocadilhista eloquente, o homem espirituoso do jogo de palavras, usando-as em vários sentidos, por meio da polissemia semântica e também criando acepções inéditas para lastrear sua teoria. É o criador de ditos *"pour épater le bourgeois"*. Em seus textos, as palavras são encaixadas em lugares enigmáticos, os quais lhes conferem conotação ambígua, tornando evanescente o sentido da frase, que fica de súbito privada de seus automatismos cotidianos. A arte das alusões dúbias, indefiníveis e hesitantes compõe o estilo Lacan de se expressar – o que, segundo Catherine Clément (1983), sua discípula, retomaria uma tradição do "meio-dizer", do "claro-escuro" da mensagem esotérica, tradição encontrada no poeta Mallarmé.

Vou alinhavar alguns ditos lacanianos que espantam à primeira vista: "Digo sempre a verdade; não toda, porque dizê-la toda não se consegue"; "A relação sexual não existe"; "A mulher não existe"; "Não é louco quem quer"; "Somos sempre responsáveis pelo nosso inconsciente"; "Aquele que me interroga sabe também me ler"; "O desejo refugiou-se na paixão do saber"; "Tu és aquele a quem odeias"; "A vida do psicanalista não é cor-de-rosa"; "O amor é dar o que não se tem". No entanto, para justificar cada um desses ditos, muitos neurônios foram usados e muita tinta foi gasta com argumentações consistentes e estimulantes para o pensamento teórico.

À ideia disseminada de que "os psicanalistas jamais são muito alegres", Lacan contrapunha coisas engraçadas sobre as limitações tristes de seus pares, o que o tornou objeto do menosprezo e, depois, da ira da instituição oficial. E sempre haveria uma palavra nova.

Já o **clínico** é aquele que tira a psiquiatria do limbo das especulações inúteis do "achismo" para dar a ela novo movimento, conforme a evolução das ciências contemporâneas, atrelando-a à psicanálise. Uma psicanálise que ele relê e enriquece com sua visão criativa. Por exemplo, quando introduziu o conceito de "estruturas", obrigou a psicanálise a repensar a noção de psicose e trazê-la para a clínica. Até então, as psicoses tinham a marca dos alienistas, estigma do qual nem Freud conseguira escapar.

Lacan questionou, revolucionou, inovou. Hoje, seu jeito de falar das psicoses atinge a psiquiatria por meio dos psicanalistas médicos – e conquista não médicos para o alargamento conceitual e topológico. Ele não ultrapassou a psiquiatria para se tornar um "convertido" à psicanálise. Seu percurso, conforme nos ensinam os estudiosos de sua obra, é sem "solução de continuidade". Exerceu e pensou a psiquiatria e, exatamente para entendê-la, refletiu e exercitou a psicanálise, escalando a rampa epistemológica, incorporando as descobertas freudianas e avançando com seus próprios critérios de cientista atilado e sintonizado com a modernidade. Superando os conceitos energéticos da psicanálise fisicalista, fê-la desembocar no terreno da linguagem (em sentido amplo) e da palavra falada, no qual a sociabilidade e os fatores culturais são essenciais para entender os fenômenos do psiquismo humano.

Dessa maneira, ele propõe à psicanálise interessar-se pelas psicoses. E o faz por meio dos conceitos de sujeito, estrutura, significante, entre outros. Freud fora cauteloso ao tratar das psicoses. Diria: "Temos de renunciar à ideia de experimentar nosso plano de cura com os psicóticos, por enquanto ou para sempre". Lacan foi ousado: "Um analista não deve recuar diante da psicose". O desafio que se coloca é o seguinte: se a estrutura psicótica é uma das versões da inserção do sujeito na ordem da linguagem, se o sujeito da psicose é parte importante do interesse da psicanálise, por que não o é seu tratamento? – pergunta por nós Paes Barreto (1999).

Não se deve, portanto, entender a conclamação de Lacan como se fora uma empáfia, mas tão somente um estímulo para que o estudo da psicose não ficasse fora do campo psicanalítico. Ele não tencionou jogar ao oblívio sua experiência propedêutica; quis aproveitá-la, fazendo surgir a intersecção psicanálise-psiquiatria. Essa orientação lacaniana é o que encanta o psiquiatra, até então perdido no ceticismo e na visão equivocada de seu papel. Quando criou a *seção clínica* no Departamento de Psicanálise da Universidade Paris VIII, ele almejava confrontar as clínicas psiquiátrica e psicanalítica para detectar seus pontos de contato e operar os cortes necessários.

Historicamente, mesmo que consideremos a ênfase aos aspectos médicos da psiquiatria, o que se pode perceber, num retrospecto, é que a experiência da linguagem esteve sempre presente em todos os pacientes. Fenômenos como delírios, alucinações, fuga de ideias, melancolia, fobias, obsessões, amnésias, confusões são constituídos e constituintes da linguagem. No afã de pertencer à medicina, a psiquiatria reduziu os fenômenos da linguagem aos sintomas de doenças cerebrais – às vezes comprovadas, mas na maioria das vezes apenas supostas ou aventadas. A psiquiatria clínica não soube perceber que, embora biologicamente condicionada, a experiência da linguagem obedece a princípios e causalidades próprias, de fundo sociocultural, irredutíveis à causalidade orgânico-funcional.

Se Freud falava em psicoses, no plural, ao modo das velhas escolas, Lacan identificou no texto freudiano um mecanismo estruturante específico da psicose, posta no singular: elegeu a paranoia como paradigma. Se, até então, chamavam-se as psicoses de desestruturações, a partir daí ele nos ensinou a falar em psicose estruturada, todas elas. Se Freud nos falava das fantasias neuróticas, Lacan nos fala das fantasias paranoicas. Todos nós teríamos fantasias paranoicas, mas só o psicótico paranoico as colocaria em ato.

A psicanálise em Lacan é sempre um "ir além", marca de sua passagem pela fenomenologia, que tem como um dos postulados o "vir a ser". Assim, a proposta é ir além de Freud e Melanie Klein, ir além da linguística, ir além do estruturalismo, ir além da psiquiatria e da psicologia e, afinal, ir além da própria fenomenologia. Há quem diga que seus escritos são difíceis de ser compreendidos porque ele próprio teria criado dificuldades – para que o cerne de suas ideias apenas fosse alcançado depois de muito esforço intelectual. Uma aproximação literária com Mallarmé. Todavia, existem teorias e práticas suficientemente claras capazes de nos seduzir.

Para ler e conhecer Lacan, deve-se ler e conhecer Freud. A clínica lacaniana exige um estudo prévio de Freud, de suas obras canônicas, para a compreensão do conceito de inconsciente. *A interpretação dos sonhos*, *Psicopatologia da vida cotidiana* e *Os chistes e sua relação com o inconsciente*. E mais: uma leitura consistente de Freud nos temas da segunda tópica, o Superego, a pulsão de morte, o masoquismo primário e outros.

Fiel à proposta do meu "anteprojeto", pretendo ressaltar, na literatura psicanalítica por mim pesquisada, os elementos que sustentam as ideias de Jacques Lacan sobre a psicose e sua repercussão na clínica psiquiátrica, com destaque para os dois casos citados: Schreber e Joyce.

Sinopse da vida e da obra de Lacan

JACQUES-MARIE ÉMILE LACAN NASCEU em 13 de abril de 1901.

Escritos (1970/1998), sua obra-prima, apesar das polêmicas históricas, é exclusivamente sua, com a supervisão e o estímulo editorial de François Wahl.

Seus *Seminários* trazem o timbre do genro J. A. Miller, que estabeleceu seus textos, sendo também seu executor testamentário.

A obra de Lacan ainda está aberta às interpretações e aos polimentos dos estudiosos contemporâneos.

Em 1980, a doença senil o vitimou de modo irreparável. Morreu em 9 de setembro de 1981.

O abade Marc-François Lacan lembrava que a obra do irmão estaria impregnada de cultura católica.

Foi enterrado no cemitério da aldeia de Guitrancourt, interior da França, e seu túmulo simples contém apenas este registro: "Jacques Lacan – 13 de abril de 1901-9 de setembro de 1981".

Conta-se que em vida segredara a uma amiga: "Se eu pudesse escolher um lugar onde morrer e ser acolhido, seria Roma".

Seu fim foi tão prosaico como o de todos os mortais: Lacan não teve as pompas de um faraó.

As práticas clínicas de Lacan

HISTORICAMENTE, AS ATIVIDADES PRÁTICAS de Lacan dividem-se em duas clínicas.

Primeira clínica (1953 a 1970)

Período em que Lacan faz a leitura de Freud sob os conhecimentos da linguística e da antropologia, identificando o sujeito como efeito da linguagem edípica. A sociedade é vista numa relação vertical. A pulsão é a sexualidade presente no inconsciente. Trata-se da clínica do imaginário. A angústia é o vetor do tratamento.

Segunda clínica (1970 a 1981)

Ela surge diante do que se chamou de perda das utopias. "Por nossa posição de sujeito, sempre somos responsáveis" (Lacan, 1966-67/2003, p. 873).

Trata-se da clínica do real, do impossível de ser simbolizado, do sem sentido (veja, no Capítulo 6 deste livro, o conceito de "real"). Nela, a sociedade é vista em posição horizontal. Aqui se instala a ética da responsabilidade. A preocupação clínica com o real substitui o trato com o simbólico e o imaginário.

2. Paráfrase da carta roubada

O PRIMEIRO CAPÍTULO DOS *Escritos* (1970/1998) denomina-se "Seminário sobre 'A carta roubada'". Para entendê-lo, é de boa monta lermos a novela de Edgar Allan Poe, cuja edição brasileira mais recente é da L&PM (2003).

O texto inscrito participa dos bons contos da literatura norte-americana. Na França, foi traduzido por Baudelaire, influenciando Valéry e Mallarmé, bem como servindo a Lacan para as percepções psicológicas de reconhecidas antecipações surrealistas.

Edgar Alan Poe (1809-1884) frequentou os salões literários de Nova York, porém não suportou a decadência física que o acometeu por força de surtos de dipsomania, do vício da jogatina e da indisciplina, o que resultou em sua expulsão da Escola Militar de West Point. Um elemento exótico de sua biografia foi o casamento secreto que realizou com sua prima de 13 anos de idade, com nítida aparência infantil.

Segundo seus estudiosos, a produção literária de Poe caracteriza-se por uma imaginação romântica, tortuosa, com raízes inglesas góticas. Ele teria representado o clima do comportamento estético, no qual se fundiram a inteligência excepcionalmente lúcida e a sensibilidade mórbida, também dita satânica e sádica.

O conto referido, o da carta roubada, se passa em Paris, na casa do amigo Auguste Dupin, no famoso bairro de Saint Germain-de-Prés. Supõe-se que o narrador presente na história seja o próprio Poe, autor da algaravia.

No desenrolar da narrativa, penetra, na pequena biblioteca onde se encontravam Poe e Dupin, o chefe de polícia parisiense, senhor G.

Vinha a propósito de uma consulta a Dupin sobre o misterioso desaparecimento de uma carta enviada por alguém (o duque S.?) à destinatária, a rainha.

Seria um caso simples, não fora o estranho. Vou contar-lhes em poucas palavras, diz o senhor G. Em língua diplomática lhes explicitou o acontecido.

O ladrão do envelope já seria conhecido, um tal ministro D., "que se atreve a tudo, às coisas dignas e às não dignas".

A receptora da carta (a rainha, assegura-nos Lacan), sua dona legítima, iniciara sua leitura quando o ministro D. adentrou seus aposentos. Rapidamente, ela coloca a carta numa mesa e, sobre ela, o envelope, com o endereço voltado para cima. Ardiloso, com seu olhar de lince, o ministro D. reconhece a caligrafia e intui o segredo.

Posteriormente, ele troca os envelopes, roubando o legítimo. A dona da carta percebe o jogo matreiro, mas não o denuncia devido à presença de um terceiro no local (seria o rei, diz-nos Lacan).

Solicitado pela vítima, o policial se põe a serviço investigativo.

Na casa de Dupin, um diálogo se estabelece com opiniões e contra-opiniões, cabendo ao delegado expor os inúmeros detalhes da busca.

Esse período de perquirições, hipóteses, analogias e suposições várias se prolonga. Ler o conto é saboroso.

Dupin vence a argúcia do policial. Sobrepõe as suas certezas a todas as formas de ocultamento perfiladas pela equipe do chefe de polícia, que não tem flexibilidade de princípios em suas investigações.

Em todos os casos de ocultamento, o objeto escondido tem lugar enigmático em suposições presumíveis e presumidas. O objeto escondido sempre estará na área mais próxima do primeiro movimento de ocultações, bem junto do ladrão.

Essa é a visão linear a que podemos chegar, sem pretensões analíticas.

Todavia, é no texto de Lacan que ocorre a enxurrada de interpretações, dando lugar e discurso a cada personagem: o narrador (Poe?), a rainha, o rei, os policiais, Dupin e o misterioso Duque S., presumível remetente.

Intrigas da corte.

Lacan alerta-nos: "Da carta de amor, ou de conspiração, de delação ou instrução, carta de intimidação ou carta de desolação, só podemos reter dela uma coisa, é que a rainha não pôde levá-la a conhecimento de seu marido, seu mestre e senhor, o rei". Afinal, não seria ele, o rei, o destinatário último?

"Assim, o que quer dizer 'a carta roubada' ou não retirada (*lettre en souffrance*) é que uma carta sempre chega a seu destino" (conclusão escrita em 1956).

O que Lacan registra em *Escritos*, tal como o conto de Poe, deve ser lido com vagar e atenção, pois em ambas as disposições literárias permanecem conceitos como: a repetição simbólica (o que constitui o homem), a compulsão a falar, a compulsão à repetição (o seu automatismo) e, por fim, *a insistência do significante*, todos próximos da análise estrutural.

À página 61 de *Escritos*, Lacan persiste:

> Em sua essência é que a carta/letra tanto pôde surtir seus efeitos internamente, nos autores do conto, inclusive no narrador, quanto do lado de fora: em nós, leitores, sem que ninguém jamais tenha se preocupado com o que ela (o seu conteúdo) queria dizer – destino comum de tudo o que se escreve.

Recomendo aos meus leitores: retirem de Poe e Lacan os conceitos primaciais da nova psicanálise.

3. Fragmentos teóricos da formação de Lacan

EM PRINCÍPIO, TEMOS DE nos orgulhar dos fragmentos de uma história rica, de intelectualidade soberba, que marcou o estilo de Jacques-Marie Émile Lacan.

Homem culto, aos 17 anos já lia Espinoza e por essa época comparecia às leituras de Ulisses, feitas pelo próprio Joyce, na livraria parisiense de Monier.

Colaborou na revista *Minotaure*, na qual Salvador Dalí pontificava. Durante seu curso de Medicina, apaixonou-se pelas ideias de Nietzsche e de Schopenhauer, e sua sólida formação médico-psiquiátrica se fez com Clérambault, a quem nunca renegou. Acompanhou os seminários de Kojève e assistiu às aulas de Koyré, ambos filósofos russos que o introduziram nos conhecimentos de Hegel e Heidegger.

O número de amigos leais é invejável: Bataille, Sartre, Merleau-Ponty, Camus, Lévi-Strauss, Roman Jakobson, Louis Althusser, Michel Foucault, André Breton, Ricoeur, Hyppolite e muitos outros.

Sendo um mito da moderna psicanálise, pode-se garimpar em sua literatura um time de psicanalistas e filósofos, todos seus admiradores, principalmente pela corajosa intervenção, inovadora e revolucionária, na obra de Freud.

Lacan não era filósofo – foi mesmo declarado antifilósofo, o que ele próprio se denominava. Porém, pela forte presença de conceitos filosóficos em sua obra, até hoje é estudado em centros universitários de Filosofia, sem exigência de nenhuma formação psiquiátrica ou psicanalítica dos interessados nesse tipo de especulação.

De suas experiências eruditas, devemos registrar o estudo de Platão, Aristóteles, Kant, Sade, Wittgenstein, Karl Jaspers, Descartes, Bergson,

Comte, Lamarck, Darwin, Bertrand Russel, Politzer, Cassirer, Durkheim, Deleuze, Marcel Mauss, Saussure e outros.

Na área psiquiátrica, estudou Melanie Klein, Henri Ey, Bleuler, Pierre Janet, Henry Wallon, Kraepelin, Minkowski, Kretschmer e outros.

Para ele, Platão e Freud eram os mestres a ser respeitados; porém, na condição de psicanalista identificava-se seriamente com Sócrates, pois na metodologia socrática estaria a posição do discurso analítico.

Slavoj Žižek[2], esloveno de ideologia comunista, considerado pelos neoconservadores um filósofo perigoso, no seu tempo de estudante universitário conheceu a doutrina de Jacques Lacan e entusiasmou-se por ela.

Referia-se à obra lacaniana como "suspeita", do ponto de vista socialista, porque a psicanálise estaria mergulhada na "mente individual", distante das ligações sociais. No entanto, o lado provocativo de Lacan e a sua capacidade de fazer repercutir suas ideias no discurso social levaram-no a aproximar o marxismo da psicanálise lacaniana.

Žižek faz sua abordagem filosófica com base na retórica do pensamento, interligando a comunicação humana por meio da reconhecida "ordem simbólica".

Outros nomes ilustres têm de ser registrados como intelectuais valorosos e interessados em discutir a doutrina de Lacan: Serge Leclaire, Safouan, Piera Aulagnier, Lucien Febvre, Léon Bloy, Jean Wahl, os Mannoni e até Picasso, que fora seu cliente.

Em 1930, Heidegger era lido em continuação à obra de Husserl com aplausos dos filósofos franceses, entre eles Lacan. Independentemente das questões político-filosóficas, ele era fascinado pela filosofia fenomenológico-existencial de Heidegger e utilizou sua tese da "busca da verdade" em seus *Escritos*.

---

2. Nos dias de hoje, quatro estudiosos da filosofia se destacam: Agamben, Bauman, Badiou e Žižek. Slavoj Žižek nasceu na Eslovênia em 1949. Doutorou-se pela Universidade de Paris VIII em psicanálise lacaniana. Atualmente é titular da cadeira de Sociologia da Universidade de Liubliana. Dirigiu a série de livros "Wo Es War", propondo-se a fazer a leitura filosófica de Lacan e suas distintas coordenadas éticas. Comunista dissidente, é versado em Marx e Hegel; sua tese cultural é "arriscar o impossível" na imaginação política. E ainda: "O que me encanta em Lacan é ser ele um verdadeiro dialético inspirado em Hegel".

Dividido entre a tradição filosófica alemã e sua antiga admiração pela democracia inglesa, os seus leitores identificaram nos *Escritos*, principalmente no "Discurso de Roma", o que na época foi intitulado o jogo de "sombra e luz". Lacan passou por Heidegger como toda a sua geração havia passado: hipnoticamente. Mas não permaneceu seu acólito.

Em 1953, Lacan começou a construir seu "sistema de pensamento", com a intenção firme de conhecer o compromisso do sujeito com a verdade. Pretendeu fazer o retorno a Freud para enfrentar os desvios da psicanálise norte-americana – que, por sua vez, propunha a adaptação do paciente em seu meio e ao reforço do Ego.

O ano de 1953 é uma data excepcional, pois Lacan apresentou, no Instituto de Psicologia da Universidade de Roma, o relatório: "Função e campo da fala e da linguagem em psicanálise". O texto ficou conhecido como "Discurso de Roma" (*Escritos*, 1970/1998, p. 238). A isso Lacan denominou "nossa literatura" ou "nossa atividade científica", destacando três aspectos fundamentais da psicanálise:

a. A função do imaginário.
b. A noção das relações libidinosas de objeto, afirmando que a psicanálise desemboca numa fenomenologia existencial.
c. A importância da contratransferência e sua correlação com a formação do psicanalista. O analista tratará dos fenômenos contratransferenciais de seu trabalho em sua análise ou em situações de supervisão, enfatizou.

Lacan ainda acrescentou: "Quer se pretenda como agente de curas, de formação, ou de pesquisa, a psicanálise dispõe de apenas um meio: a fala do paciente".

Freud se inscrevera na linha do pensamento filosófico, próximo de Schopenhauer e de Nietzsche, porém distante do "idealismo filosófico" e a favor do ideal científico. Lacan, por sua vez, rompeu com o cientificismo para aproximar-se do desejo, na concepção hegeliana, e da fala, no sentido de Platão.

As teorias de Lacan não nos obrigam a ser psicanalistas no sentido ortodoxo de seus significados. Sua abordagem exige uma postura atenta à singularidade de cada paciente: neuróticos, psicóticos, perversos e os psicossomáticos inscritos por Pierre Marty.

O que se espera hoje dos profissionais "psi" são os cuidados clínicos, psicoterápicos e, sobretudo, os sociais, que elevem a dignidade do paciente.

Dignidade: palavra e atitude que superam o modo bárbaro e cruel das antigas intervenções, bem como retiram do coração dos profissionais o medo e o preconceito.

O "Discurso de Roma" foi o divisor de águas das psicanálises: ali foi firmado o princípio de que a teoria freudiana só seria compreendida se houvesse o reconhecimento da linguagem como fator central. Assim: a. a linguagem é a experiência nodal da psicanálise; b. ela é o que constitui o humano; c. sua estrutura é o inconsciente lacaniano, no qual mora o sujeito.

Alguns termos lacanianos devem ser pesquisados para compor com coerência a sua leitura. Por exemplo: *corte* é o movimento cuja finalidade é desamarrar os nós dos significantes, abrindo espaço para o surgimento do real. *Real* é o impossível de suportar, enquanto a *realidade* é o que busca acomodar.

Após a Segunda Guerra Mundial, finalizada em 1945, Lacan passou a se interessar pela dinâmica social dos grupos. Adotou como objeto de análise o exército inglês. Visitou Hartfield, em Londres, onde se internavam ex-prisioneiros de guerra, combatentes sobreviventes com diversos tipos de trauma e homens incapazes de retornar à frente de batalha. Conhecia os trabalhos de Bion com soldados internados no Hospital Psiquiátrico de Northfield e, no campo grupal, reconhecia seus conceitos como melhores do que os de Freud. Falava de J. L. Moreno com admiração.

No Congresso de Zurique (1949), levou revisada a sua histórica tese de Marienbad (1936) e posicionou-se contra o neofreudismo adaptativo dos norte-americanos. Além disso, contradisse as ideias de Anna Freud, que priorizava o *eu* diante do *isso* e combateu a denominada "ego-psychology".

Dizem à sorrelfa que Anna Freud não tinha interesse pela "doutrina paranoica" de Lacan nem por ele próprio, o que não o impedia de elogiá-la pela defesa que fazia dos "mecanismos de defesa". Porém, na página 25 do *Seminário 1 – Os escritos técnicos de Freud* (1986), ele afirmou que os mecanismos de defesa seriam apenas um "catálogo" por demais heterogêneo.

Eis a sinopse desses mecanismos, do meu livro *Psicoterapia aberta* (2006):

1. Atividades defensivas no plano da repressão

- Repressão, recalque ou recalcamento

2. Atividades defensivas para fortalecer a repressão

• Anulação	• Humor	• Racionalização
• Conversação	• Inibição	• Surdez emocional
• Deslocamento	• Isolamento	• Postergação de afetos
• Dissociação	• Lembrança encobridora	
• Escotomização	• Negação	

3. Atividades defensivas para manter a repressão

- Formações reativas

4. Atividades defensivas regressivas

• Regressão	• Fixação

5. Atividade defensiva precoce

- **Clivagem, cisão, divisão,** *splitting*

6. Atividades defensivas que evolvem a relação com o outro

• Projeção	• Identificação
• Introjeção	• Identificação projetiva

7. Atividades para a superação de conflitos

• Elaboração	• Renúncia altruística	• Simbolização
• Idealização	• Reparação	

8. Atividade defensiva com destaque especial	
• Sublimação	
9. Atividades defensivas encontradas nas psicoses	
• Autismo	• Fusão
• Confusão	• Rejeição ("forclusão", "preclusão")

Lacan interessou-se pelas ideias de M. Klein, integrando em seus escritos inúmeras teses kleinianas. No Congresso de Bonneval (1947/48), organizado por Henri Ey, ele foi intermediário convincente para que Klein dele participasse. Mostrou-se um colega generoso.

O percurso de Lacan nos temas da psicose

A TRANSMISSÃO DA MATÉRIA lacaniana está intimamente ligada ao percurso científico-profissional do próprio Lacan, sendo a psicose o fio condutor desse ensino. Daí por que, tendo por referência os temas da psicose, torna-se interessante uma breve revisão de sua empreitada – o que farei dividindo-a em etapas.

Etapa médico-psiquiátrica

Em 1931, Lacan trabalhava como médico psiquiatra em perícias policiais, sob a orientação de Clérambault. Foi-lhe dada, então, a oportunidade de acompanhar o que ele chamaria de "o caso Aimée" – paciente que na vida civil era conhecida como Marguerite Anzieu. Daí sua tese de doutorado em Medicina: *Da psicose paranoica em suas relações com a personalidade* (1932/1987a). Nesse trabalho, ele já trazia um jeito novo de olhar as psicoses. Não as via mais como um fenômeno deficitário, mas como um fenômeno "diferente" da personalidade dita normal, em função de um somatório de fatores dialeticamente articulados, do qual sobressaíam: consciente e inconsciente, individual e sociocultural, orgânico e psicogênico.

Sua contribuição, baseada em Freud, afirma que o delírio não pode ser compreendido, mas deve ser interpretado (dentro do referencial estabelecido por ele próprio). O delírio em si seria um fenômeno elementar, como ensinava Clérambault, com estrutura autônoma, impenetrável pela compreensão.

Etapa do "espelho": a entrada no cenário da psicologia

Em 1936, ele apresenta, no Congresso Psicanalítico de Marienbad, o texto "O estádio do espelho", no qual inicia os estudos sobre a constituição da estrutura psíquica, inspirado em Henri Wallon[3].

Wallon afirmara que a experiência espacial diante de uma superfície espelhada se constituiria num ritual de júbilo que toma a criança entre 6 e 8 meses – olhar-se refletida possibilitaria a unificação do seu eu, até então vivido como fragmentado.

Lacan concebeu o "estádio do espelho", por meio do qual aponta para o lugar que o outro toma para a criança, como se fora um espelho que reflete, antecipando a imagem dela unificada – imagem vivida até então como despedaçada (*morcelée*). O corpo fragmentado seria vivido até os 6 meses de idade, acompanhado de uma angústia a ser dirimida por meio da identificação com o semelhante – o que pode ser concluído com a visão de sua imagem no espelho. O olhar da mãe, então, se coloca como metáfora desse espelho, ou vice-versa: o espelho como metáfora do olhar da mãe.

Segundo os estudiosos, no entanto, é no texto "O estádio do espelho como formador da função do eu", publicado nos *Escritos* (1970/1998), que ele melhor define suas ideias. Aí fica claro que o *estádio* do espelho não é um *estágio* a ser ultrapassado, mas uma configuração estrutural, uma estrutura que se define ali mesmo.

---

3. Henri Wallon foi professor de Filosofia, doutor em Medicina, pedagogo, psicólogo e psiquiatra. Pertencia a uma família de políticos, historiadores e professores universitários. Nasceu em Paris, em 1879, e faleceu em 1962. Seu pensamento era envolvido pelos valores culturais das teses socialistas; seu método de análise e suas argumentações científicas tinham por base o materialismo dialético. Entre 1928 e 1939, dirigiu um ambulatório médico-psicológico no qual inaugurou sua metodologia de trabalho com crianças. Detalhes da evolução de suas ideias são encontrados em Andrade (1984), a partir da página 41.

O estádio do espelho deve ser entendido como uma "operação psíqui-ca", existencial, etapa fundamental na constituição do ser humano, sua ma-triz. Nesse momento, Lacan se utiliza das ideias freudianas sobre o narcisismo, tomando-as, também, como "operação psíquica" de unificação das pulsões até então dispersas pelo corpo dividido. Assim, a psicose passará a ser olhada pelo estilo da leitura lacaniana de Freud.

Etapa da definição psicanalítica

Em 1920, após o surgimento da segunda tópica freudiana em torno desse tema, dois partidos se formaram: o da psicologia do ego e o do primado do isso, do inconsciente. Lacan opôs-se à psicologia do ego, e sua releitura de Freud, à semelhança de Melanie Klein, via a gênese do eu na identificação e não como uma mudança progressiva a partir do isso. Conforme nos esclare-ce Roudinesco (1993, p. 125),

> A primeira opção buscava tirar o eu do isso a fim de fazer dela o instru-mento de uma adaptação do indivíduo à realidade externa; a segunda opção procurava reconduzir o eu ao isso para mostrar sua estruturação em função de imagos emprestados do outro.

É por esse viés que se devem entender as marcas do avanço lacaniano na observação da psicose.

Etapa do discurso de Roma (1953)

Esse é o momento decisivo na constituição das ideias lacanianas, quando é proposta uma nosografia nova, dirigida à psiquiatria, à psicanálise e a todas as ciências do homem moderno.

Em relatório apresentado no Congresso de Roma, realizado no Istituto di Psicologia della Università di Roma (26 e 27 de setembro de 1953) com o título "Função e campo da fala e da linguagem em psicanálise" (1998d), Lacan permitirá ao psicanalista resgatar para a psicose, de um modo dife-rente, sua proximidade metafórica e operacional com a linguagem.

Na edição brasileira dos *Escritos* (1998d, p. 281), ele escreve:

Na loucura, seja qual for sua natureza, convém reconhecermos, de um lado, a liberdade negativa de uma fala que renunciou a se fazer reconhecer, ou seja, aquilo que chamamos obstáculo à transferência, e, de outro lado, a formação singular de um delírio que – fabulatório, fantástico ou cosmológico; interpretativo, reivindicatório ou idealista – objetiva o sujeito em uma linguagem sem dialética.

Discutindo a realização psicanalítica do sujeito por meio da palavra vazia e da palavra plena, nesse mesmo texto ele demonstra que na loucura o sujeito é mais falado do que fala, assentando a teoria com a qual, em outro momento, vamos entender o automatismo mental das psicoses.

Etapa do seminário sobre as psicoses (1955-56)

É interessante notar que Lacan inicia esse seminário fazendo uma retificação. Anteriormente, o tema fora divulgado como "tratamento das psicoses". Ele escolhe outro título: "A questão da psicose", pois aponta para o fato de que nem mesmo Freud falara em tratar a psicose. Com base nos ensinamentos freudianos, aliados a sua tese de doutorado em psiquiatria (1932) e a seu apreço científico pelos conceitos de seu mestre Clérambault, nessa etapa ele deixa uma contribuição decisiva no entrecruzamento de psiquiatria e psicanálise.

Lacan questiona o posicionamento de Freud a respeito da inacessibilidade do sujeito psicótico à transferência e, portanto, à psicanálise, e nos oferece ideias para a construção de novos dispositivos na análise clínica. Diatkine (1999) lembra-nos de que Fedem e Fromm-Reichmann teriam demonstrado o engano de Freud e estabelecido o conceito de transferência psicótica. Além disso, anota outros autores e pesquisadores interessados na clínica da psicose: K. Menninger, Rosenfeld e Bion, pelo lado dos anglo-saxões; F. Dolto, P. Aulagnier, Guattari, pelo lado dos franceses, entre os quais Lacan desponta como o mestre.

O manejo da transferência psicótica se impõe como proposta de desbravamento ao psicanalista de hoje.

Etapa do seminário sobre as formações do inconsciente (1957-58)

Com base no que chamou "as estruturas freudianas do espírito", Lacan desenvolveu ideias próprias sobre o inconsciente e suas relações necessárias com a linguagem. Escreveu sobre a lógica da castração, a forclusão do *nome do pai*, a metáfora paterna, os tempos do Édipo, o falo, o gozo, o desejo – capítulos que definem a presença de Lacan como fundador de outra psicanálise.

Etapa do nó de Borromeu (1973)

Após algum silêncio, Lacan mergulhou em estudos topológicos, por meio dos quais pôde afirmar: "O conhecimento paranoico existe".

Note-se que o uso da topologia por Lacan pretende indicar que o estudo da verdade não pode ser delimitado exclusivamente por um só ângulo de apreciação, como se dá na visão de uma superfície. Os estudos topológicos, em três dimensões – com o uso do espaço projetivo e as perspectivas da banda de Moebius –, permitem entender a verdade, ainda que parcial, por vários ângulos (Granon-Lafont, 1996).

O estudo do nó borromeano avança nessas pesquisas e permite compreender melhor a relação existente entre os registros do real, do simbólico e do imaginário (RSI). De qualquer forma, é a penúltima etapa desse percurso pelo tema das psicoses.

Etapa do seminário "O sinthoma" (1976)

Trata-se da etapa conclusiva desse passeio. Ela nasceu em 1975, quando o joyceano J. Aubert convidou Lacan a participar de um simpósio sobre Joyce. Naquela ocasião, a exposição de Lacan faria surgir outra psicanálise das psicoses, na qual os textos das epifanias como um "sinthoma" amarram o inconsciente e o real, graças aos fenômenos da falta e da carência.

Há várias formas de palmilhar o percurso lacaniano. Por estar interessado na questão da psicose, tentei percorrê-lo por essa via. Espero que nos próximos capítulos eu possa clarear o que quero dizer com isso.

Matérias que cabem ao psicanalista estudar

As LISTAS A SEGUIR têm por finalidade reforçar a intenção do capítulo: conhecer fragmentos da formação teórica de Lacan.

A proposta de Freud: estudar psiquiatria, sexologia, história da civilização, mitologia, religiões, literatura, filosofia, teorias da resistência e das transferências, sobre o amor.

A proposta acrescentada por Lacan: estudar retórica, dialética, gramática, poética, teoria do símbolo, lógica intersubjetiva, o sujeito em sua corporalidade e temporalidade, Saussure e Lévi-Strauss, as teorias humanistas, as fenomenologias (Heidegger, Husserl, Hegel), criminologia.

Em ambas as listas deve-se ressaltar a experiência relacional em que se sobressai a linguagem, com suas estruturações diacrônicas e sincrônicas. Por fim, a fala.

4. O homem contemporâneo

O HOMEM DE QUEM falaremos neste capítulo participa da nova nosografia de Lacan, com sua equivalência ao estado pré-psicótico.

O núcleo paranoico, dos sujeitos referidos na clínica de psicóticos, é tratado na visão lacaniana como uma "propriedade universal do conhecimento humano".

A ciência da personalidade e o conhecimento paranoico devem ser penetrados pela antropologia, como está escrito no texto anexo à tese de Aimée (1932/1987a).

Foi essa conjunção do conhecimento humano, das psicoses e da antropologia que permitiu o esboço da nova epistemologia analítica. Trata-se de Lacan transformando a psicanálise.

A psicose sem loucura aparente está inserida na estrutura do ser humano desde sempre, porém com especial atrativo depois das conclusões lacanianas obtidas dos seus estudos do caso Joyce.

Lacan não abdicou das bases biológicas da personalidade, ainda que essas bases não dessem conta dos fenômenos psíquicos. Porém, entendeu que os distúrbios intelectuais, do pensamento, não apareceriam como resultados secundários: seriam primitivos e responderiam pela gênese da doença.

O somatório das definições de personalidade e de psicose deve ser entendido como "fenômenos do conhecimento" para que possamos admitir elementos intrusos da psicose na personalidade do homem considerado socialmente "normal".

A expressão delirante pode se dar na representação ampla da realidade do contorno do grupo social ou, de forma mais específica, no chamado *Umwelt* (o universo do sujeito).

Se Freud estabeleceu a transferência e a resistência como pontos nodais da práxis psicanalítica, Lacan exponenciou a intencionalidade e a responsabilidade como constantes universais na constituição da personalidade. E esta receberia os influxos das estruturas psicóticas, empalmadas por enigmas.

Todos os indivíduos, em qualquer dos gêneros, teriam fantasias paranoicas ou paranoides, no entanto só o psicótico paranoico as colocaria em ato.

"Não é louco quem quer", diria Lacan em um de seus axiomas.

No célebre "Discurso de Roma" (1953), ele convocará o analista a resgatar a psicose de um modo diferente, numa proximidade operacional e metafórica com a linguagem.

Simanke (2002, p. 401), ao estudar as antropologias utilizadas por Lacan (inclusive a de Mauss), deixa-nos um parágrafo intrigante:

> Mas, na medida em que a passagem pela loucura seja mesmo condição para a verdadeira sabedoria, Lacan ainda tem todos os trunfos na mão para extrair daí a conclusão: todo o conhecimento humano é paranoia, sem que isso queira dizer que ele (o conhecimento) seja apenas um engano.

O homem moderno se constrói por meio da genética, do ambiente, da família, de sua história pessoal e da linguagem.

É de Lacan o conceito revolucionário que exige dos novos psicanalistas a adesão leal e coerente: "O inconsciente contém uma dimensão política (*polis* = cidade) timbrada pela vida do sujeito constituindo laços sociais, em função do discurso do Outro", sem abandonar o espaço maior da história universal (do grande Outro). A história que interessa a Lacan, dessa perspectiva, é a obra marxista de George Lukács[4].

---

4. George Lukács (1885-1971), filósofo húngaro, foi escritor e crítico literário marxista de renome. Seus temas de estudo resumem-se na *História e consciência de classe* (2012), com ênfase à estética dos grandes pensadores clínicos.

Lacan, com maestria, garimpou em outras disciplinas termos, vocábulos e conceitos de algum modo presentes na teorização freudiana, mesmo quando Freud não tivera percepção do fato que, inconscientemente, apregoava. Ele acrescentou às indagações freudianas novos alicerces advindos da composição linguística de Saussure e da cura simbólica de Lévi-Strauss.

Os seus contemporâneos escandalizavam-se porque ele se mantinha fiel aos conhecimentos psiquiátricos, não fugindo dos postulados clínicos dessa ciência primeira. O mestre da neopsicanálise manteve-se médico psiquiatra, enriquecendo sua práxis com os dados novos da ciência por ele transformada.

Para Lacan, as estruturas paranoicas do conhecimento poderiam ser ampliadas para o conhecimento humano em sua generalidade. Ainda que personalidades psicóticas ou personalidades ditas "normais", para que se formem como tais, necessitem da relação sujeito e objetos, sempre haverá um lugar para instalar um pouco de loucura.

Se para Freud o complexo de Édipo é responsável pelas neuroses, em Lacan a condição essencial do sujeito é a psicose, com o seu complexo de castração, não identificada com doenças orgânicas ou neurológicas.

Nas sessões analíticas, o sujeito emudece ou fala demais, com temor de que seus núcleos – psicótico, perverso ou neurótico – possam vir à luz.

O ser humano está exposto a muitas decepções. O melancólico é aquele frustrado no seu desejo sonhado. Isso porque, como diz Freud, "o melancólico não tem consciência do que perdeu no objeto perdido". Isso o torna o incapaz de fazer o "luto" necessário, porque desconhece o que perdeu. Enigmas.

É de Lacan mais um axioma precioso: "O nome eterniza o sujeito, mas não o seu corpo". Quando o corpo é nomeado, isto é, simbolizado, corre-se o risco de exterminar-se. Trata-se de um tema difícil no estudo lacaniano. De qualquer forma, estamos falando das perdas: do sujeito, do objeto, do desejo.

Um belo poema de Vicente de Carvalho nos aplaca a angústia resultante dessas perdas que nos afastam da felicidade.

Velho tema

Só a leve esperança, em toda a vida,
Disfarça a pena de viver, mais nada;
Nem é mais a existência, resumida,
Que uma grande esperança malograda.

O eterno sonho da alma desterrada,
Sonho que a traz ansiosa e embevecida,
É uma hora feliz, sempre adiada,
E que não chega nunca em toda a vida.

Essa felicidade que supomos,
Árvore milagrosa que sonhamos
Toda arreada de dourados pomos,

Existe, sim: mas nós não a alcançamos
Porque está sempre apenas onde a pomos
E nunca a pomos onde nós estamos.

Ninguém consegue percorrer o caminho que o leve à pressuposta felicidade se o fizer sozinho. Se entendemos a felicidade como a paz de espírito, pode-se e/ou deve-se procurar ajuda nas religiões, na sabedoria oriental (budismo, por exemplo), nos estudos criativos, no trabalho prazeroso, nos esportes leais, nas boas amizades e, modernamente, nas psicoterapias.

Nota: as boas amizades não devem ser aquelas que exaurem os interlocutores com fofocas, calúnias, maledicências, agressões verbais, comentários sobre morte e doenças, mentiras e mitomanias, pois tudo isso nos induz a depressões, angústias, medos e quejandos.

Para Lacan, a chamada "cultura" é a concepção da vivência (*Erlebnis*) humana de modo a expressar pensamentos, juízos, julgamentos, sentimentos e comportamentos, compondo o centro da vida em suas vertentes relacionais, mesmo quando contaminadas por equívocos próximos à loucura. É o que procuro sintetizar na figura abaixo:

Figura 1

A análise inspirada nos conceitos lacanianos trata *exclusivamente da singularidade de cada sujeito*. É o chamado *Sinthoma*, a última clínica, o sentido da vida construído por cada qual, enfim, com o gozo, o seu real e a suposta pré-psicose.

Repito Lacan: "O ser do homem não apenas não pode ser compreendido sem a loucura, como não seria o ser do homem se não trouxesse em si a loucura como o limite de sua liberdade".

A paranoia seria a doença mental mais profunda do ser humano, podendo ser considerada o "estado atávico".

Na psicose estaria o núcleo da verdade do sujeito (no sentido de Lacan); assim, pode-se definir a psicose paranoica como o *paradigma da subjetividade humana*.

Muitos traços próprios da paranoia foram acrescentados por Lacan à sua visão de homem moderno, tais como: ingenuidade, sentimento de estar sendo injustiçado, vitimização, suposto assédio moral (nas relações sociais e de trabalho), um rol de queixas a ser desfiladas nas conversas com interlocutores (o mundo é culpado), rigidez na definição de "certo e errado", não havendo lugar para a flexibilidade crítica.

A luta por causas idealistas faria uma aproximação com a paranoia. Na esteira da "salvação do mundo", os aspectos reformistas do homem comum se misturam com sentimentos paranoicos que passam despercebidos.

Em geral, o homem comum acredita ter uma missão na vida (política ou religiosa), ideia originada em seu pensamento, mas não reconhecida publicamente e de forma unânime.

Parece ser regra hoje em dia que os profissionais "psi" devam ter o cuidado e a percepção de que estão trabalhando com psicóticos estabilizados, também chamados de pré-psicóticos. Daí porque um exigente estudo diagnóstico deve anteceder o início da análise de pacientes com loucura enrustida.

A tarefa de contribuir para que o psicótico crie a sua história, com detalhes de nome, data e vivência, é o que Harry S. Sullivan chamou de "tarefa secretarial" – e em Lacan seria "o secretário do sujeito alienado".

É perigoso querer "normatizar" o paciente e adaptá-lo à realidade que não é a dele. A pretensão à adaptação social pode se transformar em crise ou surto psicótico.

Não se pode esquecer da influência de Shakespeare na formação cultural de Lacan. O bardo londrino, chamado por Harold Bloom de "o criador do humano", integrou os elementos normóticos, neuróticos e psicóticos da estrutura psíquica do homem e a levou ao teatro com a força das paixões, buscas, rupturas e dos dilaceramentos da convivência que bordeja a "loucura" do universo pulsional.

Trata-se, em Shakespeare e Lacan, do humano de todos os tempos. O tratamento diagnóstico é que se faz contemporâneo.

Convoco os meus eventuais leitores a ler, reler e tresler Lacan. Será a nossa decisão para justificar e honrar o elogio proposto no título deste livro.

5. Lacan, a linguagem e os conceitos

O MESTRE DA PSICANÁLISE instituiu como postulado que o "inconsciente é estruturado como linguagem." Ora, a linguagem é o instrumento que serve às práticas científica, social e filosófica. E também, logicamente, à literatura.

Este mesmo instrumento serve às vertentes consciente e inconsciente da personalidade ou de seu discurso[5]. Daí que esse recurso pode se apresentar como as matrioscas russas: uma boneca dentro da outra. Um aceno manso pode conter uma agressividade inesperada. E vice-versa.

O *pharmakon*, na Grécia de Platão, poderia ser remédio e veneno, dependendo de como as gotas fossem administradas em sua intencionalidade.

A palavra diz e se contradiz, exigindo-nos perceber as tramas da enunciação. Para isso, é necessário observar com atenção a cadeia dos significantes.

O significante seria a "materialidade sonora" da linguagem. Lacan aprendeu em Ferdinand Saussure quando deparou com a dicotomia significado/significante invertendo na "álgebra lacaniana" para significante/significado. De início, inspirou-se na "química silábica" de Freud, que apresentara o jogo verbal famoso: "familionariamente", citado no texto "Os chistes e sua relação com o inconsciente" (1905). Um personagem de Heine, pobre agente lotérico, vangloriava-se de que o Barão de Rothschild o teria tratado assim familionariamente.

Trocadilhos e jogos de palavras, os chistes enfim deveriam apresentar algo o oculto ou escondido, dizia Freud citando Fischer, editor reconhecido em sua época.

---

5. Os escritos e seminários de Lacan referem-se aos discursos de analista e analisando: "O fenômeno fundamental de revelação analítica é essa relação de um discurso a um outro que o toma como suporte" (Lacan, 1986, p. 281). A ética está subjacente aos discursos.

É da "lógica do inconsciente" que estamos falando, aquela que faz o sentido permanecer na cadeia de significantes.

Em Lacan há uma riqueza de exemplos dessa linguagem enigmática, a que denominou em língua francesa "linguisteria".

Apontou-nos a multivocidade e a polissemia das palavras, afirmando que esse fenômeno linguístico se processa sempre por meio dos significantes. Para Freud, todo recalcado se aloca aqui ou ali, sob diversas formas, ora como sintoma somático, ora como sutileza da língua falada. Lacan seguiu-o.

É importante termos em vista que Lacan usava as proposições de seus mestres de forma invertida – ou, como gostam de dizer os lacanianos do signo linguístico, às avessas.

O signo se dá em duas faces: quando o significado se elide de certo domínio, sobra-lhe o significante, a ser valorizado.

O inconsciente (sujeito de Lacan) manipula as partes fônicas da palavra, transformando-as nas "metáforas lacanianas".

Para a razão matemática (ou algébrica) de Saussure , Lacan constrói a formulação , pretendendo que o significado do significante possa ser buscado em outros lugares. O outro lugar terá de usar outros signos e, portanto, outro significante.

Da metáfora (condensação de Freud) pulamos para a metonímia (deslocamento de Freud), tudo a se apresentar nos vários tipos de discurso liderados pelo significante.

O deslocamento (metonímia) é que permitiria o aparecimento do desejo, a partir de suas artimanhas semânticas.

Na obra lacaniana, o deslocamento e a condensação surgem na "categoria de lei". Freud já percebera que o inconsciente e sua linguagem se confundiam, todavia foi Lacan que soube fazer as formulações novidadeiras.

"A natureza fornece, para dizer o termo, significantes, e estes organizam de modo inaugural as relações humanas, lhes dão as estruturas e as modelam." (Lacan, 1985a, p. 26)

Daí a pergunta de Lacan: é a psicanálise uma falsa ciência, uma suposta ciência ou uma verdadeira ciência? E responde: existem conceitos psicanalíticos definitivos, em formação, em evolução e também os que estão em movimento dialético.

O mestre da nova psicanálise admira e usa as gêneses etimológicas das palavras, nas quais encontra o que lhe favorece nas conceituações desejadas.

Ao citar temas das leituras feitas, nem sempre se utiliza de paráfrases. Aproveita as cópias textuais sem remetê-las ao que pertence às lavras autorais. Ele é ousado: "Tiro proveito daquilo que encontro, doa a quem doer" (veja o *Seminário 10 – A angústia* [2005a]).

Aos que o criticam por um suposto desinteresse pelos "afetos", responde incisivo: "Isso é um absurdo. O que eu disse sobre o afeto foi que ele não é recalcado. O que é recalcado são os significantes que o amarram" (*ibidem*, p. 23).

Ele sempre insiste em que até mesmo os analistas já formados têm posições e afirmações que não pertencem à psicanálise, como ele a entende. Chama essas contribuições de "extra-analíticas" ou "psicologizantes".

Lacan não acreditava em autoanálise. Para ele, sempre haveria análise se existisse o outro (outro/Outro/*Autre*). Referindo-se a vários autores, insiste nos "saltos" a ser feitos para sobrepor-se às ideias inauguradas por eles, muitas vezes marcadas pela "extra-análise".

Também foi cuidadoso ao pontuar os riscos que o analista corre com o surgimento dos *"acting-out"* e dos *"acting-in"*. Afinal, ele tem a responsabilidade que lhe cabe no lugar ocupado por concordância. Nessa linha de trazer aos ouvintes textos de outros profissionais com a finalidade de examiná-los e criticá-los, é pródigo em ampliar não só o que é de Freud, mas toda a gama de psicólogos, antropólogos, sociólogos, etnólogos do mundo cultural.

Vez ou outra se dirige ao seu auditório com afirmações peremptórias: "Desde já os autorizo a retomar a leitura do que Freud disse em seu último grande artigo sobre a angústia" (*Seminário 10*, 2005a).

Para explicar o que funcionaria no neurótico a partir do "objeto a", ele buscava palavras simples, tais como "demanda". "O verdadeiro objeto buscado pelo neurótico é uma demanda que ele quer que lhe seja feita. Ele quer que lhe façam súplicas. A única coisa que não quer é pagar o preço." (Idem)

O nosso autor tem capacidade incrível de rever os textos traduzidos do alemão para o inglês e francês e, inversamente, criticar, quando necessário, os engodos linguísticos. Sabe corrigir também os títulos traduzidos de livros, inadaptados do original.

Em seus seminários, refere-se à necessidade de simplificar o seu discurso. É quando é capaz de afirmar: "Hoje me absterei de fazer metafísica". Uma forma galante de dizer que vai deixar as complexidades filosóficas de lado. Simplificar é permanecer ao nível da clínica psiquiátrica ou psicanalítica, permitindo ao grande autor ficar livre das "identificações obscuras" e, ao seu leitor, percorrer o Lacan médico.

Por várias vezes usa o termo enigmático para definir aquilo que não pode ser esclarecido. Por exemplo, na observação ao texto de Freud "A jovem homossexual", ele denomina "decepção enigmática" o desvio da moça analisada em direção à homossexualidade (lésbica).

A forma de ler e ressignificar Freud se dá mais ou menos assim: a lista dos objetos teóricos – objeto oral, objeto anal, objeto fálico – com a complementação do olho, em função do espaço, e do ouvido, em função da voz.

E com mais inspirações fala-se no "recinto dos dentes", os "dentes de leite", a língua, a mordida virtual da pulsão oral, a dialética do desmame, a separação do seio materno; faz-se, ainda, a analogia entre o desmame oral e o desmame do nascimento (a parição).

Nessa sequência, chega-se à chamada "organização mamífera da estrutura orgânica". A relação da mama (os seios) é estruturante para a subsistência e para a manutenção do desejo. A mama como objeto fantasístico.

No estofo freudiano atesta-se o orgasmo como a maior satisfação humana, não faltando a contraposição lacaniana: "O orgasmo, dentre todas as angústias, é a única que realmente acaba" (*Seminário 10*, 2005a).

Lacan dialoga com a plateia que lhe dedica atenção e, vez ou outra, indica alguns de seus alunos mais próximos para pesquisar não só as ideias freudianas como as não freudianas. Pesquisas bíblicas, históricas, mitológicas, políticas e filosóficas.

É aí que, em algum lugar de sua doutrina, elege Tirésias *o padroeiro dos psicanalistas*. Remete-nos às *Metamorfoses* de Ovídio, aos poemas de T. S. Eliot, às dúvidas de Júpiter, aos *Cantos* de Apollinaire, nos quais se afirma a mudança de sexo de Tirésias de sete em sete anos, permitindo-lhe concluir: "O gozo sexual das mulheres é maior do que o gozo sexual do homem".

Os conhecimentos de Lacan referidos aos textos bíblicos, principalmente ao Velho Testamento, seriam idênticos aos de Freud, pelo que alguns autores aludem, não à toa, ao judaísmo de Lacan.

Lacan desejou dar ao psiquiatra, ao psicólogo e ao leigo culto uma psicanálise próxima das necessidades clínicas exigidas pela medicina. Inspirado em Freud, fez a seguinte afirmação: "Atrás de cada história doentia, ou sintomática, existirá sempre uma vivência (*Erlebnis*) no seio familiar".

A psicanálise de hoje instala-se na "racionalidade moderna" e Lacan introduz ideias sobre o homem contemporâneo, mostrando a estreita afinidade entre a figura maior da loucura, a paranoia, e a constituição da personalidade moderna. Ele escreve sobre a "razão desde Freud". Seu ensino não se dirige aos filósofos; inspira-se, sim, nas questões clínicas.

Porém, suas referências fundamentais são três filósofos históricos: Descartes, Hegel e Heidegger.

Encaminho o leitor ao livro de Gilson Ianini, *Estilo e verdade em Jacques Lacan* (2012), no qual o autor aproxima Lacan desses enunciados, dando voltas epistemológicas essenciais.

Entre as leituras e citações de Lacan, sobressai a obra notável de François de La Rochefoucauld (1613-1680), *Reflexões ou sentenças e máximas morais* (2014).

Como exemplo: vários autores ensinam que o paciente pode se negar a participar do processo terapêutico por medo, orgulho, empáfia ou arrogância. O paciente gostaria do interesse do terapeuta pelo seu sofrimento, porém sem que ele se intrometesse em sua vida.

O pensamento predominante seria: "Não posso aceitar a ideia de ser libertado por outro que não seja eu mesmo", máxima do oracular La Rochefoucauld, citado por Lacan para dar a dimensão do amor-próprio.

La Rochefoucauld pertence à linha de pensadores, moralistas e memorialistas como Baltasar Gracián (1601-1658) de quem o imitou partindo da obra *A arte da sabedoria mundana* (1992).

Para Lacan, o terapeuta tem de dirigir o tratamento e não a vida de seu paciente.

Freud, supostamente psiquiatra, na verdade era um neurologista com pesquisas neurobiológicas das enguias e com um estudo primoroso das afasias.

Lacan desde sempre foi psiquiatra, tendo como tese inaugural o estudo da paranoia, que lhe permitiu revolucionar a psicanálise.

Porém, ambos, cada um a seu modo, convergiram na tentativa de compreender o funcionamento mental do ser humano.

A característica fundamental dos escritos e discursos de Lacan é a *inversão total* do sentido dos conceitos de seus mestres.

O que mais o aproxima de Freud, e o faz mais psicanalista, é o estudo da teoria do narcisismo, quando é capaz de apontar o que está "mal resolvido" na tese freudiana, sobretudo sua dificuldade de clarear a distinção entre narcisismo e autoerotismo.

Os seus dotes eruditos faziam-no passar por vários autores não psicanalíticos, permitindo-lhe fazer críticas e observações extra-analíticas.

Como exemplo, temos sua referência a Pascal, autor que o fascinava, não importando a severidade com que os teóricos das ciências acusavam o físico de ter feito fiasco em tudo que estudava. Apesar disso, Pascal o interessava pelas suas experiências com o vácuo, que da física poderia referir-se, analogicamente, ao vazio intelectual ou psíquico, motivo de horror para os estudiosos da época.

Em outro ponto de sua obra, ele se refere à mãe como "objeto primordial" e registra uma fala "escandalosa": "A relação com a prostituta enraíza-se quase diretamente na figura da mãe".

Lacan teria inventado a palavra *matema*, advinda da conjunção de dois outros termos: do grego *mathêma*, no sentido de conhecimento, e *mitema*, de Claude Lévi-Strauss, para significar o estudo dos mitos culturais.

Daí constituiu-se a "álgebra ou matemática lacaniana".

Contemporaneamente ao lançamento dos matemas, Lacan fez uma brincadeira com o nome do filósofo e dicionarista André Lalande, criando a palavra "lalangue" para denominar a linguagem original que a criança aprende da mãe.

Ao criar o conceito de matemas, Lacan referiu-se ao símbolo do taoismo – *yang/yin* – como o primeiro matema da humanidade. Tal símbolo funcionaria como uma escrita, permitindo um "efeito de sentido" a ser pesquisado e conhecido.

Figura 2

Roudinesco (1993) é quem nos ensina sobre a atração de Lacan pela cultura do Extremo Oriente, particularmente do tao.

Tao é o caminho, também concebido como "vazio supremo", o inefável, o sem nome, o sopro genesíaco (da criação), donde sairia o número um[6].

A complexidade do tao contribuiu para Lacan fazer novas especulações sobre o real.

Impressiona-nos a capacidade de Lacan, em seus seminários oráticos, de relembrar dados dos seminários anteriores, de reconhecer todas as definições da história psicanalítica dos pré-freudianos, freudianos e pós-freudianos, inserindo no seu discurso apólogos e histórias relevantes sobre o

---

6. O número um (1) seria, para a cabala, o princípio da energia criadora de Deus, do qual procede tudo mais dos grandes universos – material e espiritual –, que por sua vez existem associados intimamente.

medo, o pânico, o pavor, a agonia (alguns temas tirados de Tchecov), porém sem aproximá-los do conceito psicanalítico de angústia.

Articulações conceituais vão sendo arranjadas no decorrer dos seminários: ele volta de uma sessão a outra para buscar uma palavra perdida, cujo significado necessita ser aprimorado.

Traz um conceito disciplinar: o "semblante", como a figura do analista que tem de suportar o que não diz respeito à sua saga pessoal.

A "especularização" da relação médico-paciente é condenada por ele. O analista não será modelo, a fala do analisante é que importa.

Lacan propõe ainda a linguística, a antropologia, o estruturalismo, a fenomenologia e até mesmo a psicanálise de certa práxis.

Por fim, para encerrar os parágrafos sobre o que escreveu Lacan, transcrevo a resposta que ele nos dá quando se pergunta: o que desencadeia o surto psicótico?

Nem sempre é possível determinar esse acontecimento. É sempre enigmático. Porém, podem-se levantar algumas hipóteses que o psiquiatra clínico anota em sua agenda: perda de posição social, aposentadoria, mudança de ambiente, casamento ou divórcio, perda dos pais ou de pessoa querida. Para esse rol de suposições pode-se afirmar que estaremos diante de "psicoses reativas", muito comuns no processo migratório de populações nômades.

Os surtos se desencadeiam quando o simbólico falha. Em Schreber, faltou o significante "pai". O Esquema L é o que se aplica a esse caso clínico (veja o Capítulo 10, "Esquemas operadores do campo psíquico em Lacan").

Os sinais de loucura e a vida dita normal são compatíveis. É possível haver a loucura discreta, silenciosa, não identificada pelo visual.

Os surtos de certa forma são a busca e o pedido do significante que falta. Certos tipos de surto psicótico ocorrem pela interpretação selvagem do analista e pelas experiências sexuais inaugurais (sobretudo no caso da homossexualidade).

E ainda: quando o analista é identificado como "guru", quando o silêncio é por demais prolongado pelo profissional, configuram-se interpretações enigmáticas que aumentam a angústia do paciente.

Em certos parágrafos da obra lacaniana discutem-se os Dez Mandamentos, em suas relações com o desejo e a lei.

Lacan revê a questão da sublimação para corresponder ao que afirma Freud: "A sublimação não é mudança de objeto, mas de alvo". Seria a satisfação sem recalque, a passagem do não saber para o saber.

Assim ele nos presenteia com suas ideias e com centenas de aforismos da literatura universal.

Nunca se disse que o analista não deva ter sentimentos e compaixões em relação ao paciente, porém precisa saber utilizá-los com proficiência técnica. É o seu posicionamento no tema.

O psicoterapeuta sempre estará procurando o "núcleo patógeno" de seu cliente, compreendendo que toda *resistência* traduz uma aproximação difícil de se revelar.

Já a contratransferência não deve ser usada na trama interpretativa, pois o terapeuta tratará desse fenômeno em sua própria análise ou supervisão, sendo esta o tratamento do papel do psicoterapeuta.

Em seu *Livro 7 – A ética na psicanálise* (1997b) –, Lacan expôs o "universo da falta", na expectativa dos aspectos mórbidos.

A falta que ele descreve se refere a quê?

Ao mito do assassinato do pai, inscrito na obra de Freud, como origem do desenvolvimento da civilização? Ou à falta mais obscura – o instinto – na sua temível e terrível dialética?

Para ele, a psicanálise mudou a visão do amor, colocando-o no centro da experiência ética, diferentemente do conceito moralista.

Lacan, no decorrer de seus escritos, insiste em dizer que ele, como Freud, também não sabe responder "O que quer a mulher?" – ou, para expressar com maior precisão, "O que a mulher deseja?"

De Aristóteles elogia-o como o mais exemplar e seguro daqueles que estudaram a questão ética.

Buscou entender a "realidade psíquica" criada por Freud e registrou com ótima articulação os limites éticos da análise coincidentes com os limites de sua práxis.

Como Freud, entendeu: "Os processos do pensamento só nos são conhecidos através das palavras". E expressou-se de modo definitivo: "O inconsciente não tem, ele mesmo, afinal, outra estrutura senão uma estrutura de linguagem".

Lacan permeia com seu interesse e sabedoria os temas religiosos, particularmente os do Velho Testamento, tema já referido em estrofes anteriores.

6. Vocabulário conciso dos conceitos

A lei do desejo

O OBJETO DE MEU desejo é inalcançável, pois está na posse do desejo do Outro.

O desejo seria sempre o "desejo do Outro", porque o desejo busca o reconhecimento do Outro. Dito de forma mais clara: "O desejo de um sujeito busca o reconhecimento do desejo do Outro".

A enigmática frase "Deve-se sustentar o desejo, e não buscar um objeto que o gratifique" exige entender que sustentar não seria realizar o desejo, porém mantê-lo vivo sem realizá-lo. Para Freud e Lacan, o desejo é indestrutível.

Alienar

TORNA-SE IMPORTANTE EXERCITAR a regência do verbo alienar.

Alienar é transferir para outrem o domínio ou a propriedade de alguma coisa que nos pertence até aquele momento.

Alienar *de* si todos os haveres.

Alienar *na* doença, tornar-se louco.

Alienar-se *no* complexo linguístico ou em outro sistema.

Alienar-se: perder a estima ou a amizade.

Alienar-se *de* posses, renunciar a haveres, abandonar direitos, privilégios.

Ficar alienado: alucinar, perturbar-se, enlouquecer.

Coisa (das Ding)

SINTAGMA DA LÍNGUA ALEMÃ, usado por Freud para denominar o "objeto supremo de nossos desejos", caracterizado por sua impenetrabilidade e, segundo Žižek (2010), de "insuportável intensidade". Este autor ainda nos diz: "Lacan usou-o como a monstruosidade do próximo (nosso semelhante), com conotações de ficção de horror: o próximo é a Coisa Má que se esconde potencialmente sob cada face humana familiar".

Afirma ainda Lacan: "O que há em *das Ding* é o verdadeiro segredo".

Corte

SÃO SEUS SINÔNIMOS: HIÂNCIA, cisão, lacuna.

Hiância é a conação vernacular culta desenvolvida desde a época do Renascimento. Traduz-se como abrir a boca, bocejar. Ainda: rachar-se, gretar-se, fender, abrir (abertura), a interrupção de continuidade. São os hiatos (hiância) que separam real, simbólico e imaginário, permitindo a clínica dos cortes, a clínica das cesuras.

Corte é o movimento que tem por finalidade desamarrar os nós dos significantes, sendo capaz de ceder espaço para o surgimento do real.

Na práxis clínica, refere-se à intervenção oral que o analista utiliza para separar palavras, pensamentos significantes, a fim de clarear a cadeia linguística tradutora do sujeito com suas amarras no inconsciente.

O corte é o que dá ritmo e cadência à fala.

Desejo

O OBJETO DO DESEJO inconsciente seria indestrutível, deslocando-se com a linguagem num trajeto interminável, nunca atingindo a satisfação maior, a não ser na forma alucinatória.

Na clínica psiquiátrica, podemos identificar três formas de *desejo*: o consciente, o inconsciente e o analítico. O desejo consciente diz respeito à vontade, disposição para alguma coisa, anseio, aspiração, cobiça, apetite, concupiscência (tesão e outros significados).

O desejo inconsciente estaria ligado à pulsão sexual, que transformada resulta no afeto. Afeto seria a expressão qualitativa da quantidade de energia pulsional e de suas variações.

O desejo analítico é aquele estudado por Freud; é o desejo que desconhece a si mesmo e vai ser explicitado no processo da análise, por meio do desvelamento dos sonhos, do ato falho, dos lapsos e dos sintomas. Não é obrigatoriamente sexual.

Para Lacan, o desejo analítico provocaria o desejo do paciente de ter reconhecido o seu desejo.

Dois conceitos necessitam ser esclarecidos por fazerem limite com o desejo: o da necessidade e o da demanda. *Necessidade* refere-se às demandas fisiológicas: fome, sede, sono, pulsões de autoconservação. *Demanda* refere-se às necessidades psicológicas, as motivações que animam a pessoa.

As construções léxicas "ceder ao desejo" ou "ceder do desejo", bem como suas composições negativas, exigem-nos a urgência da gramática.

A fala de Lacan – "não ceder ao desejo" – trouxe-nos várias interpretações, uma delas acompanhada do imperativo ético, pois se sabe que a lei não exige a renúncia do desejo, mesmo porque a interdição teria o dom de reforçá-lo.

Certo viés da psicanálise busca a liberdade de desejar, pelo que se coloca a ambivalência da questão: ceder ou não ceder à liberdade.

Alguns autores, inspirados nas ideias existenciais de Lacan, falam em não ceder ao desejo da morte, porém vencê-lo sem temor, como na saga do herói.

Discurso

O GOZO DISCURSIVO TERÁ correspondência nos quatro discursos lacanianos, inspirados na *Fenomenologia do espírito*, de Hegel.

São os quatro discursos (*Seminário 17 – O avesso da psicanálise*, 1992):
1. Discurso do mestre – É aquele que pretende ser protagonista, estar em primeiro lugar, ter o domínio social.

2. Discurso histérico – É o que não sabe que sabe, ausência de saber, compõe um enigma ou um mistério. Na mulher histérica, é a posição de indiferença.

3. Discurso analítico – Segundo Lacan, esse é o discurso mais novo da história cultural. É o que sublinha a frase "Che vuoi?" O que quer? O que o incomoda? É o questionador por excelência de todas as outras formas discursivas. É o que busca o sujeito do inconsciente. É o laço social determinado pela práxis analítica.

4. Discurso universitário – É aquele no qual se discute a ciência.

5. Discurso capitalista – É o que subverte a lógica das estruturas anteriores. O discurso do mestre pode assumir um estilo capitalista.

Escansão

FORMA DE INTERVIR NO que se dizia "interpretação". Trata-se de uma regra gramatical que propõe uma pausa, uma hiância. Pode-se utilizar vírgula, travessão, ponto, parágrafo quando se escreve. Na fala, os significantes são expressos pausadamente, palavra por palavra.

Excomunhão

REFERE-SE À EXPULSÃO DE Lacan da International Psychanalitic Association (IPA). É também chamada de "excomunhão maior" quando comparada ao *kherem* de Espinoza da comunidade religiosa judaica de Amsterdã em 1656. Lacan refere-se à comunidade psicanalítica da IPA como uma igreja.

Função

O DICIONÁRIO HOUAISS NOS ajuda a entender a conceituação do substantivo feminino "função", de presença frequente nos textos de Lacan.

O vocábulo referido dizia respeito à obrigação de cumprir um desiderato, papel a ser desempenhado pelo indivíduo ou por uma instituição. Ainda: emprego, exercício, atualização de um cargo, ofício ou profissão. O que tem utilidade e serventia.

Aquilo que tem qualidade e valor ressaltado ou proveito prático, emocional ou intelectual. Também: operações executadas por órgãos do corpo humano em termos da anatomia e da fisiologia.

Relação entre componentes de um "conjunto", o que está na matemática e, especificamente, na álgebra.

No complexo gramatical, o termo refere-se a cada elemento da sintaxe, com seus lugares na frase.

Constitui, sem dúvida, as probabilidades existentes de relacionamento na globalidade psíquico-emotivo-comportamental: por que isso ou aquilo ocorre daquela maneira?

Em Lacan, o ponto alto de sua marca está no relatório do Congresso de Roma (1983): "Função e campo da fala e da linguagem em psicanálise".

Ele inicia pela "função de quem ensina, da qual todas as outras funções dependem" (*Escritos*, 1970/1998, p. 241).

Resumindo: o vocábulo "função" pressupõe a existência de uma mira, uma ação espontânea e natural, por fim, o objetivo.

Gozo

DO LATIM, DERIVA DE *gaudium*. Trata-se de substantivo masculino dito: gosto, utilidade, fruição, prazer. Pode-se dizer, ainda: ação de gozar, júbilo, emoção agradável, satisfação moral ou material, graça, alegria, folguedo, hilaridade, vantagem, regozijo, mofa, zombaria. Nas relações sexuais: sentir prazer, ter tesão, atingir o orgasmo.

Na religião católica há os "mistérios gozosos", orações plenas de recompensa intelectual e contentamento espiritual.

Lacan atribuía ao superego o imperativo: goza!

Na psicanálise lacaniana, denomina-se propriamente de gozo a satisfação imaginária.

O gozo nunca seria intersubjetivo (como gostaria a fenomenologia), porém sempre interimaginário. Não é dialético (como desejaria a fenomenologia), mas sempre descrito como inerte, estagnado, permanente, isto é, sem movimento. Ao modo de uma represa hidroelétrica estancada.

A ter de achar o "lugar" do gozo, distinto da função simbólica ele será encontrado no eixo imaginário a – a', pois é nesse eixo que estará instalado o investimento libidinal, sempre no sentido intra/interimaginário.

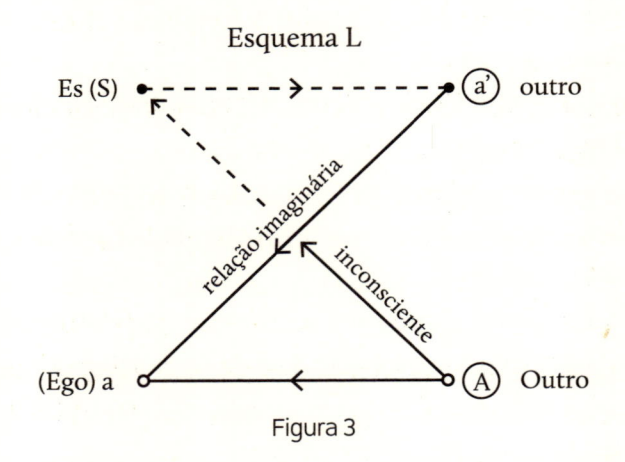

Figura 3

O gozo estará separado da lógica do significante e ligado ao fracasso simbólico do supereu. A imaginarização do gozo é seu primeiro modelo. O esquema L traça a linha da relação imaginária a– a'.

Outro modelo de gozo está referido no *Seminário 7 – A ética da psicanálise* (1997b). Trata-se do gozo real, o gozo inefável. Lacan utiliza-se dos conceitos de Heidegger para firmar a redução do gozo a um lugar vazio.

O gozo como potencialidade, possibilidade do imaginário, inércia do inconsciente eu pude estabelecer na figura seguinte, montada com base nos esquemas gráficos (veja o Capítulo 1o, "Esquemas operadores do campo psíquico em Lacan").

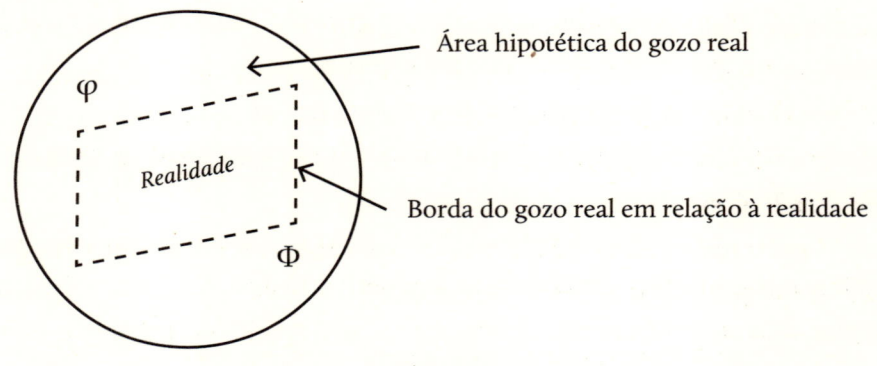

Figura 4

Na capa do *Seminário 2 – Os quatro conceitos fundamentais da psicanálise* (1985c), estampa-se um quadro de Holbein a que Lacan se refere no Capítulo 8.

O leitor deverá examinar o quadro da capa para entendê-lo durante a leitura do referido capítulo.

Pode-se notar, no campo da visão, um objeto flutuante em primeiro plano, que é a figura de uma caveira distorcida. E Lacan refere-se ao desejo ou também ao gozo enigmático (a morte?). O quadro, dito "anamorfose de Holbein", representa, de certa forma, a afirmação de Lacan para quem atrás do Eros analítico encontra-se Tânato. "O quadro, certamente, está em meu olho, mas eu, eu estou no quadro". Trata-se da intencionalidade fenomenológica para as coisas. O livro *Fenomenologia da percepção*, de Merleau-Ponty (1945/1999), é citado como proficiente de abundante literatura similar.

Lacan nunca recuou diante do tema da morte e tinha a convicção de que a psicanálise não soubera simbolizá-la. É muito difícil simbolizar o gozo, principalmente o gozo da morte.

Teria Lacan conhecido os poemas do brasileiro Augusto dos Anjos (1884-1914), com sua consciência individual prenhe de preocupações com o gozo da morte (veja um desses poemas ao final deste capítulo).

Nesse contexto, fala-se da "pulsão escópica", na qual o gozo pode aparecer. É de Lacan: "A obra de arte acalma as pessoas, reconforta-lhes e lhes faz bem".

Um modelo de gozo que não pode ser esquecido é o da não relação, referido no *Seminário 20 – Mais, ainda* (Lacan, 1975/1985b). Trata-se do gozo dito falatório ("lalíngua")[7], masturbatório ou, ainda, ejaculatório. É o gozo sem a presença do outro. Denomina-se, também, gozo fálico ou sublimatório.

Para Lacan não existiria apenas o gozo fálico. Muitos seriam as formas de gozo: o do saber, o da sublimação (já referido com o das obras de arte), o do delírio, o da santidade (o gozo místico).

O gozo não teria utilidade, pois se isso acontecesse ele teria funções pedagógicas, psicológicas, políticas e sociais.

---

7. Tradução híbrida do francês "la langue", pois "alíngua" significaria não língua, conforme pontificou Haroldo de Campos.

O gozo de Joyce encontramo-lo em sua biografia: "A necessidade de ser reconhecido".

O gozo materno (ser mãe) seria denominado o Outro gozo.

O sexo inefável seria semelhante ao gozo, para o qual Lacan buscou um novo e "último" conceito, o gozo como potencialidade, o gozo como inércia do sistema inconsciente, o gozo como possibilidade de encontrar numa "representação" seu modelo de "vivência da satisfação". A hipótese de encontrar o desejo. O gozo como algo do *real*. O gozo que se liga ao superego materno arcaico. O superego como imperativo cruel e sádico de gozo. Goza!

Trata-se de um conceito difícil de uma clínica impossível.

Gozar no sentido lacaniano é entregar-se às fantasias inconscientes, exóticas e bizarras. É permitir-se a imaginação poluída. Vários são os gozos: do ato sexual, das pretensões profissionais e das elucubrações espirituais.

Por fim: o gozo é a desarmonia oculta.

O conceito de gozo inicia-se com Freud, mas é em Lacan que se permitem novidades para sua compreensão maior. Duas eram as formas do gozo: como atenção ao pulsional e como impossibilidade de realização. Em Lacan, fala-se no gozo dos outros, gozo autístico e os demais já referidos. É contemporâneo o gozo que anula o prazer e o que se irmana ao ódio.

O gozo absoluto seria a morte.

Interpretação ou intervenção

CONTAM AS HISTÓRIAS QUE o ato de interpretar nasceu das expressões oraculares do Templo de Delfos, com o mitológico Hermes, também chamado de Mercúrio, sendo portador das notícias (pítias) do Olimpo para os pobres mortais. O deus mensageiro levava recados às "pitonisas" e essas, em transe, êxtase, transmitiam-nos aos sacerdotes. O teor das mensagens era ambivalente e ambíguo, porque o arauto da comunicação já as "interpretava" pelo caminho, modificando-as. O mesmo aconteceria com as pitonisas, em estado alterado de consciência, e também com o sacerdote, a quem caberia o direito à última informação, maquiada a seu gosto. O que os deuses verdadeiramente queriam dizer só tomava sentido no coração e na mente dos consultantes – que, diante da multiplicidade de significações, escolhiam a de melhor valor conforme sua necessidade, sua demanda ou seu desejo.

Uma característica entranhada em toda tradição interpretativa helênica é a quase nenhuma valorização das mensagens diretas; ao contrário, estimulava-se o clímax da desconfiança e da suspeição a fim de descobrir o que estaria por trás de qualquer texto, fala ou dramatização.

Buscar a resolução do mistério é uma herança clássica do jeito grego de filosofar. A novela policial é o seu paradigma. Não à toa o terapeuta é o detetive da novela familiar de seu paciente. Édipo Rei, de Sófocles, é a mais intrigante delas.

Octave Mannoni (1992) insiste que só é interpretação a fala que permite revelar o "sentido enganador" ligado especificamente ao sonho. Para ele o "grau zero" das interpretações estaria contido no diálogo de Don Quixote e Sancho Pança, no qual este fala dirigindo-se ao fidalgo: "Mire vuestra merced lo que dice, Señor", entendido como "Escute bem o que diz Vossa Senhoria", ou, na linguagem cotidiana: "Veja lá o que você fala".

Winnicott surge como o modelo do analista que não interpretava ao modo clássico e antigo. Para ele, quando o terapeuta fala demais, pode roubar a criatividade do paciente, pois só ele, cliente, tem as respostas.

O sonho é um rébus, outro nome dado às "cartas enigmáticas" dos antigos almanaques distribuídos nas farmácias por ocasião das festas natalinas. Como carta enigmática, o texto é uma metáfora (condensação) e a decifração do escrito é a tradução do desejo e dos deslocamentos pulsionais (metonímia) latentes no texto.

A psicanálise era, até então, uma arte exclusivamente interpretativa. No entanto, como essa técnica não apresentava resultados terapêuticos efetivos e tão só de movimentação do discurso catártico, Freud intuiu a possibilidade de ajudar na construção teórica da história do paciente, localizando os "núcleos patógenos", estimulando-o a confirmar ou não essa construção hipotética com as próprias lembranças.

Essa visão Freud registrou-a no texto "Além do princípio do prazer" (1920/1976), no qual pronunciou um novo e futuro modelo estrutural, marcando uma "virada" em sua herança intelectual, com a descrição metapsico-lógica da "compulsão à repetição" e do "instinto de morte".

No texto "Construções em análise" (1937/1996), ele chamou suas intervenções no processo terapêutico de "construção", reservando o vocábulo "interpretação" para material como as parapraxias e os sonhos.

Para o jovem que se inicia no trabalho analítico, surgem algumas dúvidas. Onde e quando deve ocorrer a intervenção do analista? Na resistência? Na transferência? No sintoma? No relacional? Nas expressões estéticas (retórica)? No comportamento ético? Nas reflexões lógicas? Nas inflexões ilógicas?

A intervenção, quando feita, deve conter um fator de surpresa, necessita ser curta e acontecer em tempo preciso: ela atinge seu bom momento quando possibilita ao cliente perceber os equívocos de seu discurso, permitindo-lhe encontrar o lugar do sujeito a que ele, inconscientemente, aspira. Permitindo-lhe, ainda, fazer uma retificação subjetiva do que fala, introduzindo uma nova série associativa na cadeia de significantes.

Para Jacques Lacan, o terapeuta nunca saberia quando está interpretando verdadeiramente, pois nem sempre é possível prever quando sua intervenção é capaz de promover associações passíveis de ser terapêuticas. O efeito seria "observável" sempre *a posteriori*. Nos anos de 1970, ele redefiniu o fazer interpretativo, na revista *L'etourdit*, utilizando outros termos e outros procedimentos. Assim: corte, pontuação, escansão, assinalamento, intervenção – os quais compõem hoje o conjunto de movimentos próprios da análise lacaniana, que podem ocorrer em diversos momentos da análise.

Em Lacan, a denominada até então "interpretação" teria uma função nova. Ela não deveria ser elucidativa ou explicativa, o que a transformaria num "ato ortopédico". A proposta contemporânea seria chegar ao inconsciente e ao sujeito pelo "corte" ou declaração dos erros do discurso, apontando-se "despreocupadamente" (*sic*) para o desejo deslizante, que vai de objeto a objeto, conduzido pela linguagem em seus deslocamentos metonímicos ou condensações metafóricas.

A palavra é vista como a via régia para o inconsciente, pelo que é preciso "escutar" e não somente ouvir. "Escutar" é o vocábulo mágico da análise lacaniana. Repetindo Freud, para Lacan o falar, o dizer, o discurso podem soar diferentes da intenção de pensar. Assim como o médico ausculta/escuta os batimentos cardíacos, o terapeuta escuta/ausculta as palavras do paciente para identificar as arritmias do ato de pensar. Ouvir é função biológica: com o ouvir percebem-se, entre outros ruídos, os sons das palavras. Escutar é função afetiva: escutam-se as palavras, na polissemia de significados, com a sensibilidade do analista. Para haver escuta é necessário o silêncio do profissional.

Nessa linha, não se faz a "interpretação" *da* transferência e sim sob a sua égide – equivaleria a dizer *na* transferência –, sendo os elementos dessa intervenção dados ao cliente como outro enigma, ou como um estímulo à reflexão, que se transforma em "lição de casa".

A análise lacaniana não se identifica com as psicoterapias que por sua vez procuram o tratamento e a cura.

Narcisismo

É O CONCEITO QUE inaugura o retorno de Lacan a Freud. A história do belo efebo encantado com sua imagem é bem conhecida. Tornou-se metáfora de uma forma analiticamente patológica. Esse estudo pode referir-se ao paciente, bem como ao analista.

A ideia do narcisismo expande-se em várias possibilidades, externas e internas ao espírito do ser: corpo, vestimentas, trato pessoal, maneirismos, agressividade, metafísica dos costumes (Kant), a sexualidade, a homossexualidade, o estádio do espelho na formação do eu (Lacan), narcisismo e Édipo, e toda presença do homem no contexto social.

Trata-se do espaço psíquico entre o autoerotismo e o amor objetal, referido por Freud no estudo do caso Schreber (1911/1996b).

O grande outro (Autre)

PODE SER DEUS, o clã familiar, a escola, a expectativa pública, as leis simbólicas de uma tribo, as normas sociais, o Estado totalitário ou democrático, a luta política etc. No grande Outro é que estão estabelecidas a ordem da linguagem, a ordem simbólica e as ordens filosóficas, religiosas e culturais.

Perversão

TEMA COMPLEXO E MUITAS vezes complicado. O termo foi introduzido no campo da sexualidade pelo moralismo religioso, pela teologia moral, que classificou como "pecado capital" todo ato sexual e suas variações que não objetivassem a procriação.

Lacan insistira em dar dignidade aos significantes, que são o esteio de sua teoria psicanalítica, promovendo o entendimento do inconsciente por meio da linguagem. Assim, o significante "perversão" ganhou, sob seu olhar, dignidade, a que eu chamaria de cientificidade, capaz de afastá-lo (o significante perversão) do terreno moral/religioso.

De inspiração lacaniana, a autora Colette Chiland (2005) é incisiva: "Só merece o nome de perversão a sujeição do objeto amoroso às sevícias que lhe são infligidas".

Perversão em Lacan é sinônimo de humilhação, sevícia, subjugação, destrutividade do outro (perversidade), submissão do outro sem condição de escolha.

"Entre dois, o despudor de um constitui por si só a violação do pudor do outro." (Lacan)

Ele ampliou o entendimento do termo estudando-o como "estruturas" da organização mental na tríade neurose, psicose e perversão. Com Lacan, o vocábulo "perversão" libertou-se da conotação religiosa e não permaneceu obrigatoriamente ligado às sexualidades. O desejo perverso ganhou um estatuto: nos atos perversos há uma clandestinidade, sub-registrada no anonimato. Negam a dimensão de respeito e responsabilidade pelo outro. O outro das relações humanas seria "coisificado", "reificado".

A relação ou o objeto amoroso transforma-se em relação de objeto inanimado, na qual falta o imperativo moral de Kant, tal como acontece no incesto, na pedofilia e no estupro. Nenhuma relação sexual é obrigatoriamente perversa, o que não impede que o perverso tenha seu *modus faciendi* na relação sexual sem amorosidade.

Objeto

NO DICIONÁRIO *HOUAISS*, a palavra "objeto" é substantivo masculino; refere-se a coisa material (de matéria), que pode ser percebida pelos sentidos. Todavia, pode ser também mental, para a qual convergem o pensamento, o sentimento e, até mesmo, a ação.

Freud introduziu o conceito de objeto com base na noção de pulsão, sendo esta a base das fontes de excitação existentes nos orifícios corporais de entendimento erótico: boca, ânus, vagina, ouvidos, olhos. Não lhes deu, entretanto, uma definição final. Aleatoriamente, encontram-se em sua obra várias noções dirigidas a diversas metas (funções): escolha de objeto, objeto infantil, determinação de objeto, identificação de objeto, objeto incestuoso, objeto narcísico, objeto sexual, objeto da libido ou da pulsão, objeto do amor, evitação de objeto, objeto perdido, objeto melancólico.

O seio materno seria o primeiro objeto. Daí o axioma freudiano: "Encontrar um objeto é, na realidade, reencontrá-lo".

Objeto "a"

LACAN RETOMA O CONCEITO freudiano de objeto e, no *Seminário 10 – A angústia* (2005a), elabora uma nova concepção, que chamou de "objeto 'a'". Diz ele: "A angústia não é sem objeto, é o único afeto que não engana".

Seria a sua maior contribuição à psicanálise desde o "objeto perdido" de Freud. É a sua invenção.

Essa denominação se aponta como responsável pela entrada do homem na linguagem: é a causa da angústia e a causa do desejo.

Práxis

USADA COMO SINÔNIMO DA "prática", porém com características próprias que se originam do aristotelismo. Assim, refere-se às atividades humanas com manifestações políticas (de *polis* = cidade). Também é um vocábulo de natureza concreta que se opõe à reflexão teórica. Pode-se dizer tratar de uma "vivência" (*Erlebnis*).

Refere-se, ainda, ao estímulo dado ao ser humano para construir a si mesmo e a seu mundo autóctone de modo libertário, principalmente na área cultural, comportamental, moral e de ação social.

Termo usado nas ideias marxistas para conformar a crítica social meramente teórica.

Segundo Kojève, práxis é o modo de se intitular a prática marxista, na qual "o sentido tem de ser concreto". Em Merleau-Ponty, práxis é "o lugar do sentido". Para Lacan, práxis traduz a maneira de tratar o real pelo simbólico.

A expressão "experiência analítica" é o legado da teoria e da práxis para significar a relação sujeito e analista.

"É o termo mais amplo para designar uma ação realizada pelo homem, qualquer que ela seja, que o põe em condição de trocar o real pelo simbólico. Que nisto ele encontre mais ou menos imaginário tem aqui valor apena secundário." (Lacan, 1985a, p. 14)

Por fim, a práxis é o que cria os fundamentos da psicanálise.

Precisão – precisar

Em toda a extensão das traduções de Lacan percebe-se com insistência o uso dos vocábulos "precisar"/"precisão", o que nos obriga a entender como as palavras estão sendo usadas em sua regência variada. Assim: ter necessidade, carecer, necessitar, ser pobre, ter precisão, exprimir com exatidão, preciso, exato, rigoroso, acertado, realçado, contornos de uma composição artística. Um desafio para leitura escorreita.

Real

Assim é chamado por Lacan o campo da "coisa", do estranho (*Unheimlich*), do impossível de dizer. Há uma ideia contemporânea de que as químicas legais e ilegais podem estimular o acesso biológico a esse real. Um tema longo e difícil de expor neste espaço conciso.

Porém, no texto de Rosset (1988) encontramos variadas posições e possibilidades que permitem esclarecer melhor o conceito.

Inicia-se com a ideia do idiota, atendendo à etimologia grega: *idhiótis*, significando único e singular. Segue-se: o acaso, o artifício, a facticidade, atributos da realidade, "in-significante", que comporão a "ontologia do singular", da singularidade irredutível de cada qual.

Vindo de longe, das mitologias antigas, o conceito do real ganha força de estrutura em Hegel, podendo ser comparado ao real de Lacan (ou vice-versa).

Para Leclaire (1999), o difícil é evocá-lo. "O real é aquilo que resiste, insiste, existe e se dá, ao mesmo tempo em que se furta, como gozo, angústia ou castração."

O real está em nós, enigmaticamente.

Por fim, o real é o que é impossível de tomar a forma simbólica (falada, escrita ou dramatizada). É o inassimilável, o "resto" não devidamente elaborado.

O real existiria além do desejo humano. Em Freud, teria uma base biológica. Em Lacan, a base seria cultural. É também chamado de *o pior*, aquilo que irrompe de modo inopinado, não dando chance ao sujeito de se defender, sendo responsável pela desestruturação do ser. Não depende dos outros registros (imaginário e simbólico), mas pode ser "curado" por eles, sobretudo pelo registro simbólico.

Real é o avesso do simbólico: este organiza os fatos e acontecimentos, dá sentido ao mundo; já o real é o que está fora da organização e não se interessa pelo sentido.

Do real se diz, também, que ele é o *in-mundo*, o que está fora do mundo, contra o mundo, isto é, não compete no mundo do sujeito.

Na análise propriamente, o real não se apresenta, ele estará sempre de fora do exercício analítico.

Real é o campo da "coisa", do trauma, do estranho, do pior.

Sexuação

É O TÍTULO DADO por Lacan ao estudo da sexualidade, em sua gênese e em seu funcionamento. Encontra-se exposta no *Seminário 20 – Mais ainda* (1985b). Aí são utilizadas as formas ou fórmulas quânticas, partindo do entendimento da castração no homem e na mulher, com o seu diferencial.

Significante

O SIGNIFICANTE NÃO É só o vocábulo, mas também a materialidade sonora deste. Porém, pode ser ainda uma imagem ou um gesto.

Ao contrário dos afetos (como a angústia), que não são recalcados, as palavras e os significantes representativos delas, esses sim, são recalcados. Cada significante tem característica específica que o diferencia de outro significante.

Sintoma – sinthôme

NA MEDICINA, É A expressão de uma doença orgânica. Na psicanálise tem outro sentido: é a conjunção de fatores psíquicos com um "estatuto", donde sobressai o "equívoco". Conforme Lacan, na intervenção do analista sobre o equívoco se poderia libertar ou desfazer os nós responsáveis pelo sintoma.

Temos de passar pela tríade do real-simbólico-imaginário, no jogo de palavras analista-analisado, no qual o real será possivelmente tocado pelo simbólico.

Aí estaremos entrando na última clínica de Lacan, a do real.

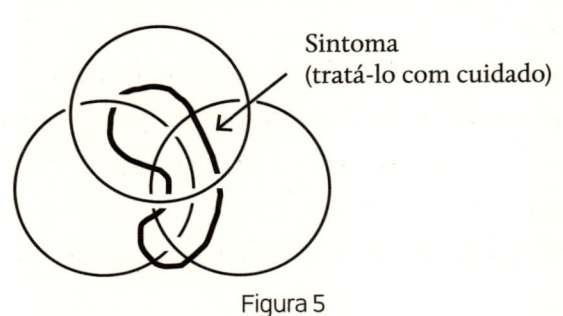

Sintoma
(tratá-lo com cuidado)

Figura 5

Sintoma não é estrutura, seja na medicina ou na psicanálise. Depressão, mania, somatizações, despersonalização, alguma forma de alucinação (hipnagógicas, por exemplo), ideias deliroides, crueldade e vários tipos de comportamento podem ocorrer em qualquer das três estruturas propostas por Lacan: real, simbólica, imaginária. Diante dos sintomas garimpam-se as estruturas subjacentes, o que não ocorre de imediato; é lenta essa pesquisa clínica.

O *borderline* é portador de um quadro clínico sem estrutura, um ser de "não estrutura", um ser de organização provisória: confuso, desesperado, desamparado, errático, deprimido e tedioso. Muitos sintomas e poucos diagnósticos.

Sujeição

O BEBÊ, O RECÉM-NASCIDO, o *infans* são, desde o nascimento, acoplados à cadeia de palavras e de significantes. Por isso se dizia que eles estão "assujeitados". Na página 195 *do Seminário 5 – As formações do inconsciente* (1999), Lacan inserta: "A criança se esboça como 'assujeito' porque, em princípio, ela experimenta e se sente como profundamente assujeitada ao capricho daquele de quem depende".

Urbild do eu

SERIA A IMPOSSIBILIDADE DE fazer uma identificação paterna. É clássica a frase bíblica atribuída a Jeová: "Sou quem sou".

Urbild seria, pois, a identidade egoica que já se estrutura e surge no *infans*, permitindo-lhe sobreviver a partir dele mesmo, sem preocupações com a suposta identificação com o pai.

Urbild, do alemão, traduz-se por protótipo, arquétipo, origem, conforme vários textos.

O termo aparece em Lacan dentro da questão do eu e do corpo, o que de início está inscrito no "estádio do espelho".

Poema

No verbete sobre "Gozo", perguntamos: "Teria Lacan conhecido os poemas do brasileiro Augusto dos Anjos (1884-1914), com sua consciência individual prenhe de preocupações com o gozo da morte?" Então escolhemos um poema expressivo para exemplificar a pergunta.

Minha finalidade

Turbilhão teleológico incoercível,
Que força alguma inibitória acalma,
Levou-me o crânio e pôs-lhe dentro a palma
Dos que amam apreender o Inapreensível!

Predeterminação imprescritível
Oriunda da infra-astral Substância calma
Plasmou, aparelhou, talhou minha alma
Para cantar de preferência o Horrível!

Na canonização emocionante,
Da dor humana, sou maior que Dante,
– A águia dos latifúndios florentinos!

Sistematizo, soluçando, o Inferno...
E trago em mim, num sincronismo eterno
A fórmula de todos os destinos!

7. Sócrates: o primeiro psicanalista

No *Seminário 8 – A transferência*, Lacan (2010) discute, de forma minudente, os diálogos propostos por Platão em *O Banquete*.

Já na página 40 do livro, afirma: "Para me fazer entender, direi inicialmente d'*O Banquete,* que vamos torná-lo como, digamos, uma espécie de relato de sessões psicanalíticas".

E toda a temática refere-se, por inspiração de Fedro, à metáfora do amor. "O problema do amor nos interessa na medida em que vai nos permitir compreender o que se passa na transferência e, até certo ponto, por causa da transferência", diz ele.

A escrita de *O Banquete* é difícil até mesmo para um homem culto como Lacan, que por isso ouviu do seu mestre Kojève: "Seja como for, você nunca interpretará *O Banquete* se não souber por que Aristófanes estava com soluço". Um jogo de lúdica adivinhação entre sábios. Vê-se, pois, a exigência dessa leitura, na qual Lacan coloca toda a sua erudição soberba.

Sócrates (469-399 a.C.) é o criador do "encontro maiêutico", legando-nos um modo de se relacionar com o outro por meio de debates sobre questões de ordem política, moral, jurídica e psicológica. Conta-nos a história que ele tinha profunda convicção de seu papel de "conversador" e a consciência de uma missão, quase religiosa, responsável pelo gesto de sacrifício da própria vida.

Seus conceitos éticos propugnavam por vida individual e pessoal, curadora zelosa da alma, partindo da crença num deus e na reafirmação da inscrição do templo de Delfos: "Conhece-te a ti mesmo".

Pretendia o filósofo a descoberta factual das motivações e necessidades do homem no pretenso desejo de ser sábio, localizando nessa busca as fragilidades do ser humano. Dava-lhe, ao seu interlocutor, a consciência da realidade e da concretude. É dele: "A maior, pior e mais perigosa ignorância é a de quem não sabe e acredita saber".

Para alcançar um tipo de sabedoria criativa e construtiva, Sócrates desenvolveu o método de dialogar, consistindo em não responder nunca quando interrogado às perguntas em si. Então usava o subterfúgio da ironia ou da contrapergunta, utilizando por último o recurso da refutação, quando o outro lhe apresentava uma resposta.

Sócrates, filho de uma parteira, partejava o diálogo, na certeza de que tudo, toda resposta estaria dentro do sujeito em viva potencialidade, pronto para vir à luz, à semelhança do nascimento de uma criança.

Estudiosos da maiêutica identificam no método efeitos não só intelectuais como terapêuticos, colhendo nos diálogos de Platão lances de intensa participação emocional.

Assim, ao terapeuta contemporâneo caberia perguntar: o que quer o paciente? Qual é o seu desejo? Eis a dialética psicoterapêutica em Lacan. Suas indagações e elucubrações não são obrigatoriamente expressadas, porém sempre pensadas.

Em Lacan não se interpreta *a* transferência, mas sim *na* transferência, sendo o primeiro desejo transferencial o da proteção. A proteção esperada pelo paciente estaria na idealização feita à figura do terapeuta: "o sujeito do suposto saber".

Nessa fórmula, o paciente não quer conhecer "qualquer coisa", e sim o desejo do terapeuta em relação a ele. Uma expectativa retora do processo, a que o paciente se abre e o qual mantém o jogo do diálogo terapêutico.

A obra de Sócrates, transmitida por Platão, resume o que depois viria a se apresentar na vivência psicanalítica (*Erlebnis*): a busca do significado da presença do outro – o agalma.

E o que seria "agalma"?

Envio meu leitor ao capitulo X do *Seminário 8* (2010, p. 174).

O termo refere-se à denominação dada às estátuas divinas da Grécia Antiga. Dir-se-ia da "oferenda" dirigida aos deuses, pela sua honra e glória.

Na psicanálise lacaniana seria o "brilho do objeto amado". Em algum momento, Lacan refere-se ao "papel da isca" que uma palavra, um objeto ou uma aparência pode servir de "chamarisco", podendo até promover uma "cilada" amorosa.

Agalma é acontecimento puro, que não pode ser incentivado nem destruído. Muito semelhante à transferência.

A transferência seria uma relação de paixão, o amor exponenciado. O analisado vê no seu analista algo a ser recuperado ou resgatado. Não se trata de tipos amorosos, tais como a empatia, a simpatia, a amizade e outros sentimentos e interesses sensoriais.

Pode-se correlacionar Sócrates a um psicanalista partindo dos diálogos platônicos, nos quais se registram o impacto das presenças, a efetividade dos procedimentos dialógicos e a capacidade das transmissões oráticas sem o recurso da escrita. O filósofo já valorizava a articulação com os significantes, posteriormente recompostos por Lacan.

A paixão de Alcibíades por Sócrates, descrita e analisada nas páginas de *O Banquete* e no *Seminário 8* (2010), traduz-nos o "amor apaixonado" sem armadilhas burocráticas. Era idêntico à paixão sustentada pelos analistas lacanianos ao seu mestre.

A crença ou a fé do paciente em seu analista parece ser fundamental para a formação do simbólico.

O analista não oferece a cura, apenas o tratamento.

No estudo de *O Banquete*, diante da relação entre Sócrates e Alcibíades, pergunta-se: quem aí é o agalma? A história nos conta que Alcibíades via, na vida interior de Sócrates, verdadeiro agalma, luminoso e precioso. De outro lado, a morte de Sócrates foi considerada um momento mítico de transformação de um agalma.

No *Seminário 8* (2010), Lacan refere-se ao agalma do analista como "o objeto que nos captura".

Sócrates nunca deixou alguma coisa por escrito: seu comunicador foi Platão. Quem abriu seus caminhos teria sido Heráclito. Assim, pode-se dizer, também, que foi Sócrates quem abriu as veredas para a clínica lacaniana.

O filósofo vinculava a sua tarefa à disposição intelectual e ética de seus alunos, com a finalidade de formar consciências.

Personagens de um momento histórico da Grécia, envolvida em guerras e clima de terror, Trasíbulo e Ânico, em união com outros companheiros, "acusaram Sócrates de corromper a juventude, estimulando-a a desconhecer os deuses pátrios". Imputado de sedutor dos moços, muitas vezes malevolamente, acoplou-se à sua figura a ideia de corruptor sexual. Não seria verdade. A real ebulição se deu no campo cultural, com as ideias e a pedagogia socrática.

Segundo De Strycker (1950), ele era um cidadão admirável e admirado, por seu exemplar sentido de justiça e sua presença como conselheiro, a quem os jovens consultavam nas contingências decisivas da vida.

Ao ser condenado à ingestão de cicuta, Sócrates permaneceu entre ser lançado ao esquecimento ou aceitar a morte honrada. Quando seus amigos insistiram para uma fuga moral, ele retrucou com altivez: "Eu me tornaria ridículo diante de meus próprios olhos se me agarrasse à vida e a poupasse quando não mais houvesse proveito dela" (Schneiderman, 1988).

Nessa linha de identificações intelectuais, Lacan supera a ideia de que o ser humano teme a morte, afirmando que, em verdade, ele tem é medo de viver demais.

Uma boa leva de estudiosos da psicanálise acreditava que o analista pudesse saber tudo sobre o seu paciente. Lacan, inspirado em Sócrates, contradisse essa ingenuidade interpretativa, lembrando-os de que o analista nada saberia de seu interlocutor – ou talvez conhecesse apenas as vivências de Eros, tal como Freud, diríamos, enfatizava a abordagem sexual.

Ainda, "a docta ignorância", tão referida na clínica analítica, também é de inspiração socrática.

O "mistério de Sócrates" seria a "episteme" – a ciência –, sobre a qual estaria instaurado o valor absoluto da função do significante na consciência do homem.

E assim vai sendo possível relacionar a clínica de Lacan à ideologia da maiêutica.

A questão da homossexualidade presente nos diálogos de *O Banquete* leva-nos a entender um mínimo sobre esse comportamento social da velha Grécia.

Recorri à leitura de Dover (2007), para quem essa faceta greco-romana ricamente documentada não guardaria a aproximação histórica e moral do que hoje chamamos de homossexualidade. São fatores culturais, presentes na mitologia, nas artes visuais dos "vasos gregos", nas escolas filosóficas, não tendo nada que ver com a cultura contemporânea.

Dover (2007) pergunta e responde: por que os atenienses do século IV a.C. aceitavam a homossexualidade tão prontamente, conformando-se, com tanta satisfação, a esse "hábito", é uma questão que pode ser respondida de imediato, num nível superficial: "Eles a aceitavam porque seus pais, avós, tios também a aceitavam".

Os jovens efebos eram perversamente "usados" pelos adultos como um resquício do costume helênico da zoofilia. Essa submissão era socialmente permitida até os 18 anos; mais tarde, porém, a prática se transformaria num labéu.

Essa nota intermediária ajuda-nos a compreender os embates intelectuais dos diálogos platônicos, cheios de dúvidas e acusações sibilinas. Vamos continuar, calcado na leitura de Lacan.

Lê-se em *O Banquete* de Platão (séc. IV a.C.) que o nobre, belo e jovem Alcibíades declarara seu amor sensual e apaixonado por Sócrates, um plebeu de mais idade, sem qualidades apolíneas, de fisionomia tosca e feia, porém homem justo e virtuoso, de temperança e sabedoria.

Essa passagem histórica leva-nos ao assunto candente do amor de transferência, a que Freud chamou de "a forma confessada do amor".

Sócrates também amara Alcibíades em sentido teórico, atraído pelos seus muitos talentos e por sua imbatível retórica político-filosófica.

Segundo o que se lê em Stone (1988), Sócrates, pela forja de seu caráter, foi o único a resistir aos encantos sensuais de Alcibíades, que testemunhara ter dormido com o probo filósofo em uma noite austera e casta.

Em algumas leituras pode-se registrar a "interpretação socrática" ao desejo de seu discípulo, deslocando esse sentimento sensual para a figura de outro amigo, Agatão.

Era Sócrates um psicanalista *avant la lettre*: Lacan identifica em sua interpretação a verdadeira interpretação analítica.

No *Seminário 8* (2010), Lacan estabelece de forma muito clara e instruída a saga socrática, ampliando o texto para a questão da homossexualidade.

À página 151 do referido seminário, Lacan ressalta como o filósofo fazia incidir o efeito de seus questionamentos sobre a coerência dos significantes. Trata-se de uma leitura preciosa, que nos leva a compreender a "dialética socrática" – a qual consistiria em interrogar o significante sobre a coerência do significado.

Destaca a fala do filósofo, quando este se coloca no papel de Diotima, introduzindo o seu conceito de amor na visão de uma mulher e referendando a suprema homenagem ao gênero feminino. Diotima atribuía ao amor a natureza dos demônios, e percorreu a mitologia do nascimento do amor. Mito que só existiria em Platão.

Diotima teria uma excelente referência à função original da criação, a *"poiesis"*. E, copiando Lacan: "O que ela introduz é o seguinte – o belo não tem relação com o *ter*, mas sim com o *ser*, com o ser mortal".

Foi nesse texto que Lacan inscreveu a fórmula famosa: "O amor é dar o que não se tem". E outra afirmação se nos impõe para estudo mais completo: "Impossível comparar a transferência e o amor, e medir a parte, a dose, do que se deve atribuir a cada um, e, reciprocamente, de ilusão ou verdade".

Poderíamos nos perguntar se Lacan seria chamado de um grande socrático, como o foram Kierkegaard e Nietzsche.

Elogiar um intelectual é numerar as suas admiráveis qualidades, a fim de apresentá-lo harmonioso em suas concepções. Entrego ao leitor as possibilidades postas neste livro.

8. Da psicose paranoica: a tese

EM 1932, JACQUES-MARIE ÉMILE Lacan deu a lume sua tese de doutorado em Medicina: *Da psicose paranoica em suas relações com a personalidade*. No ano de 1975, o texto foi transformado em livro pela editora Seuil, de Paris, tendo a primeira edição no Brasil sido publicada em 1987 pela Editora Forense-Universitária, do Rio de Janeiro.

O autor dedicara a obra a seu irmão Marc-François Lacan, religioso beneditino da Congregação Francesa, seguindo homenagens à família, aos seus mestres em Medicina Henri Claude (orientador da tese) e Georges de Clérambault (seu mestre reconhecido e sempre lembrado), a seus colegas Édouard Pichon, Henry Ey e outros.

Foi a partir daí que o senso criativo de Lacan permitiu que fosse ele considerado um renovador, não só da ciência psiquiátrica, mas também da própria psicanálise, em que se iniciava por aquele tempo.

Fiquei deveras sensibilizado ao dar-me conta de que autores citados na bibliografia de sua tese, tais como Eugen Bleuler, Henry Ey, Freud, Fenichel, Karl Jaspers, Mayer Gross e Kurt Schneider, fizeram parte de meus estudos, nos anos da residência médica (1970-71), vividos no Instituto de Psiquiatria do Hospital das Clínicas (USP), sob a direção pedagógica de Antônio Carlos Cesarino, doutor pela Universidade Alemã de Heidelberg.

Essa obra de Lacan apresenta-se em dois vieses: teria sido a "última grande tese de psiquiatria contemporânea" e também a sua "primeira incursão no campo propriamente dito da psicanálise". Assim está registrado na "orelha" da edição brasileira assinada por Marco Antônio Coutinho Jorge, um dos tradutores.

É importante registrar ainda a acolhida do tema por parte dos surrealistas (com a liderança de Dalí), que souberam valorizar a psicanálise daquele tempo, particularmente as ideias lacanianas.

Salvador Dalí, mesmo não pertencendo à área "psi" do conhecimento, porém militante do que se chamava "revolução surrealista", escreveu em 1930 um texto sobre a paranoia. Lacan teve a oportunidade de lê-lo, sendo então influenciado por uma "nova apreensão da linguagem no domínio das psicoses". Percebeu que Dalí correlacionava a paranoia à alucinação, entendida como interpretação da realidade de forma delirante.

Na introdução à exposição que faz de seus trabalhos científicos (p. 393), Lacan insiste em que "o progresso da psiquiatria não poderia prescindir de um estudo aprofundado das 'estruturas mentais'". E relata-nos que esse ponto de vista surgia em seus primeiros estudos sobre os delírios – mais especialmente sobre os distúrbios de linguagem observados nos delirantes.

Também fez a afirmação assertiva da impossibilidade de qualquer fenômeno psíquico surgir independentemente do funcionamento total da personalidade. Daí a escolha das psicoses paranoicas e sua relação com a personalidade para a tese acadêmica que produziu, exigindo-lhe um estudo amplo e preciso de inúmeras teorias. Afirmava: "A originalidade de nosso estudo é que ele é o primeiro, pelo menos na França, em que se tenta uma interpretação exaustiva dos fenômenos mentais de um delírio típico, em função da história concreta do sujeito, restituída por um levantamento tão completo quanto possível".

O interesse de Lacan pelos casos da paranoia foi discutido amplamente, antes da publicação, com seus colegas da sociedade de estudos Évolution Psychiatrique, e também o inspirou a acompanhar alguns casos clínicos no Hospício de Charenton, dirigido pelo dr. Baruk (*sic*), na casa de saúde de Ville-Évrard, dirigida pelo dr. Petit (*sic*). Outrossim, dedicava-se com muito empenho ao estudo das doenças mentais no Hospital Saint-Anne, "centro do universo manicomial" da Paris daquele tempo.

Frequentou a clínica psiquiátrica da Universidade de Zurique, por onde passaram Jung, Forel e Bleuler, fundadores de uma nova abordagem da loucura com ênfase na escrita da fala dos pacientes. Ainda conviveu com Henry Ey, expoente da psiquiatria organodinâmica, com base na fenomenologia.

Já em 1928, relatara intrigante caso de uma sobrevivente de guerra, uma bretã histérica, utilizando-se do termo "pitiatismo" (linguagem da psicanálise de então).

A paranoia, em princípio, corresponderia aos traços clínicos, assim dispostos: 1. um delírio intelectual que varia seus temas das ideias de grandeza às de perseguição; 2. reações agressivas e, com muita frequência, homicidas; 3. patologia de evolução crônica.

Pode-se entender a vivência (*Erlebnis*) paranoica e a concepção de mundo que ela constrói como "sintaxe original". Tal sintaxe seria capaz de contribuir, pelos elos de compreensão apropriada, com a própria experiência da comunicação humana, senso lato.

Toda a vivência paranoica permitiria um espaço de "comunicabilidade humana" que se tem mostrado, com reconhecida polêmica, em todas as épocas civilizatórias.

Imperiosamente, o estilo paranoico é que se impõe em todas as formas de criação artística, criando o conflito entre percepção objetiva *versus* potência criativa e seus significados.

Utilizando vocábulos da fenomenologia-existencial, Lacan retrata o papel dos psiquiatras que teriam, com a necessidade de explicação da ordem jurídica, se ancorado no "esquema cômodo do déficit quantitativo, insuficiência ou desequilíbrio de uma função de relação para com o mundo".

No capítulo em que consideram a anomalia da estrutura e a fixação do desenvolvimento da personalidade de Aimée, "como as causas primeiras da psicose", Lacan introduz a literatura freudiana de modo amplo, dando destaque à análise feita por Freud no caso Schreber.

Considera que, nessa análise, Freud usou uma "maneira gramatical" das diferentes denegações existentes, na confissão libidinal inconsciente, o que está relatada no texto (p. 262).

Diz, ainda: "Há um ponto da teoria psicanalítica que nos parece particularmente importante para a nova doutrina, e nela se integra imediatamente a concepção que ela dá da gênese das funções de autopunição ou, segundo a terminologia freudiana, do superego" (idem).

Ao desenvolver essa temática, Lacan faz justiça ao "imenso gênio do mestre da psicanálise, Freud".

Na página 149, refere-se ao "delírio de Aimée" quando estabelece o "exame clínico do caso Aimée" ou "a paranoia da autopunição". Porém, não esclarece a escolha desse nome fictício, que no decorrer do texto se diz Sra. A.

Daí uma nota importante: não posso deixar de recomendar ao meu eventual leitor o estudo da clínica psicanalítica feito por Jean Allouch – *Paranoia: Marguerite ou a "Aimée" de Lacan* (2005) – com posfácio do psicanalista Didier Anzieu, filho de Marguerite, além de uma instigante correspondência entre Didier e Allouch.

O autor inicia seu trabalho discutindo a nomeação de "caso Aimée" dado à tese lacaniana. Quem teria sido responsável por esse título? "Talvez se trate, antes, de determinar como a doente e seu psiquiatra contribuem, cada um à sua maneira e num lugar diferente para cada qual, para forjar e mesmo promover este nome, Aimée", nos recomenda Allouch.

Aimée, no léxico francês, significa "amada".

O autor aponta para a decisão de Lacan de seguir a proposta de Jaspers: "Os tipos clínicos válidos só poderão ser fundados no estudo de vidas individuais em sua totalidade".

Assim, a monografia sobre a paranoia se firmaria como doutrina e os dados da psiquiatria e da psicanálise se fundiriam – permitindo o longo percurso da história dessas ciências coirmãs, utilizando-se a continuidade da genética (no sentido da gênese) e a estrutura da personalidade do sujeito.

À página 327 da sua tese, Lacan discute o que chamou de "questão do empréstimo", feito da doutrina psicanalítica.

Então, o caso clínico não seria apenas a história de uma vida, porém a "história vivida do sujeito", a *Erlebnis* da fenomenologia.

A monografia de Lacan foi construída com a coleta de dados diretamente obtidos das entrevistas com a paciente e com pessoas de seu círculo familiar e social, trazendo, porém, elementos da psicanálise da escuta: o entrevistador permitiu-se à atenção equiflutuante para registrar a informação reveladora do vivido inesperado.

Criaram-se, assim, dois modos de trabalhar: 1. a entrevista psiquiátrica clássica, com certo plano didático de perguntas e respostas; e 2. a entrevista psicanalítica com a regra fundamental da escuta, que já se encontrava em Freud, mas se exponenciou com Lacan.

Torna-se interessante registrar que foi no entremeio de sua atividade clínica que Lacan passou a ser analisado por Rudolph Loewenstein, a fazer supervisão com Charles Odier e a desenvolver a parte teórica de sua formação com Édouard Pichon. Por esse tempo (1932) inscrevera-se na recém-fundada Sociedade Psicanalítica de Paris. **Nascia o psicanalista Lacan**.

Por fim, conhecer esse trabalho se impõe como exigência intelectual aos psiquiatras e psicanalistas de hoje, pois se trata de um tema contemporâneo, de magnífica leitura.

ᴗ

9. O método fenomenológico--existencial e as críticas feitas por Lacan

HÁ QUEM DIGA QUE o método fenomenológico-existencial não pertenceria mais à doutrina lacaniana. Em seus estudos, Lacan passou pela fenomenologia de Husserl, Sartre, Heidegger, Kierkegaard, Merleau-Ponty, Max Scheler, Dilthey e K. Jaspers – atracando, por fim, em Hegel.

Decidi expor de modo didático a fenomenologia existencial nascida com Husserl, para depois trazer as críticas estabelecidas por Lacan.

Este capítulo pretende organizar as ideias do método fenomenológico-existencial com dados colhidos em vários autores. Seria uma tentativa excessivamente ambiciosa não fora, apenas, a intenção de pesquisar o tema, na esperança de trocar experiências com eventuais interessados.

Etimologicamente, fenomenologia significa o estudo do fenômeno, ou seja, de tudo que se mostra em si mesmo. Mas a palavra ganhou o conteúdo e o sentido dos dias atuais com Edmund Husserl (1859-1938), formulador da metodologia que pretendeu dar rigor científico ao pensamento, já que para ele só era filosofia o que tivesse missão científica. Husserl buscou uma fundamentação para suas investigações, com a finalidade de obter um conhecimento rigoroso do fenômeno partindo de três *exigências*: ser *a priori;* não conter pressupostos; ser evidente por si mesmo – isto é, o fenômeno puro e absoluto deveria ocorrer de forma imediata, antes de qualquer juízo ou reflexão, livre de preconceitos por parte do observador e com valor universal para todos os homens e todas as épocas.

Há de situar corretamente a fenomenologia de Husserl para o seu significado não ser confundido com outras fenomenologias, principalmente com a "fenomenologia banal", ou "fenomenologia descritiva", cuja característica é a simples descrição de objetos, sob quaisquer justificativas, com o observador permanecendo de fora.

Em Husserl, ser e fenômeno não podem estar dissociados: vinculam-se pela intencionalidade. O observador se encontra, sempre, dentro da relação; nos trabalhos grupais, é chamado de "observador participante", conforme H. S. Sullivan (1940).

Dessa colocação inicial, as noções resultantes são dispostas em cinco classes de conjecturas e desenvolvidas a seguir: da premissa básica; dos processos da inter-relação; da característica dinâmica do método; dos procedimentos didáticos; dos postulados do método.

Da premissa básica

"SER E FENÔMENO NÃO podem estar desvinculados."

Tal premissa funda tudo mais que, nas psicoterapias, chega-nos com os nomes de relação, participação, diálogo, presença, identificação, amor, transferência, Tele, comunhão, socialização, vínculo, encontro, dialética existencial, dialética relacional.

Dos processos da inter-relação

SÃO ELES: INTENCIONALIDADE, intuição e intersubjetividade.

Primeiro processo: intencionalidade

Em termos gerais, pode-se dizer que a intencionalidade é a abertura do sujeito para o mundo, como ato de identificação e busca de sentido. Seria a proposta dialética existencial da fenomenologia.

A relação direta entre consciência e fenômeno é o que se chama dinamismo intencional, robusto elo que torna sujeito e objeto inseparáveis, sem o qual consciência e mundo, separadamente, não podem ser compreendidos.

A intencionalidade é o primeiro processo ou maneira de operar da fenomenologia.

O fenômeno não pode ser abstratamente deduzido, mas é algo "concreto" que passa a ser parte estrutural da consciência.

Em termos práticos ele é caracterizado por dois movimentos:

- *Primeiro movimento* – O fenômeno enfocado apresenta um "algo" que sempre o levará a ser conhecido com o mesmo significado, objetivado, independentemente de quem o vê, independentemente do ângulo, da época e do lugar em que é visado. É esse "algo" (noema) que nos dá a definição do fenômeno *ideal*, pois o fenômeno *real* é contingente, circunstancial. Esse "algo" não vem da mente, está *a priori* assegurado no fenômeno, isto é, o fenômeno é que se dá a si mesmo, irrompendo na consciência imediatamente, sem que haja oportunidade da reflexão.

- *Segundo movimento* – É o ato de visar o fenômeno. Aqui se encontra a identificação do fenômeno. É um ato subjetivo da consciência (ato noético), mas ainda não é a intencionalidade. O ato de visar (percepção) é estruturado pela *intenção*, a qual permite transformar o estado da consciência do mundo. Exemplo: sob meus olhos tenho a flor, o aluno, o automóvel. A princípio não os vejo. Naquele instante, minha consciência abre-se para outras imagens imediatamente anteriores. Em dado momento, ligo-me à flor. Não será a flor identificada em certas representações mentais, universais, a flor ideal, mas a flor que me toca, me alegra ou me entristece. Ligo-me à flor-beleza ou à flor-feiura. Ligo-me à flor-lembrança, àquela com a potencialidade de significados existentes a partir de minha experiência emocional em algum momento da vida. Nesse ponto está a qualificação da consciência.

No momento em que se estabelece a relação dialética entre a identificação do fenômeno e a qualificação da consciência estará formada a intencionalidade. Ela é a relação ato noético e noema, ou, dizendo de outra forma, relação noético-noemática, que se dá no segundo movimento.

A intencionalidade pode ser focada como sinônimo de conhecimento, mas não como "um lugar onde se acumulam "imagens cognitivas", e sim como presença do sujeito numa realidade que ele abre e ilumina no instante mesmo em que se faz presente.

Essa é a originalidade da concepção husserliana da consciência: o sentido com que a consciência qualifica o objeto; portanto, a consciência (que tenho) dele. A consciência será sempre consciência de alguma coisa.

Nessa operação poder-se-ia supor que a objetivação e a qualificação pudessem ser contaminadas pelo pré-julgamento. Exatamente isso o método fenomenológico vai evitar, pelo que propõe, como veremos adiante, o recurso da "redução".

Segundo nos ensina Jacques Derrida, a intencionalidade não é vontade, voluntarismo, mas espontaneidade. E ainda se pode ampliar o conceito registrando a possibilidade de sua inclusão entre os processos inconscientes descobertos por Freud. Há, pois, a intencionalidade inconsciente.

Segundo processo: intuição

Ao lado da intencionalidade, a intuição é o segundo processo a ser esclarecido. Não é demais lembrar que não se deve confundir a intuição fenomenológica com qualquer iluminação milagrosa. Não se pode, ainda, confundi-la com a introspecção, em geral uma forma de meditação abstrata, com tendência a ser usada para explicações e generalizações.

O que seja intuição, como fenômeno psíquico, ou melhor, interpsíquico, aceito por todos os estudiosos, ainda está mal definido. Na altura dos nossos conhecimentos, pode-se apenas dizer o que ela não é, sabendo-se que ela não faz uso nem dos instrumentos de especulação filosófica nem da indução/dedução das ciências naturais.

Podemos arriscar algum entendimento: ela seria a capacidade do sujeito de fazer a apreensão clara e correta da verdade, anterior ao juízo ou à reflexão. Pode ser vista como resultado de conhecimentos adormecidos, sensibilidade, criatividade, exercício de pesquisa e curiosidade, imaginação e, sobretudo, como apreensão pré-reflexiva. Os fenômenos inconscientes e coinconscientes também comporiam a manifestação intuitiva.

Terceiro processo: intersubjetividade

Esse terceiro processo da inter-relação da fenomenologia remete-nos à confluência histórica em que a fenomenologia de Husserl e as filosofias da existência vão se unir. Essa encruzilhada é que amplia a possibilidade de entendimento e articulação da filosofia da consciência com inúmeras outras fontes do saber.

A consciência não seria só intencionalidade para alguma coisa, para o objeto, mas também para outra consciência, a consciência do outro, o *alter ego*; isso porque a intencionalidade define a consciência como direção para um *objeto intencional* e não para um objeto físico ou material. Isso quer dizer que os fenômenos psíquicos também são revelados em função da *relação intencional*.

A consciência do outro é dada à minha consciência como me é dado qualquer objeto visado em minha intencionalidade. Mas, enquanto ao objeto somente eu o viso, no caso do outro ele também visa com sua intencionalidade a minha consciência. Cada um é sujeito e objeto em relação ao outro. Eu procuro a essência do meu *alter ego*, que é a sua existência; ele busca a minha essência, que é a minha existência.

Antes de prosseguirmos, é interessante lembrar, para evitar confusões, os significados atribuídos às palavras "outro" e "*alter ego*". O termo "outro" está usado aqui no sentido do "meu próximo", "outra pessoa", e não no de Lacan, pelo qual o "Outro" está inscrito na gênese e na história do desejo. *Alter ego* é termo usado por algumas escolas psicológicas para indicar aspectos reprimidos da personalidade. Aqui o usamos ao modo da fenomenologia, dando-lhe o sentido da alteridade, estado ou qualidade do que está no outro (na outra pessoa), tornando-o diferente e distinto de mim.

Nesse ponto, começa-se a perceber a presença das filosofias da existência na fenomenologia. O segundo período das ideias fenomenológicas iria inseri-las na problemática existencial do ser no mundo. Há, pois, uma intercomunicação de consciências, coconsciências, e a minha subjetividade e a do outro transformam-se em *intersubjetividades*.

Inspiram-se em Husserl os pensadores que se preocupam com o modo como a subjetividade de cada um vai ter acesso à subjetividade do outro.

O homem não seria único e sim coexistente, e a verdade humana universal seria resultado da intercomunicação de consciências e subjetividades.

Existir é coexistir.

A intersubjetividade não consiste em uma situação estática de consciências que se comparam, mas em uma situação dinâmica de consciências que se interpenetram, se reconhecem, se conflitam, se relacionam.

A aproximação das filosofias da existência com a fenomenologia instaura nova dimensão nesse estudo, deslocando a temática da consciência de seu centro inicial. A ênfase desloca-se para a intersubjetividade. Como diria Gorman (1979), a partir daí a fenomenologia descreve "como podemos agir conscientemente ao invés de como os indivíduos conscientes agem". Por sua vez, a fenomenologia, como teoria do conhecimento, com rigor de ciência, sem o ser positivo, obrigou a filosofia da existência a abandonar suas primitivas posições anticientíficas.

Husserl e Kierkegaard vão ser unidos em suas semelhanças a partir de Max Scheler e Heidegger.

Diria Luijpen (1973): "Assim surgiu o movimento de união do pensamento fenomenológico-existencial, de que são corifeus, sobretudo Heidegger, Sartre (ainda que não em todos os sentidos), Merleau-Ponty e a Escola de Lovaina".

Então, temos que a fenomenologia existencial já não é a mesma de Husserl: atribui como meta de seu estudo o *ser* e não a *consciência*. Tal posicionamento vai facilitar a introdução do inconsciente nas preocupações da fenomenologia, mas sem que ele venha a ocupar lugar central. O *topos* principal continua sendo o do *ser*. Na fenomenologia, consciência e inconsciente cedem lugar à inter-relação e à interexperiência. Husserl falaria em coconsciência, e mais tarde Moreno falaria em coinconsciente.

De qualquer forma, a intersubjetividade é condição e caminho para a objetividade.

Por tudo o que foi dito até aqui, o método fenomenológico constitui um grande atrativo para as ciências do psiquismo humano. Por ser um método aberto, não se conclui que seja caótico e desordenado. Ao contrário, ele permite acompanhar um mundo em movimento com regras que impedem a cada um participação autoritária ou irresponsável.

Da característica dinâmica do método

NO DIZER DE GILES (1975), Husserl pretendeu uma "filosofia fundamentada no dinamismo intencional de uma consciência sempre aberta, tal fundamentação sendo antecedente a toda e qualquer sistematização".

Uma consciência sempre aberta é a *característica dinâmica* que permite à fenomenologia ser uma filosofia-ciência sempre em vir a ser. Seus termos não são definitivos, a busca do rigor não permite um acabamento. O fenômeno não pode, pois, receber uma interpretação final; ele vai sendo reconhecido à medida que sua análise progride, aprofunda-se, radicaliza-se. Cada etapa dessa análise não pode destruir as evidências precedentes. Cada nova descrição da realidade é mais exata, mais pura, sempre usando a interpretação anterior. As conclusões são sempre provisórias. O inacabar, longe de ser empecilho, é a própria definição da existência, sendo o que faz do método fenomenológico-existencial um método aberto.

A obra de Husserl apresenta vários momentos, inúmeras passagens, que são utilizadas pelos autores, a cada passo, para definir a tarefa da fenomenologia na interface com as ciências psicológicas. Para Merleau-Ponty (1969) essa tarefa é a de propiciar ao sujeito "ver o mundo de novo" de outra perspectiva.

Dos procedimentos didáticos

SÃO ELES: O EXERCÍCIO da "redução", a atitude "ingênua" e a arte da "compreensão".

O exercício da "redução"

No estabelecimento da relação noético-noemática da intencionalidade, o método fenomenológico propõe colocar o mundo entre parênteses, isto é, suspender por um momento todas as conquistas culturais, no tempo e no espaço. Não significa negar a realidade do mundo exterior, mas tão somente permitir que a experiência do ser humano seja dada ao que é autenticamente manifestado, sendo o autenticamente manifestado não apenas o ser pensado ou o ser pensante, mas ambos. Redução é o colocar todo o "mundo natural", o mundo fáctico e suas teses à parte, deixando de usar, como recurso didático, qualquer julgamento espaçotemporal (desse mundo nada se afirma, nada se nega).

A consciência sem pressupostos é que permite dar sentido ao fenômeno que se lhe apresenta puro e absoluto, permite dar sentido de forma imediata, antes de qualquer juízo ou reflexão, pela intuição na qualidade de apreensão clara e instantânea da verdade.

Naturalmente, a redução completa apresenta-se como uma impossibilidade, o que leva Merleau-Ponty (1969) à afirmação: "Eis por que Husserl sempre se interroga novamente sobre a possibilidade da redução. Se fôssemos o espírito absoluto, a redução não seria problemática".

Na relação eu-mundo, sujeito-objeto, restarão as essências, não no sentido das ideias platônicas, mas no sentido mesmo que lhes quer dar Husserl, o que é próprio e exclusivo do fenômeno, o que estaria nele numa autenticidade radical. Essa visão das essências é ateorética, isenta de explicações e causalidades.

Colocar o mundo "entre parênteses" traz consigo algumas contradições, mas não consiste em uma dúvida insolúvel. A proposta é a de que na apreciação do sujeito/objeto (para o qual também sou um sujeito/objeto) o meu referencial teórico-ideológico (e também o dele) não seja obstáculo para a percepção télica do outro, mas nada impede que os temas que compõem os nossos referenciais possam estar na pauta do diálogo durante o processo relacional.

A atitude "ingênua"

O método fenomenológico-existencial vai exigir de seu praticante uma atitude "ingênua" diante dos fenômenos, para que eles se mostrem por si mesmos.

O que é ser ingênuo nesse caso?

Do mundo que tenho diante de mim nada afirmo com ideias preconcebidas, nem com explicações psicológicas e científicas. Apenas interrogo, ouço, vejo, percebo e sinto. Também me interrogo, me ouço, me vejo, me percebo e me sinto; diante das informações desse mundo que chegam a mim, entedio-me, alegro-me, emociono-me.

Nesse momento desconheço o que aprendi, deixo de lado meus conhecimentos, evito a erudição. Entrego-me à intuição, que é individual, pessoal e, tanto quanto possível, deverá ser sempre criadora; permito-me a relação intersubjetiva; uso a intencionalidade para integrar-me aos universos que se abrem à minha participação naquele instante. Procuro um estado télico.

A atitude "ingênua" nos permite *ser a emoção* num plano irreflexivo ou pré-reflexivo. Exatamente ao contrário do exercício intelectual ou reflexivo do pensamento que nos leva ao conteúdo abstrato e conceituai. Pensar e refletir sobre o amor é *conhecer (ter)* a consciência do amor. Vivenciar e sentir o amor é ser consciência do amor. Em Buber isso se traduziria, respectivamente, pelo Eu-Isso e pelo Eu-Tu. A atitude "ingênua" estaria no Eu-Tu.

A arte da "compreensão"

Com base no que foi posto anteriormente, encontramo-nos diante da chamada *atitude compreensiva* da fenomenologia existencial.

É preciso atentar para o fato de algumas pessoas confundirem o termo "compreensivo" da fenomenologia com o ato de bondade, cortesia e polidez do interlocutor.

Também, vulgarmente, em nossa língua, compreender significa: conter em si, constar de, abranger, incluir, perceber, entender, conhecer as intenções de. A palavra foi usada pela hermenêutica com o significado de "intuição", "convivência empática", "vivência", "conteúdo de sentido e de valor" e, basicamente, é utilizada como uma apreensão mais alta do sentido, que ultrapassa qualquer explicação causal.

Por sentido ou significação devemos entender a conexão entre fatos e vivências intuídas pela afeição, que flui sem explicações de causa e efeito, em que as partes não subsistem sós, mas referidas a um todo. Assim, a vida psíquica será entendida em sua totalidade e nela poderão ser buscadas as relações de significação das partes, isto é, as relações compreensíveis.

A hermenêutica se expressa em nossa época como "arte da compreensão", ou "doutrina da boa interpretação", com o objetivo de apreender o sentido de um acontecimento explicitado por fenômenos histórico-culturais, linguísticos e por vivências e comportamentos pessoais.

O compreender ocupou, ainda, importante lugar ao lado do vocábulo "explicar", na divisão que Wilhelm Dilthey (1945) fez entre ciências do espírito e ciências da natureza, atribuindo às primeiras um procedimento de compreensão descritiva e, às segundas, um procedimento explicativo. Vai como registro histórico.

"Temos, pois, que o método dos psicólogos explicadores é o mesmo do que se serve em seu campo o investigador da natureza", afirma Dilthey.

O explicar, correspondendo aos princípios da causalidade, exigiria um distanciamento, um tempo e um meio para a formação do entendimento.

Para o compreender ressalta-se a necessidade da ocorrência imediata, intuitiva e afetiva do entendimento, o que "fazemos mediante a cooperação de todas as forças sentimentais na captação dos nexos do *todo*, que se nos apresenta de maneira viva, permitindo nos apreender o que é singular".

Ainda com a intenção de clarearmos bem a noção do compreender, recorro a Karl Jaspers, que nos alerta para o erro em sugerir o psíquico como o setor da compreensão e o físico como o setor da explicação, pois os próprios fatos psíquicos podem, em determinada situação, subordinar-se ao explicar.

Na psiquiatria, de modo geral, e nas psicoterapias, a aplicação deste capítulo da hermenêutica coloca em evidência o sentido humanístico de sua inspiração. Seus supostos básicos têm contribuído para humanizar a psicologia, exigindo do profissional maior e melhor compreensão da alteridade – o que de um lado esclarece e ilumina os meandros diagnósticos e, de outro, dá elementos para o tratamento dentro de uma visão globalizante e efetiva.

Laing (1973) afirma: "Por compreender entenda-se amar". Essa disponibilidade afetiva, na prática psicoterápica, exige do profissional que isso ocorra ao nível da tele e não de necessidades transferenciais. Cuidar (= curar) do paciente sem a preocupação de explicá-lo ou rotulá-lo, sem a intenção de registrar sintomas ou valorizar patologias, amando-o telicamente, é o caminho, o método da atitude compreensiva.

Antes de continuarmos, é importante assinalar que o método explicativo-causal foi primordial no campo da psiquiatria porque, historicamente, permitiu a superação das ideias mágico-religiosas e ainda, deve ser usado em determinado momento do trabalho profissional, sobretudo no estudo do diagnóstico clínico. Diante de um sintoma clínico ou de um comportamento atípico, deve-se buscar a causa: orgânica, funcional, psicológica, ambiental, socioeconômica ou antropológico-cultural.

Por sua vez, a postura compreensiva estará sempre presente, inspirando os relacionamentos autênticos, as fases psicoterápicas dos tratamentos psiquiátricos, a compreensão, enfim, do modo de ser do indivíduo, seja na sua vida regular e saudável, seja na vigência de lesões, disfunções, distúrbios da emoção e desvios do comportamento.

Não há possibilidade de isolar ou de querer anular um dos métodos. As duas modalidades – compreensão e explicação – não se excluem; ao contrário, podem se completar. Somente o momento propício de seu uso é que deverá ser oportunamente escolhido.

Dos postulados do método

NA ALTURA DESTE RELATO, já podemos resumir os postulados fundadores das propostas fenomenológico-existenciais. Eles vão se referir ao modo ou à maneira como os fatos e fenômenos são visados.

▸ Com a certeza de que cada ser humano não pode existir isolado ou sozinho. O projeto existencial só é possível na presença de outros. O conceito clássico de alteridade está nas obras de Buber e de Lacan.

▸ Com a perspectiva do "vir a ser", em que não haveria teorias acabadas, mas sempre redescobertas e redefinidas.

- ▸ Com a ideia de multiplicidade de percepções, significações e interpretações.
- ▸ Com a proposta de permitir à pessoa a experiência radical da identidade, da individualidade, da singularidade, das dificuldades, das possibilidades e das potencialidades em seu existir.
- ▸ Com a negação de enquadrar o homem concreto e singular em categorias, classificações e modelos teóricos generalizadores.
- ▸ Com a ideia de que em sua história o ser humano passa por dois processos distintos: o da "hominização", que o determina na plenitude de sua história biológica; e o da "humanização", que o inicia no projeto psicossociocultural da humanidade.

O método fenomenológico-existencial e o humanismo

QUANDO SE FALA EM método fenomenológico-existencial, sempre se pergunta quais são suas relações com o chamado "humanismo", como posicionamento ético do homem e da sociedade da qual participa.

A resposta é imediata: as filosofias da existência e a fenomenologia participaram de forma vigorosa nesse movimento por meio de seus expoentes, como Kierkegaard e Sartre, para citar apenas dois nomes, contribuindo com seus conceitos, seu método e sua práxis na formulação de critérios de valores que marcam a "condição humana".

O objetivo do humanismo, no somatório das intervenções, seria colocar o ser humano no centro das atenções de todas as ideologias, buscando aperfeiçoá-lo com espírito crítico e confiança, aproveitando ao máximo as forças biológicas, psicológicas, sociais e espirituais que se convergem sobre ele em seu processo civilizatório.

Do ser humano, no entanto, não se afastam as contradições, as claudicações, as fragilidades; pelo contrário, será desses pontos reconhecidos que se buscará construir o ser humano forte, em liberdade, em dignidade, em direitos e, afinal, em respeito à pessoa distintiva que é.

A frase atribuída a Terêncio (75 d.C.), "*Homo sum: humani nihil a me alienum puto*", tem servido como lastreadora das posições humanistas e em tradução livre nos diz: "Nada que seja humano me estranha". O lema vem parafraseado através dos tempos, chegando-nos com o mesmo sentido na afirmação de outros autores, como a expressão: "Nada que é humano me escandaliza".

A fenomenologia dita existencial, depois de Sartre, é o legado que nos coube (à cultural ocidental), difundindo-se a partir do pensamento europeu.

Desavisadamente, acredito eu, alguns autores situam Lacan como um desconstrutor da fenomenologia. No entanto, não é bem assim. Realmente ele fazia críticas a certos conceitos dessa matéria, revertendo-os para uma forma pessoal de interpretá-los. Porém, podem-se encontrar em seus textos afirmações tais como: "A fenomenologia contemporânea aponta de maneira fecunda e sugestiva para todo o campo da percepção".

E recorre a Merleau-Ponty: "Depois que longos séculos nos deram na alma um corpo espiritualizado, a fenomenologia contemporânea faz de nosso corpo uma alma corporificada" (*Seminário 10*, 2005a).

Comentário sobre as críticas à fenomenologia

PODE-SE DIZER QUE NÃO há contestações definitivas e cabais à fenomenologia, mas não podemos deixar de reconhecer o encadeamento de inspirações críticas que passam por Sartre, Saussure, Lacan, Derrida, Merleau-Ponty, Badiou, Eric Alliez, Deleuze, Guattari, Foucault.

Jacques Derrida, filósofo francês, falecido no ano de 2004, que se intitulava "amigo da psicanálise" e "não psicanalista", para ter maior liberdade de estudá-la e criticá-la, também sendo estudioso da fenomenologia transcendental de Husserl com fino espírito de observação – colaborando para o seu aprimoramento conceitual –, ocupa lugar especial nessa discussão sobre possibilidades e impossibilidades da fenomenologia. Derrida (*apud* Major, 2002) perguntava: "Nós vamos esquecer a psicanálise?"

Jacques Lacan, conhecedor arguto das ideias fenomenológicas, muitas das quais foram por ele absorvidas em sua prática analítica, fez reparos críticos a vários conceitos, sobressaindo-se o que foi feito aos termos "compreender" e "compreensão", pelo risco de o analista estabelecer pressupostos antes mesmo de vir a conhecer integralmente o pensamento do paciente. Aí estaria a base dos equívocos nas relações humanas.

Trata-se de estudos que escapam à especulação de quem não seja filósofo, porém, mesmo para os meros clínicos, é pertinente a frase de J.-F. Lyotard (1986): "Temos todos Husserl por trás de nós, deveríamos saber o que isso quer dizer".

Lacan faz a crítica da intersubjetividade fenomenológica partindo do princípio de nunca considerar o sujeito um indivíduo, um dado primevo, mas um efeito que surge somente pelos "cortes" do discurso, suposto pelo significante que o representa. Dito de outra forma: os sujeitos estão subordinados aos significantes.

Lacan subverte a noção filosófica de sujeito. A nova teoria dá o sujeito como sujeito do inconsciente, ou seja, o sujeito é o inconsciente, o inconsciente é o sujeito. Não se o identifica à origem do idealismo filosófico de sujeito da consciência.

A teoria do inconsciente apenas foi esboçada por Freud. Coube à psicanálise lacaniana a reafirmação: "O eu não é o senhor em sua própria casa". O sujeito lacaniano é desapossado das propriedades que lhe são conferidas pela psicologia, afirmação de Gérard Miller no livro *Lacan* (1993).

Lacan, ainda, critica o termo compreender pelos equívocos que o vocábulo pode ocupar no diálogo terapêutico. Tomando-o ao pé da letra, o terapeuta pode achar que já sabe do que se trata antes mesmo de o paciente começar a falar. Isso configura o "pré-compreender", fonte de todo mal-entendido, de todos os equívocos, criando-se uma dificuldade à ação terapêutica do diálogo, pois, em consciência, o profissional não sabe nada sobre o paciente. Só *a posteriori*. Compreender ou a compreensão traria sempre um elemento imaginário, exponenciado na intersubjetividade. Não devemos esquecer que a tese da Lacan sobre a paranoia (1932) foi escrita na perspectiva compreensiva. Assim, o Lacan mais moderno se afasta de conceituações ultrapassadas. Essa crítica feita em 1950 atinge também a crítica do imaginário.

Lembremos que Lacan valoriza, em princípio, o simbólico. Referindo-se à compreensão de Jaspers, ele registra: "Comecem por não compreender".

Para o "aqui e agora" (*hic et nunc*) da fenomenologia, Lacan reservou também uma crítica.

O "aqui e agora" pressupõe as certezas do sujeito, o que fica bem nas estruturas psicóticas. Essa posição cronométrica dá azo à fala vazia, seu aspecto mais ingrato, quando o sujeito parece falar em vão, sem atingir plenamente o seu desejo.

A fala plena reordena as instâncias do passado, distanciando do "aqui e agora". O inconsciente como expressão do sujeito lacaniano é o capítulo da história pessoal recalcado e fora do tempo presente.

10. Esquemas operadores do campo psíquico em Lacan

As representações gráficas não são coisas em si; servem apenas para ajudar-nos a pensar. Trata-se de instrumentos facilitadores do entendimento da estruturação clínica.

O ensino de Lacan distribui várias representações gráficas, a que se denominam modelos, esquemas, grafos, nós, topologia, redes etc.

Decidi permanecer no campo dos esquemas e na Figura 14 proponho o gráfico no qual a área hipotética do real ganha uma representação novidadeira.

A representação gráfica foi a forma como Lacan logrou contribuir para o entendimento do seu conceitual.

Um bom didata esse Lacan.

O termo "modelo" aparece no *Seminário 1* (1986), "esquema" surge no *Seminário 2 – O eu na teoria de Freud e na técnica da psicanálise* (1975/1985e) e "grafos", no *Seminário 5* (1988). As redes são expostas nos *Escritos* (1970/1998).

De qualquer forma, o mais importante nesse ensino é a estrutura dos três registros: real, simbólico e imaginário, que se opõem aos registros freudianos: inconsciente, pré-consciente e consciente (primeira tópica) e eu, superid e isso (segunda tópica).

Não sei se o título deste capítulo é o melhor, porém foi a forma por mim encontrada para expressar como ressoou a leitura que fiz dos esquemas L, R e I e do nó de Borromeu. Como em tudo que é esquemático, há aqui certa simplificação – e, com ela, o grande risco dos equívocos. Tal alerta é feito inclusive por Lacan ao expor o esquema I, afirmando que qualquer esquema só tem sentido se for sustentado pela análise que é feita em torno do caso (1998b). A análise, pois, é que enriquece e dá conteúdo ao que está apenas esboçado no esqueleto dos gráficos.

O esquema L

VAMOS DESMONTAR E REMONTAR o esquema L, também chamado de Lambda, esquema Z ou esquema de Lacan.

Eis o tradicional esquema L, em seu desenho original (Lacan, 1997b, p. 22):

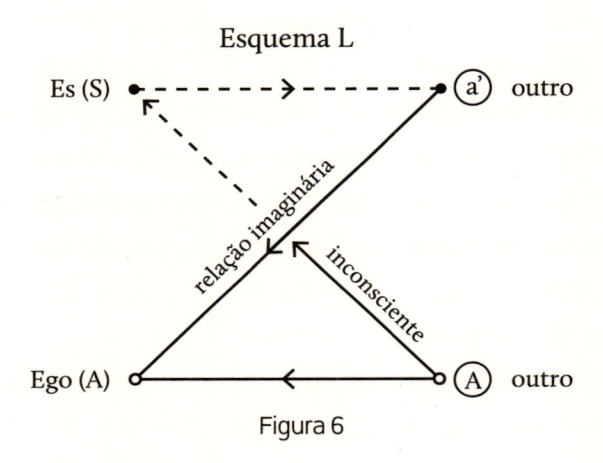

Figura 6

O esquema pretende representar graficamente os vários movimentos e lugares ocupados pelo *sujeito*, de seu tempo de constituição inicial até a finalização, o que significa partir da relação imaginária para a relação simbólica.

É necessário lembrar, aos que iniciam, que o sujeito de que falamos no esquema L é o sujeito do inconsciente. E, como é do conhecimento de todos desde Freud, nós nunca conseguiremos chegar ao inconsciente puro, mas tão só a seus representantes parciais, os quais chamamos de "representações".

Esse sujeito, portanto, é uma hipótese, uma ficção, um mito. Não há preocupação de tê-lo como substrato funcional ou, menos ainda, como lugar anatômico. Estamos no movediço da realidade psíquica.

Estudo do primeiro eixo

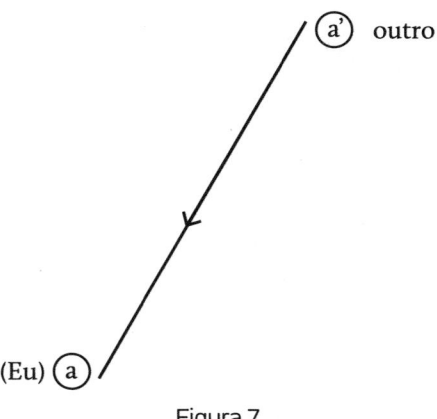

Figura 7

O primeiro eixo é o da relação imaginária. Na ponta esquerda, abaixo, estaria o Eu do sujeito, representado por a. Na ponta direita, acima, estaria o objeto, o outro, representado pelo a' minúsculo, com quem a se relaciona. Essa é a relação denominada imaginária, correspondente ao estádio do espelho, que permite estabelecer o princípio fundador da formação do Eu como da ordem do visual.

O imaginário, em Lacan, difere do vocábulo encontrado nos dicionários, nos quais se diz que o adjetivo "imaginário" refere-se ao ilusório, ao fantástico, ao que se encontra apenas na imaginação. Difere, também, da palavra "imaginação" e de seu conceito, tendo com ela uma relação apenas tangencial. O imaginário, em Lacan, diz respeito às metáforas construídas na relação entre o Eu (a) e o objeto (a').

Na relação imaginária, um momento fundamental é o do "investimento da imagem especular". Como o Eu (a) vive a ilusão da completude ao se relacionar com o objeto (a'), diz-se que ele está em pleno investimento narcísico de objeto. Isso levou Diatkine (1999) a afirmar que o "imaginário", tal qual entendido por Lacan, é antes de mais nada uma concepção original do narcisismo que em Freud trata-se do investimento libidinal do Eu (ego).

Estamos falando, pois, da expressão "narcisismo do Eu", que requer, para sua constituição, vivenciar o corpo – mais exatamente, a corporeidade. E o faz tentando apreender, no espelho, a imagem especular que é vista, "pensada", imaginada, ilusionada como um outro. Esse acontecimento permite, então, a visão imaginária do Eu por meio da imagem do corpo, atribuindo, à imagem especular, o ser o outro em unidade consigo. Entende-se que, enquanto a relação imaginária estiver sendo enfocada de modo exclusivo, estará no campo do desconhecimento da eficácia simbólica, da ausência da castração e da elisão do desejo do Outro (aqui, em maiúscula).

"O corpo está universalmente presente, em todo sintoma, em toda pulsão, em todo ato inteligente, em toda emoção, nos sonhos, na linguagem." Essa afirmação de Maria Lúcia de Araújo Andrade (1984) a respeito dos distúrbios psicomotores leva-nos a ampliar sua aplicação com o uso de palavras da própria autora: "O indivíduo propõe o seu corpo, como um enigma". Então, temos de conhecer o corpo já a partir da relação narcísica, do estádio do espelho e, por último, da intervenção do simbólico.

O estádio do espelho é que estruturaria o Ser, condicionando a estrutura ontológica do mundo. A criança, o *infans*, ainda com a impotência motora, ao se ver no espelho (metáfora para o olhar da mãe), tem a assunção jubilatória de sua imagem especular. Então, pode-se concluir que o Eu (a) se vê como imagem no outro (a'). Repetindo, para firmar a conceituação, diz-se que o Eu (a) não se constitui a partir de si, mas a partir do outro (a'). O que compõe o Eu (a) são os efeitos que o outro (a') exerce sobre a. Lembro-me de uma frase perdida: "A criança se vê, e ao mundo, pelos olhos da mãe". E a mãe, ou a figura substituta, talvez seja o primeiro objeto, o primeiro outro a compor essa relação posta no eixo imaginário. Assim, o Eu da criança está alienado no outro-mãe. "O desejo do eu é o desejo do outro." "O objeto de desejo do Eu é o objeto do desejo do outro." A voz, o tato, os odores, o olhar do outro é que constituirão o Eu (a), oferecendo a ele um "estatuto". Pode-se dizer, com Lacan, que o sujeito se "estatui" por meio da alienação no outro – uma necessidade para seu desenvolvimento. A figura da mãe está entre os objetos de a, onde o Eu se espelha; espelhamento que, na verdade, contém o desejo da mãe.

O plano imaginário é o plano narcísico por excelência. O plano que, se permanecer só, sem a intervenção do simbólico, ou seja, a imagem especular, será o plano da psicose.

Adendo 1 – Em outro momento, o lugar a' será estudado como o *objeto* que Lacan considera ter inventado (Nasio, 1993) para responder: quem é o outro? Quem é meu semelhante?

Esse desdobramento do lugar a' do esquema L é especulação teórica longa, difícil, sendo aqui apenas tangenciada, mas pode-se dizer que o *objeto* a é o mais-gozar, causa do sistema significante.

Se transpuséssemos essas noções para a relação paciente-analista, concluiríamos que esta é especular, reflexa, narcísica, imaginária. O paciente faria um movimento de identificação com o terapeuta, o que "sabotaria" o êxito da proposta analítica. Portanto, essa é uma fase que necessita ser ultrapassada por meio de adequadas intervenções e pontuações, a que chamamos, *lato sensu*, de interpretações. No caso específico das psicoses, veremos oportunamente de que forma o eixo imaginário se coloca como impedimento para uma evolução desejada.

Adendo 2 – Nos livros de Lacan, a representação gráfica ora surge como a-a', ora é registrada como a'-a. Por exemplo, na primeira edição francesa dos *Escritos* (1970, p. 58):

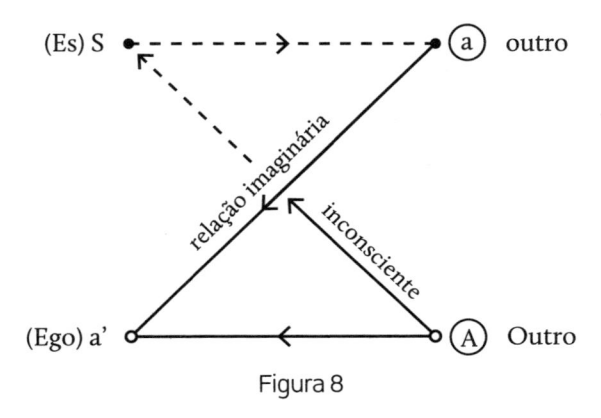

Figura 8

E, na primeira edição francesa do *Seminário 3 – As psico*ses (1981, p. 22):

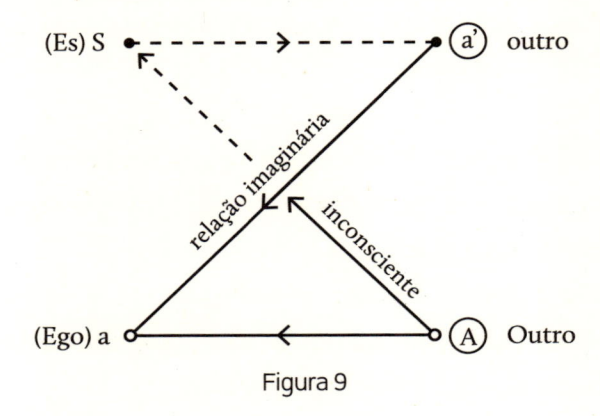

Figura 9

Há autores que repetem ambas as representações, assim divergentes, e não se preocupam em esclarecer o porquê disso, num aparente descuido de revisão. Fica, então, a minha contribuição para essa leitura.

Poder-se-ia hipotetizar que a intenção teórica de Lacan seria a direção a'-a, na qual a é o ego e a', o outro. Isso porque o apóstrofo (') é o diacrítico usado pelos estudos de óptica para caracterizar a imagem refletida no espelho.

Tal dúvida é anulada quando se aprofunda a pesquisa e o entendimento do que seja o eixo imaginário. Lacan é claro ao afirmar que na relação imaginária não haveria nenhuma diferença entre o Eu e sua imagem. Assim, a poderá ser a' e vice-versa, designando, ambos, a alteridade instalada a partir do Eu como referência. A imagem especular do outro é simplesmente a imagem de si.

Remeto o leitor ao *Seminário 2*, no qual Lacan desenvolve o tema: "O eu na teoria de Freud e na técnica da psicanálise" (1985).

Estudo do segundo eixo

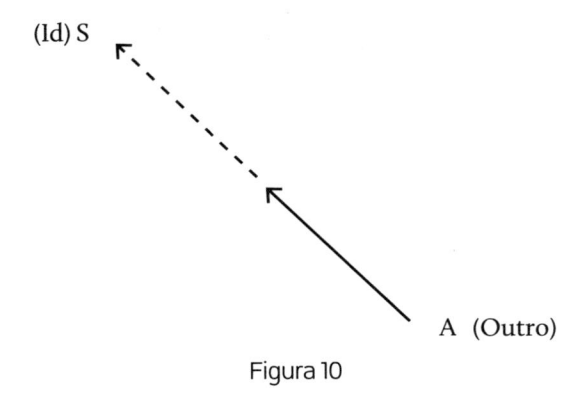

Figura 10

Esse é o eixo da relação simbólica.

Para começar, é bom ressaltar que o simbólico em Lacan não tem relação com o simbolismo freudo-junguiano-groddeckiano. Lacan substituiu o conceito de simbolismo pelo de "ordem simbólica", aquela que vai intervir no imaginário, organizando-o e garantindo o predomínio do simbólico.

Do lado direito do eixo, abaixo, temos representada a letra A maiúscula, que significa o grande Outro (*Autre*). Consoante com o jeito de Lacan utilizar-se dos vocábulos, o Outro terá inúmeras significações. É ele que contém o inconsciente freudiano. Também o analista, que é um pequeno outro, participa do grande Outro. A mãe é a figura primeira do Outro. Nesse grande Outro é que são estabelecidas a ordem da linguagem, a ordem simbólica e as ordens filosóficas, religiosas e culturais.

Do lado esquerdo, acima do eixo, temos o S, que é o lugar efetivo do sujeito, o sujeito do id, do isso, do inconsciente. Vejamos que esse é o lugar marcado e marcante do S (sujeito) que, entretanto, se movimenta pelo esquema L, como se estivesse "olhando de fora". Podemos dizer, ainda, que em dado instante ele poderá compor o eixo imaginário, no lugar do Eu (a), e relacionar-se com os objetos especulares (a').

Nos *Escritos*, no capítulo "De uma questão preliminar a todo tratamento possível da psicose", Lacan (1970/1998, p. 555) diz, referindo-se ao sujeito:

Ele o é, com efeito, enquanto repuxado para os quatro cantos do esquema, ou seja, S, sua inefável e estúpida existência, a, seus objetos, a', seu Eu, isto é, o que se reflete de sua forma em seus objetos, e A, lugar de onde lhe pode ser formulada a questão de sua existência.

Porém, no momento em que ele está no eixo simbólico, compondo a relação simbólica com A, será grafado como S. É nessa configuração que se caracterizará o lugar em que surgem os problemas e as questões existenciais.

A direção da seta do vetor A → S está dizendo que A (Outro) *intercepta* o eixo imaginário e captura o sujeito (S), dando-lhe um lugar na cultura. Aqui há maturação, ultrapassagem do acesso ao simbólico em confronto com o imaginário. Resumindo, o que Lacan propõe nos *Escritos* é que o sujeito se lança numa relação imaginária com o objeto (a') por meio de um Eu alienado, mas é capturado pela ordem simbólica que intercepta a relação imaginária e passa a comandá-lo e constituí-lo.

Estudo do terceiro eixo

O terceiro eixo seria a presumível relação do Eu (a) com o Outro (A). O que se passaria nessa relação, entretanto, seria secundário quando se trata de saber da constituição do sujeito. O eixo A-a indica-nos o lado social da linguagem. Esse vetor faz que o Eu se expresse por meio de papéis sociais, que ele recebe e/ou oferece. Nesse eixo estaria instalada a "personalidade" no sentido de persona = máscara.

A função da análise é buscar o sujeito, desatrelando-o dessa relação:

$$(Eu)\ a \longleftarrow A$$

Figura 11

Estudo do quarto eixo

O quarto eixo, também presumível, mostra a relação do Sujeito [Es (S)] com o outro minúsculo (a ou a'), com os aspectos da relação narcísica: o Sujeito e a imagem especular.

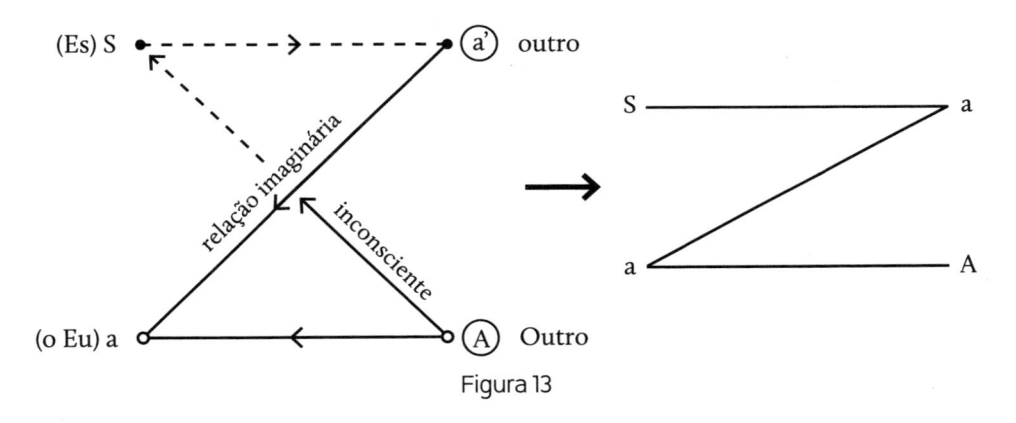

Figura 12

Nesse instante, retornamos ao esquema L original, recomposto. Mas, como o próprio Lacan sugere nos *Escritos* (1970/1998, p. 555), podemos simplificá-lo, tornando-o Z.

Este seria o esquema da neurose:

Figura 13

Trata-se de um esquema útil para quem inicia. No percurso lacaniano, no entanto, ele cede lugar ao esquema R, construído para dar conta dos novos desafios que ocorrem nas psicoses.

É importante perceber que no esquema L apresentam-se os eixos do imaginário e o do simbólico, porém falta o que poderíamos chamar de "eixo" do real.

No *Seminário 2* (1985a), Lacan chama o real de "o indeterminado", aquele que não fala, pois enquanto o é da palavra, da linguagem, o simbólico seria a linguagem, o imaginário seriam as imagens e o real seriam os objetos (a sexualidade contida ou excluída).

O esquema R

O **ESQUEMA R, GRAFICAMENTE** falando, é formado pela confrontação de dois triângulos desmembrados do esquema L, intermediados pela "realidade".

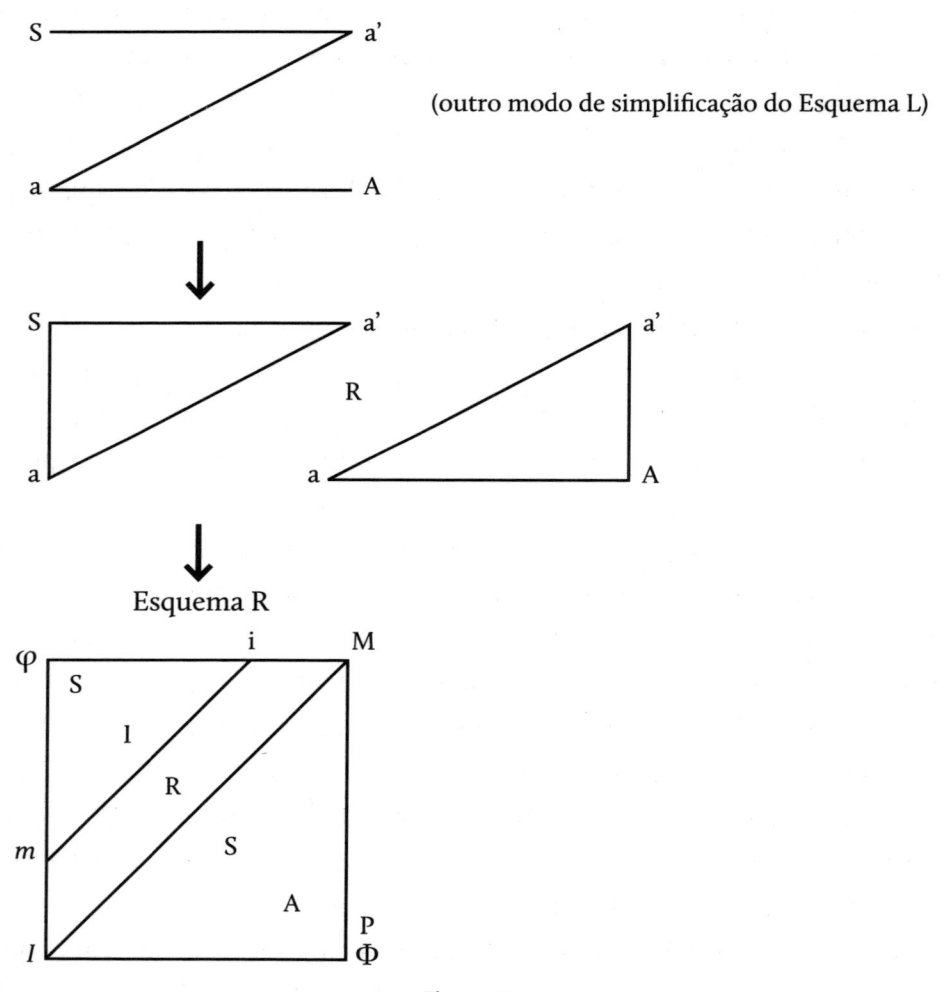

(outro modo de simplificação do Esquema L)

Figura 14

Antes de continuarmos, é preciso dizer que essa realidade não é o real – não sendo também o R indicativo no esquema o do real, e sim o da realidade. Por enquanto é assim. E o que é realidade? Em princípio, a realidade é aquela confirmada pelo senso comum, concreta, material, tangível. É a realidade que envolve o indivíduo, permanecendo externa a ele, fora de sua mente. E será Freud o inventor de um novo conceito de realidade, de outra realidade, a *realidade psíquica*, descrita por meio de metáforas para facilitar sua compreensão, realidade fundada no desejo sexual inconsciente e em todas as fantasias daí advindas. Note-se, entretanto, que Freud não faz diferença entre realidade psíquica e real, conceito que surge com Lacan.

É importante reforçar que não basta entender essa realidade como própria e suscetível à investigação científica, mas também como "o que para o indivíduo assume no seu psiquismo valor de realidade" (Laplanche e Pontalis, 1976, p. 548). Ora, pois a realidade do esquema R é a *realidade psíquica*. Torna-se interessante entender que tal realidade também é efetiva, no sentido de promover e produzir efeitos, sem significar, entretanto, coisa material, materialidade. A realidade psíquica efetiva vai exigir, para sua existência, duas dimensões próprias do campo psíquico: a do imaginário e a do simbólico, responsáveis, respectivamente, pelas imagens e pelas palavras.

As imagens geradas no espaço mental e as palavras representadas pelos significantes, na medida em que provocam impacto no sujeito, terão a capacidade de transformá-lo. Um exemplo simples: a pessoa pensa em ser professor; imagens e significantes serão resultantes e, ao mesmo tempo, sustentadores desse desejo e responsáveis por ele, levando ao seu desiderato. Outro exemplo dado por Nasio (1993): "[...] Quero dizer que a reprodução sexual, portanto o nascimento de um ser, é e começa com uma imagem. Está-se no imaginário e acaba-se tendo um filho". É dessa realidade que estamos falando quando nos referimos ao esquema R.

O esquema R, à semelhança do esquema L, funciona para o entendimento da neurose e das psicoses – sendo, no caso das psicoses, mais bem utilizado. Veremos adiante.

Numa ciranda capaz de permitir substituições, no lugar de S pode-se colocar a libido, representada pelo signo φ, conexão do Isso (Id) e do falo. Não se trata de substituições aleatórias, mas de correspondência e entrosamento competentes e exatos. No triângulo superior, a que se chama triângulo I (de imaginário), além da introdução de φ, vamos ter i (imagem) no lugar de a' e m (*moi*, eu) no lugar de a.

Assim:

Triângulo I (do imaginário)

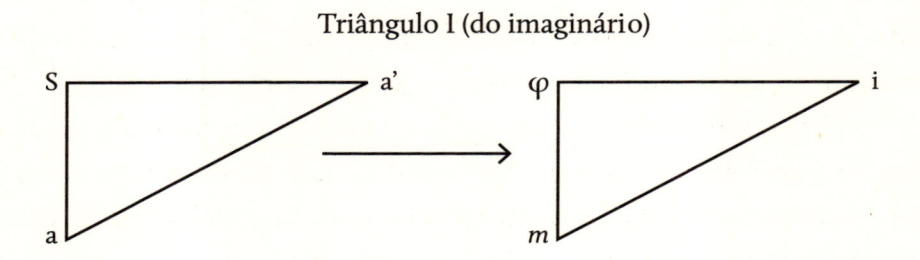

Este triângulo representa a área do imaginário

Figura 15

No próximo triângulo, as substituições são: M de mãe no lugar de a', I de *infans* no lugar de a, P de pai no lugar de A – e, também, nesse lugar, φ, de falo simbólico.

Assim:

Triângulo S (do simbólico)

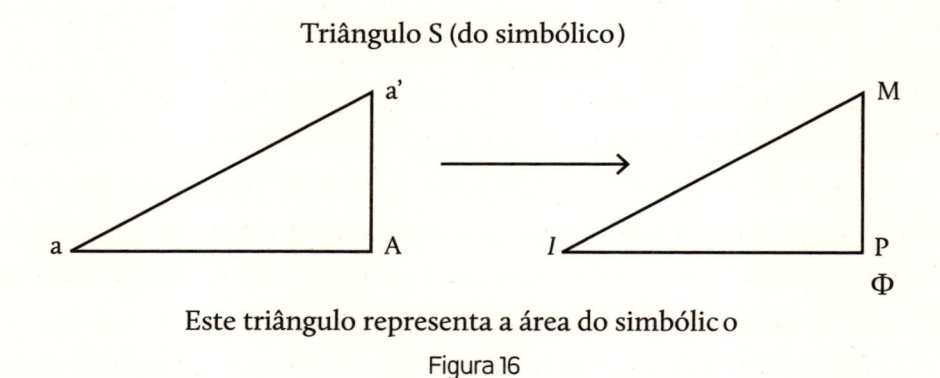

Este triângulo representa a área do simbólic o

Figura 16

Entre as áreas de I e S estará inserida a área da Realidade (R) tal como é conceituada pela psicanálise, e que depois Lacan complementaria com a noção do real.

Assim:

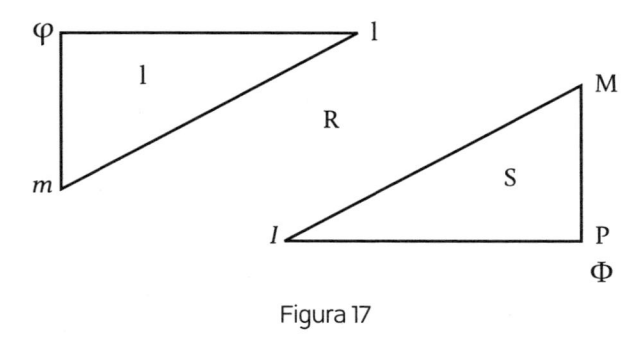

Figura 17

Na tríade l (φ, m, i), chamada por Lacan de ternário imaginário, teremos a libido (φ), o Eu (*m de moi*) e a imagem (i).

Anote-se que o significante libidinal, no caso, não se refere tão só à libido "atual", fálica, mas também a uma manifestação de caráter retroativo ou, melhor dizendo, a uma interpretação do que foi, *a posteriori.*

No ternário simbólico, temos três elementos a considerar. O primeiro – a mãe (M), posta no lugar do objeto a, ocupando três lugares: o dela mesmo (a mãe), o do pequeno outro, o primeiro semelhante, e o lugar do desejante, da mãe-desejante, a mãe que deseja, o significante primordial. O segundo – o pai (P), posto no lugar do grande Outro (A), ao qual se soma o signo Φ, que significa a libido ou o falo do simbólico. O terceiro elemento é o *I* de ideal do Eu, mas, também, de *infans.*

O campo da realidade estará balizado por quatro pontos: o Eu (*moi, m*), a imagem do Eu (i), a mãe (significante primordial) e o ideal do Eu (*I*). Esse campo da realidade, também chamado de "banda da realidade", funciona como a "banda de Moebius", estudada na topologia lacaniana (Granon-Lafont, 1996).

Em cada ternário teremos sempre dois elementos relacionais e um excluído. No primeiro ternário (do imaginário), a relação é entre a imagem e o Eu (*moi*) (i-m), ficando excluída a libido (φ). No segundo ternário (simbólico), a relação é entre o objeto primordial e o ideal do Eu, (M-I), ficando excluído o pai (P, o nome do pai, o Φ).

Se visualizarmos novamente o esquema R, concluiremos que, para a banda da realidade existir, é necessário que sejam excluídos φ e Φ.

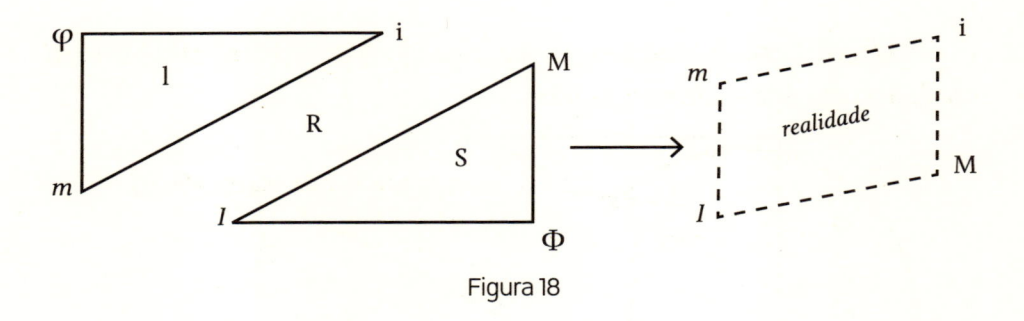

Figura 18

Assim, o campo da realidade vai existir com o movimento do sujeito, com o olhar do sujeito, com a apreensão do sujeito, nesse espaço delimitado. Dialeticamente, diz-se que o sujeito vai existir com o movimento da realidade, com o olhar da realidade, com a apreensão da realidade, nesse espaço delimitado.[8]

Olha o real surgindo (será?)

Os dois termos excluídos (φ e Φ) comporão o real. Digo, o real de Lacan – pois, em Freud, real é realidade; e cada segmento das ciências do conhecimento tem sua definição própria para o termo. É o real da psicanálise lacaniana que pode ser definido com maior precisão: ele é a sexualidade contida em φ e Φ. Essa sexualidade, entretanto, não é a do sexo genital nem a do sexo pulsional. Trata-se de uma sexualidade não conhecida, não sabida, não apreensível, além do corpo e impossível de vir à consciência, devido à nossa incapacidade de encará-la.

Essa sexualidade, ou, melhor dizendo, esse sexo, é semelhante ao gozo, pelo menos ao *gozo* para o qual Lacan buscou um novo e "último" conceito, o gozo como potencialidade, o gozo como a inércia do sistema inconsciente, o gozo como a possibilidade de reencontrar numa "representação" seu modelo de "vivência da satisfação", a hipótese de encontrar o desejo. O gozo como mesmo algo do real. O gozo que se liga ao superego materno arcaico. O superego como imperativo cruel e sádico de gozo! Goza! Trata-se de um conceito difícil de uma clínica impossível.

---

8. φ: libido ou falo do imaginário; Φ: libido ou falo do simbólico.

Com esse estudo, cheguei ao seguinte desenho, aqui registrado como novidade a que me permito anunciar:

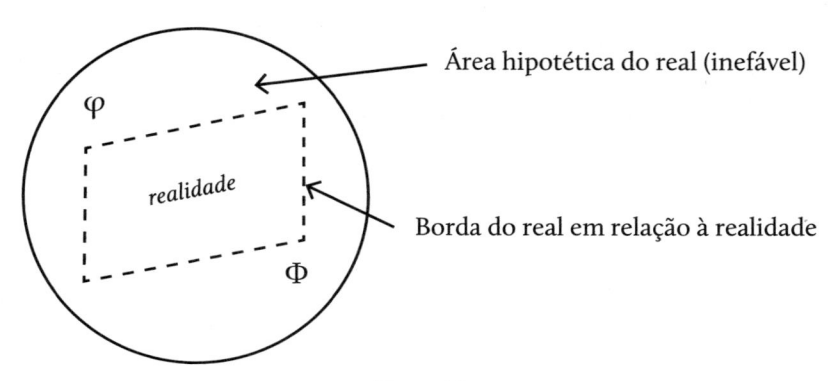

Figura 19

A realidade estará sempre bordejando o real. Por isso se diz que atingimos o real apenas pela borda. O real é intocável: se lhe tange a borda, ele recua e desloca-se; toda vez que é tocado, transforma-se em realidade.

Se destacarmos, como um recorte, o espaço, o campo, a banda da realidade, veremos que esse losango poderá ser montado à semelhança da banda de Moebius: *I* acoplará com *i*, e *M,* com *m*.

Para identificar a área reservada à realidade no esquema R com a banda de Moebius, é necessário transformar o esquema estático em esquema projetivo, dinâmico, passível de "animação", pulsante e topológico. (A palavra pulsante, aqui, não é inocente.)

Com a banda de Moebius, a topologia lacaniana nos ensina que, no estudo do psiquismo, não há dentro e fora, interior e exterior, consciente e inconsciente, pois tudo isso pertence a um plano específico e único.

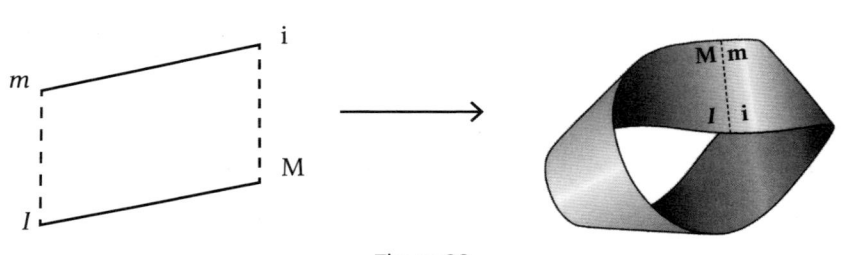

Figura 20

É essencial dizer, ainda, que a realidade em Lacan pressupõe uma dimensão pulsional, mantendo-se intacto o conceito pulsional de Freud, que trata de expressar o mais íntimo entrelaçamento entre psíquico e orgânico. Portanto, as imagens e as palavras existem ligadas à pulsão, o que podemos explicitar melhor em outro momento. Trabalhar com o significante não é esquecer a pulsão.

Em seu livro *A teoria pulsional na clínica de Freud* (1999, p. 176), Luiz Hanns nos confirma: "Será na dimensão simbólica das representações que, para Freud, se ancorará um tratamento possível dos conflitos pulsionais e de regulação da '*Abfuhr*' (descarga). Trata-se de atuar lá onde a palavra pode produzir seus efeitos libertadores".

O esquema I

EM SEUS *ESCRITOS* (1970/1998B, p. 577), Lacan introduz o esquema I, o qual pretende dar conta da estrutura do sujeito ao término do processo psicótico. Ele lança mão da banda de Moebius resultante do esquema R, submetendo-a a uma distorção e ao esgarçamento de sua expressão topológica. O próprio Lacan justifica-se: "Sem dúvida esse esquema participa do exagero a que se obriga toda formalização que quer apresentar-se no intuitivo".

Esquema I

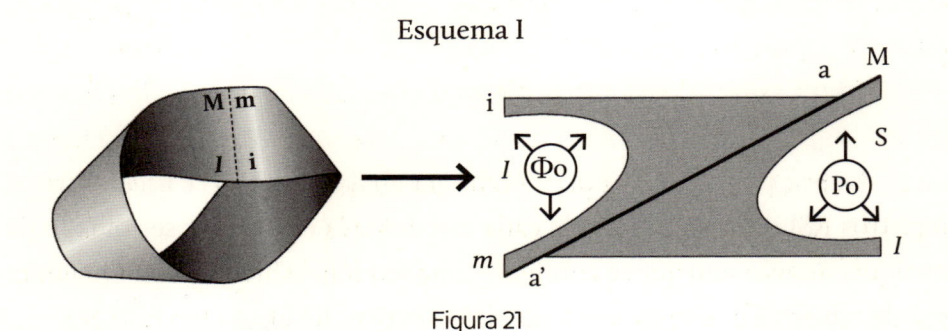

Figura 21

Tal esquema pretende demonstrar que o estado terminal da psicose não representa o caos petrificado. Para Lacan, o drama da loucura é o drama da razão e, em última análise, o drama do homem com seu significante.

Por esse esquema I, a realidade é restabelecida pela aproximação dos ternários I e S (imaginário e simbólico), os quais, entretanto, apresentam-se "deformados": i-m e I-M transformam-se em curvas hiperbólicas que, no caso Schreber, unem o Eu delirante ao Outro divino.

Os esquemas do nó de Borromeu ou borromeano

PODE-SE DIZER QUE a representação do nó de Borromeu também é um "esquema", ou pelo menos é sequencial aos traçados esquemáticos utilizados por Lacan para explicar a psicose diante do registro RSI.

No estudo da topologia lacaniana (Granon-Lafont, 1996), aprende-se que Lacan deixou o uso das estruturas superficiais e passou a utilizar a pesquisa e o manejo dos nós: a banda de Moebius, por exemplo, submetida a três semitorções, produz o chamado nó de trevo, e novas torções constroem a estrutura conhecida por "superfície de Boy", nós que estão contidos no nó de Borromeu.

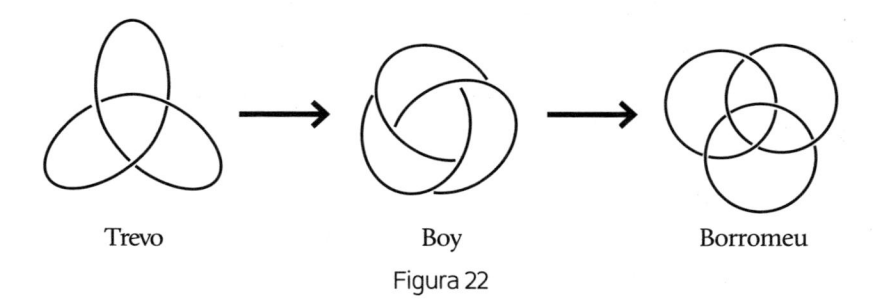

| Trevo | Boy | Borromeu |

Figura 22

A ideia de usar o nó borromeano para representar a relação entre os registros RSI deve-se ao fato de cada um dos três elos poder ser olhado de qualquer ângulo sem que se configure uma sequência hierárquica. Qualquer par de registros que se tome só existirá se estiver ligado ao terceiro elo.

Então, é interessante mostrar graficamente a diferença do nó borromeano em relação ao nó olímpico, próprio das neuroses.

Nó olímpico (próprio da neurose)

Se um elo romper, pelo menos
três ficarão ligados

Nó de Borromeu (próprio da psicose)

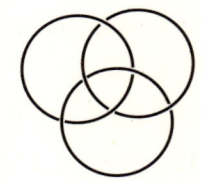

Se um elo romper, rompe-se a ligação

Figura 23

Aqui, adentramos um tema difícil, pela especificidade própria da topologia que escapa da épura geométrica – que por sua vez é representação, num plano, de uma figura espacial, com ajuda do desenho projetivo, questão semelhante à ruptura feita por Freud na lógica cartesiana. De qualquer maneira, registre-se que na topologia lacaniana os termos não se referem aos objetos, e sim aos lugares.

A partir da teoria dos nós, Lacan inaugura a clínica das suplências, assim chamada por Quinet (2000) a possibilidade de outros significantes ocuparem a função de nome do pai. Em 1964, Lacan postulara essa pluralização, que, posteriormente, permitiu o entendimento da psicose joyceana (ou lacaniana?). Lembrando que, em 1924, no texto "A perda da realidade na neurose e na psicose" (1974b), Freud já dissera: "Tanto para a neurose quanto para a psicose, a questão que vem a ser colocada não é apenas a da perda da realidade, mas também a de um substituto da realidade".

Em 1975, com o nó borromeano, Lacan supera o Lacan de 1958 (quando o imaginário estava subordinado ao simbólico). Agora, os registros são entendidos como autônomos, porém interligados pelo sintoma, levando a uma conclusão de suma importância: a de como tratar o sintoma. Conclui-

-se, nos estudos postos a partir daí, que haveria uma ineficácia na interpretação analítica dos sintomas. E, no caso específico da psicose, interpretar na direção de uma busca de sentido é repetir e reforçar exatamente o que o paciente faz a partir da montagem de seu mundo delirante. Não caberia ao analista competir com o paciente.

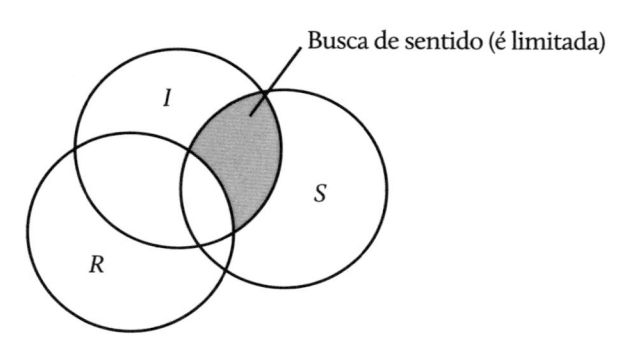

Figura 24

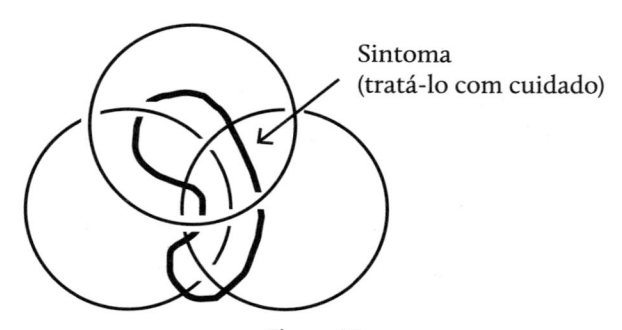

Figura 25

O último ensino de Lacan é dito "o último Lacan". Os estudos lacanianos sobre a psicose tornaram-se o paradigma do "ser do homem".

No livro *Todo mundo delira* (Laia e Batista, 2010), seus organizadores registram: "O louco em sua convivência diária com essa fragmentação é o nosso melhor professor, refletindo o nosso retrato mais aterrorizante".

São várias as modalidades do sintoma: aquele sem a percepção analítica, ou seja, o que não busca o auxílio da análise; aquele surgido no processo transferencial; e, por fim, mas não o final, o sintoma incurável.

É de Lacan: "O ser do homem não apenas não pode ser compreendido sem a loucura como não seria o ser do homem se não trouxesse em si a loucura como o limite de sua liberdade". A paranoia seria a doença mental mais profunda do ser humano, podendo ser considerada o "estado atávico".

Deixamos de comentar neste capítulo o "modelo óptico". E não o fizemos pela dificuldade expositiva. Entretanto, torna-se interessante o comentário seguinte.

O modelo óptico vamos encontrá-lo no *Seminário 1 – Os escritos técnicos de Freud* (1986), usado à semelhança de um apólogo. Entende-se o apólogo como uma narrativa na qual seres inanimados surgiriam com a capacidade de falar, tendo-se como exemplo a apologia da linha e da agulha feita por Machado de Assis em "Um apólogo" (1984).

Para Lacan, o modelo óptico seria um apólogo sobre as relações possíveis entre o real, o simbólico e o imaginário (RSI), com a característica de que a estrutura do modelo partiria especificamente do imaginário, sendo essas relações interdependentes, na qual nenhum elemento seria mais importante que o outro.

Pela sua estrutura predominantemente, ou melhor, inicialmente imaginária, o modelo óptico não se inclui nos estudos da topologia.

11. O édipo lacaniano na psicanálise contemporânea

O TEMA DO ÉDIPO pode ser visto de vários ângulos: a lenda, o mito, o texto, o teatro, o complexo e agora, com Lacan, a estrutura. A estrutura no Édipo, conforme ele nos ensina, se organizaria por meio dos sentimentos de rivalidade, competição e disputa de poder, que ligam o sujeito à ordem simbólica, promovendo o advento do desejo e da verdade.

O termo "função", para Lacan, pressupõe a existência de um desiderato, uma mira, uma ação espontânea e natural. Falar, pois, em função do pai é perguntar de seu objetivo. Édipo e função do pai são a única e mesma coisa, pois não existe Édipo sem pai. Mesmo quando a figura física do pai está ausente, refere-se à função do pai, na qual está a metáfora paterna. Para a constituição do sujeito, é essencial haver adquirido o nome do pai, que ocorre na evolução do Édipo.

É o estudo dos tempos do Édipo que vai nos permitir entender o inconsciente nascido do recalque, seja em Freud, seja em Lacan, e todas suas implicações no surgimento das neuroses, psicoses e perversões. Permitirá, ainda, entendermos a forclusão do nome do pai e sua importância na psicose.

Primeiro tempo

DE ACORDO COM a teoria, nesse primeiro tempo a criança se identifica com o que é o objeto de desejo da mãe. Ela é o desejo do desejo da mãe. A criança se interessa menos pelo contato e pelos cuidados da mãe; ela quer é dar-se conta de que é o "objeto do desejo materno". Mas na mãe há mais do que o desejo de satisfazer o desejo da criança; a mãe está "preocupada" em ter o falo que a criança representa para ela.

Vou me permitir uma pequena digressão sobre o falo. Em linguagem anatômica, o falo é o pênis. O falo diz respeito a toda representação figurada do pênis – o aríete medieval, por exemplo. Simbolicamente, ele significa força, determinação, poder, virilidade mágica (não o priapismo), possibilidade de criar. Em Lacan, o falo é o significante do desejo. Pode-se dizer, ainda, que o falo seria o pênis imaginário e simbólico, organizador da sexualidade humana, fundamental na experiência simbólica da castração, pela ausência e pela presença. Em Lacan, o falo se metamorfoseia na lei à qual pai, mãe e filho estariam submetidos, definindo lugares e impondo limites.

No primeiro tempo, a criança está numa relação especular. Ela lê a satisfação de seus desejos nos "movimentos" esboçados pelo outro – no caso, a mãe. A criança, antes de se tornar sujeito, está assujeitada ao outro, alienada no outro, é dependente da mãe. Para "agradar" à mãe, a criança quer ser seu falo.

A formulação que Lacan fez em "O estádio do espelho" encontra-se inserida nesse primeiro tempo do Édipo. E aqui sobressai o corpo, a corporeidade, naquilo que o próprio Freud registraria como o ego corporal (1974c): "O ego é, primeiro e acima de tudo, um ego corporal; não é simplesmente uma entidade de superfície, mas é, ele próprio, a projeção mental da superfície do corpo".

Segundo tempo

NESSE SEGUNDO TEMPO, INTRODUZ-SE um novo significante: o pai simbólico. Ele não é o pai real, de carne e osso, participante do vínculo carnal do coito. O pai simbólico é uma função que recebe o título de "nome do pai". O pai, o nome do pai, o pai simbólico intervém efetivamente como o "privador" da mãe. É aquele que priva a criança de ser o falo, isto é, o objeto de desejo da mãe. Essa privação não é feita diretamente sobre a criança, mas indiretamente, por meio da figura materna. O pai simbólico priva a mãe de desejar a criança como falo; priva-a, pois, do objeto fálico.

Em termos do esquema L, o eixo a'-a é interceptado pelo eixo A-S. A demanda do sujeito a (Eu) encontra a Lei que é o grande Outro (A). Quando isso ocorre, o sujeito estará num dilema: ser ou não ser o falo. O pai interditor é visto como o pai terrível, que começa a ser desvelado. Na verdade, nesse segundo tempo, o "pai" está menos velado, mas ainda não revelado. Por quê? Porque ele intervém a título de mensagem materna: por meio da mãe é que a criança recebe a interdição paterna.

Nesse caso, o "pai" é o *terceiro*, é o Outro que questiona o objeto de desejo da mãe. A criança sente-se, assim, profundamente na posição de sujeição, e por isso se diz que ela está assujeitada. Nesse tempo se dá, pela primeira vez, a relação ternária que permitirá a identificação do filho com o pai. Daí podem ocorrer duas resoluções: o sujeito aceita a privação, caminhando para a "normalidade", ou não a acata, permanecendo como o falo da mãe, caminhando para a doença. A interdição é que promoverá a castração simbólica – e daí a falta.

Terceiro tempo

REFERE-SE AO INSTANTE EM que ocorre o chamado "declínio do Édipo". O "pai" intervém como aquele que não é o falo, e sim o que tem o falo. O "pai" reinstaura a "instância do falo" como objeto desejado da mãe. O que quer dizer: o pai passa a ser mais preferido pelo filho do que a mãe havia sido até então. Essa identificação culmina na formação do *ideal do Eu*. O filho sai da posição de ser o falo para a posição de ter o falo.

Nesse terceiro tempo, o "pai" aparece não mais com sua face "terrível", mas como doador, oblativo, permissivo. Falamos, então, em "Édipo invertido", pois nesse ponto o amor ao "pai" não pode ser evitado, senão com o risco da patologia. Amor e identificação são absolutamente indissociáveis. Sendo o "pai" amado, o sujeito se identifica com ele e encontra a solução, o declínio, a finalização (dissolução) do Édipo.

A neurose se instala quando há uma irregularidade nessa dialética que impede o sujeito de amar e identificar-se com o pai. A psicose se instala, na forma de estrutura, no momento em que o nome do pai é forcluído.

Permito-me, novamente, fazer pequena digressão, agora a respeito do *ideal do Eu*[9]. Em Freud, essa expressão refere-se ao projeto de ideal do Eu, substituindo o narcisismo infantil. Em Lacan, a expressão refere-se, no plano simbólico, ao somatório do *Eu ideal* (contido no olhar da mãe) à imagem do pai. De qualquer maneira, quando falamos em ideal do Eu, estamos no eixo simbólico, em seus aspectos culturais, sociais e grupais. A título de contraponto, podemo-nos referir, ainda, ao *Eu ideal*. Em Freud, a expressão é portadora dos aspectos repressivos do Supereu, ligado à identificação *lato sensu*. Em Lacan, a expressão é guardiã do imaginário, no qual se encontra a raiz das identificações secundárias.

O Édipo como estrutura, como quer Lacan, propõe ao ser humano a condenação existencial de viver com a falta. A falta, contida na castração simbólica, o recalque necessário para que isso ocorra e a capacidade ou não de lidar com esse fenômeno da formação do psiquismo é que traçarão o destino do homem, para a saúde e/ou para a doença.

A proibição do incesto

O princípio ou fundamento da estrutura do Édipo é que o pai interdita a mãe. O pai se liga à lei primordial da proibição do incesto, sendo o representante dessa proibição. Às vezes tal proibição se faz de modo direto. Quando a criança se deixa levar por expansões, manifestações e pendores junto da mãe, o pai, pela presença ou por reprimendas, proíbe mesmo. Mas o exercício do papel de interditar vai além da presença; por meio de seus efeitos no inconsciente, cria a "ameaça de castração". O vínculo da castração com a "lei paterna" é essencial.

Experiências do complexo de Édipo

A primeira aparece no interior da relação filho-pai. A agressão primeira parte do filho contra o pai, porque o objeto privilegiado do filho é a mãe, o que lhe é proibido pelo pai. A agressão retorna ao filho dentro da

---

9. O *ideal do Eu* traduz a ordem simbólica; o *Eu ideal* traduz a ordem do imaginário.

relação dual: imaginariamente, o filho projeta no pai intenções agressivas, equivalentes ou reforçadas em relação às suas. Então, o filho experimenta medo diante do pai; e sendo ele, filho, o centro, chama-se "reação centrífuga". Assim, pois, a castração está profundamente ligada à articulação simbólica da proibição do incesto. A maneira como a neurose encarna a ameaça de castração está vinculada à agressão imaginária, a uma retaliação imaginária.

Édipo invertido

Trata-se do amor do filho pelo pai. Está sempre presente na função do Édipo. É ele que proporciona o término do complexo de Édipo, seu declínio. Estabelece-se, então, a dialética ambígua: amor *versus* identificação. A neurose se instala quando há uma irregularidade nessa dialética que impede o sujeito de amar e identificar-se com o pai. O pai é estorvo porque proíbe. E o que ele proíbe? Proíbe a pulsão real.

Entrada e saída

A menina tem entrada difícil no Édipo e saída fácil; o menino tem entrada fácil e saída difícil. Por isso, clinicamente, o menino preocupa mais. Na saída normatizadora do Édipo, no caso do menino, a criança reconhece não ter realmente aquilo que tem; no caso da menina, reconhece aquilo que não tem.

O ponto de saída ocorre quando há nível de identificação ideal: o pai se faz preferir à mãe, isto é, o filho escolhe o pai para ter com quem se identificar e a filha "escolhe" a mãe. Ocorre, então, a chamada "privação": o menino separa-se da mãe e tem seu desejo dirigido às outras mulheres; a menina separa-se também da mãe, conformando-se em ser igual a ela, isto é, em não ter um pênis (o que ocorreria com certo amargor, chamado de *Penisneid*), e volta seu desejo para o pai e para outros homens.

Se o Édipo em Freud é fantasma, em Lacan é a passagem do homem da natureza para a cultura, para a humanização e a sociabilização.

A metáfora paterna

A metáfora é um significante que surge no lugar de outro significante. No complexo de Édipo, o pai é uma metáfora. Ele é o significante que substitui o primeiro significante introduzido na simbolização: o materno. Importante: a criança, com maior ou menor astúcia ou sorte, pode conseguir vislumbrar desde cedo o que é o x imaginário. Quando isso acontece, ela quer se fazer de falo; e o faz pela via imaginária, que gera o polimorfismo da perversão. Então, há de se buscar a via simbólica, a via metafórica – e a metáfora situa-se no inconsciente.

O complexo

Complexo seria o conjunto de representações psíquicas recalcadas. Inconscientes, pois. Devem ser entendidas pelo simbólico e pelo metafórico.

O termo é atribuído a Carl Jung, entretanto Freud (em 1910) e Lacan (em 1938, 1953 e 1962) também o utilizaram.

É de Lacan a organização ternária dos complexos:
1. complexo do desmame ou da separação;
2. complexo de intrusão ou fraterno;
3. complexo de Édipo ou da castração.

No complexo do desmame, teríamos:
- do útero ao nascimento;
- do peito, desmame propriamente dito;
- da separação de um dos pais;
- da casa paterna, no momento de sair de casa;
- da dependência financeira, referida à entrada no mundo do trabalho;
- da perda do amor próprio;
- desmame de um compromisso qualquer: escola, trabalho, casamento, uso de medicação, psicoterapia ou análise;
- perda de parte do corpo;
- perda de um objeto.

Nesses itens, o que tem de ser pesquisado é o "sentimento de desamparo".

Já no complexo de intrusão ou fraterno, trata-se de pesquisar os sentimentos de inveja, ciúmes, rivalidade ou mesmo de simpatia e identificação:
- na relação com os irmãos (fratria) – os intrusos de dentro;
- na relação com o irmão mais novo – suposto maior intruso;
- na relação com os amigos que frequentam a casa, os intrusos de fora;
- na intromissão de terceiros, adultos – os "estrangeiros".

A pesquisa feita nesses itens referidos continua pela vida afora, com dados atuais, que promovem "curtos-circuitos" com a vida pregressa. E ainda a pesquisa de ansiedades pré-psicóticas.

Por fim, o complexo de Édipo é o que permite e inspira pesquisar a evolução da sexualidade a fim de entender de que forma veio estruturar a realidade psíquica do sujeito e o seu inter-relacionamento social:
- a sexualidade infantil no seu auge;
- a vida sexual na fase da latência;
- a sexualidade desenvolvida, "madura";
- a sexualidade regredida, no sentido psicanalítico;
- a sexualidade sublimada;
- os conflitos triangulares dentro e fora da família;
- o enfrentamento da castração, no sentido dos limites impostos pelos contextos familiares, social, grupal. As dificuldades existentes para o paciente no comércio da vida. A mobilização das angústias diante das impossibilidades.

Nota: ao detectar no discurso do paciente uma palavra ou frase supostamente inserida nas vivências da instalação dos complexos, o terapeuta intervém no sentido de criar ou ampliar as oportunidades para que se possam expandir os afetos daquela descoberta.

"A angústia é o afeto que nunca acaba."

O complexo de Édipo deve ser entendido em seu significado simbólico: a mãe é o inacessível; o pai é a lei e a ordem; o filho, aquele que necessita transgredir para crescer.

A divulgação popular do tema do Édipo tem feito surgir situações inusitadas. Em consultório médico, a mãe, chorando: "Doutor, meu filho está com édipo". De um estudante, já se lançando como psicoterapeuta: "Estou quase chegando ao édipo de meu paciente". Numa briga de campo entre universitários: "Vá tratar do seu édipo, cara!" De profissionais da área "psi", entre o pejorativo e o irônico: "Fulano não está com seu édipo bem resolvido".

Diga-se de passagem, como o assunto pode ser assimilado pelas pessoas desavisadas, se exercitado no comércio da vida, será identificado como ato perverso ou atitude psicótica a exigir tratamento.

Freud quase chegou a denominar sua descoberta "complexo de Hamlet", não o fazendo porque lhe era certo que toda a história da condição humana estaria registrada de forma magistral na mitologia grega.

A vontade do herói em Édipo é regida pelo destino (a moira), enquanto em Hamlet o herói é livre.

Disse Freud (1938):

> Édipo-Rei é uma tragédia do destino, seu efeito trágico depende do conflito entre a vontade todo-poderosa dos deuses e os esforços vãos dos seres humanos ameaçados pelo desastre... A impotência pessoal é a lição que o espectador profundamente comovido deve aprender da tragédia.

As psicoterapias assumem a tarefa de ajudar o indivíduo a reconhecer a dinâmica produtora de seu "mito pessoal", análogo às histórias mitológicas que, ressignificadas, libertam-no para o mundo relacional, adulto e simbólico.

Em que pesem a ignorância e a arrogância do ser humano, para Lacan somos responsáveis pela nossa dinâmica inconsciente: eis o mistério da existência humana.

Para Lacan, o Édipo é a "opção humana pelo significante", traçando os três tempos originais, construindo a estrutura e a sua lógica.

O junguiano James Hillman (1995, p. 64) diz de forma sintética: "A psicologia mostra os mitos num traje moderno e os mitos mostram nossa psicologia em trajes antigos".

A lenda de Édipo permitiu inúmeras divulgações literárias, porém a concepção de Sófocles é a mais significativa. Ela está reunida em três obras: *Édipo-Rei*, *Édipo em Colona* e *Antígona*.

No entanto, a contribuição de Lacan amplia o entendimento dessa saga, acrescentando à visão greco-egípcia-judaica pressuposta em Freud a vertente filosófica vinda de Hegel, mais particularmente das aulas de Kojève.

No livro *Os complexos familiares* (1930/1997a), Lacan atribui à formação das famílias a existência de três tipos de "complexo": o do desmame, a da intrusão e o da castração, tendo a castração a sua metonímia, a circuncisão.

O complexo da castração traduziria o complexo de Édipo em si. É de identificação à imago paterna, com o seu efeito de proibição: do incesto, do parricídio e do homicídio.

No decorrer de sua obra, Lacan vai conceituando o Édipo de várias maneiras, para o entendimento do que encaminho o leitor à leitura de seus escritos. O interessante é nos atermos ao fato de que suas ideias passam pelos caminhos enigmáticos da linguagem: Édipo é sempre metáfora.

De suas conceituações ressaltamos: Édipo seria a proibição do incesto, a castração seria a sua privação e a neurose seria a punição pela fantasia do ato. Diferenciações que ocorreriam na diversidade da estrutura, permitindo aos analistas participar do processo analítico, direcionando-o para ajudar o paciente a reconhecer os sintomas e os "fantasmas" do seu desejo.

A título de curiosidade histórica, deve-se anotar que, antes da Revolução Francesa, em crimes de incesto os tribunais condenavam o homem à forca e a mulher a ser enterrada viva – que mudou depois do Código de Napoleão (Código Civil da República Francesa) outorgado por Bonaparte em 21 de março de 1804.

Porém, diga-se por verdade, mesmo na lenda não houve intenções conscientes dos atos. Édipo desejou uma mulher, não a reconhecia como mãe, matou um desconhecido, não o reconhecia como pai. E, se irmãos houvesse, não seriam reconhecidos como tais. Édipo participou inconscientemente dos processos transgressivos que lhe cruzaram o caminho da vida.

Édipo se pune pela falta que não cometeu conscientemente. Foi traído pelo destino. Submeteu-se ao que Freud chamou de desolação (*Hilflosigkeit*), em que o homem depara consigo mesmo, que é a sua morte. É de Sartre: "O homem nasce só, vive só, morre só".

Na contemporaneidade, esses atos serão vistos como fantasia na neurose e como delírio na psicose. O perverso demonstrará, possivelmente, a sua eroticidade animal, sem peias, agressivamente.

No *Seminário 10* (2005a), Lacan diz de Édipo que arrancou os olhos por vê-los como "objeto-causa da sua concupiscência, não culpada, mas fora dos limites – a de ter querido saber".

Na página 180 do seminário em questão, prossegue:

> Qual o momento da angústia? Será ele a possibilidade do gesto pelo qual Édipo arranca seus olhos, sacrifica-os, oferece-os como resgate pela cegueira que consumou seu destino? Será isso a angústia? Será ela a possibilidade que o homem tem de se mutilar? Não! Trata-se propriamente do que me esforço por lhes apontar com essa imagem: é a visão impossível que os ameaça, a de seus próprios olhos no chão.
>
> Essa é a *chave* mais segura do que vocês sempre poderão encontrar no fenômeno da angústia, qualquer que seja a forma de abordagem pela qual ele se apresenta a vocês.

O tema do Édipo condena o parricídio e propõe erradicar o incesto, ainda que este fato pertença ao campo da fantasia.

A *psicanálise contemporânea* não mais cuida do Édipo. Vivemos uma civilização além dessa relação triádica. Lacan mudou essencialmente o modo de praticar a análise. Ele observou que no mundo pós-moderno o que predomina são as redes de relações horizontais. Espalhou-se então a liberdade para cada profissional conduzir o tratamento conforme a necessidade de cada paciente. E este trará sua subjetividade envolvida num mundo caótico: das drogas, dos assassinatos familiares, do desrespeito ao próximo, das loucuras não endógenas, da ausência de responsabilidade civil, da elisão da culpa em todos os tipos de agressão (físicas e morais). Um mundo sociopático.

12. Três temas nodais: estrutura, significante, sujeito

Estrutura

O CONCEITO MECÂNICO de estrutura refere-se ao conjunto de partes associadas de um todo. Sempre que falamos em estrutura, no diálogo do cotidiano, referimo-nos a "construção". Um prédio em construção, com suas fundações, vigas superpostas, esqueleto para receber posteriormente os tijolos e a alvenaria que dá o acabamento. Não se trata de uma fala inocente, pois a palavra "estrutura" vem do latim *structura*, derivada do verbo *struere*, traduzido por construir. Assim, há um sentido arquitetônico, designando o modo como um edifício é construído e, como tal, o pensamento e o diálogo.

Como, no entanto, nos ensina Bastide (1971), a partir do século XVIII o significado da palavra expandiu-se para referir-se ao corpo humano, à forma como os órgãos se distribuem e se organizam. E, também, para destacar as obras humanas – em particular, a língua. A partir do século XIX, anatomistas, gramáticos, cientistas, sociólogos – enfim, todos os que se interessavam pelas ciências humanistas – passaram a usar com desenvoltura a expressão "estrutura" para promover analogias entre as várias disposições orgânicas e sociais, entre outras. E até mesmo para significar "organização", "sistema", "formas de sociedade" etc.

O termo ganha acepções próprias em cada disciplina pela qual é adotado. A partir de 1926, passa pela psicologia, pela matemática e pela biologia, conforme anota Lalande em seu *Vocabulário de filosofia* (*apud* Bastide, 1971).

Kroeber, citado por Lévi-Strauss (1975b), vê, no uso da noção de estrutura um modismo. Não obstante, o fato é que os estudiosos franceses reconheceram nela fecundidade teórica e operacionalidade metodológica.

Para Lévi-Strauss, fundamentado em seu interesse pela etnologia, a estrutura é o sistema de relações constantes do objeto sociocultural, com repercussão nas estruturas mentais, num processo dialético, que põe lado a lado estruturas sincrônicas e diacrônicas[10].

Enfocando melhor as ideias de Roger Bastide (1971), deve-se assinalar que ele define estrutura como "sistema integrado, de modo que a mudança produzida num elemento provoca mudança nos outros elementos". Esse sistema estaria "latente" nos objetos, dando-lhes a condição de "modelo", podendo cada disciplina eleger seu modelo.

Na linguística, o termo ganha contornos que se podem dizer pragmáticos; mas não é a palavra estrutura que se faz adotada, e sim o termo "estrutural", dando origem a "estruturalismo" e "estruturalista".

Na primeira metade do século XX, com os cursos de Ferdinand de Saussure, publicados em livro, em 1916, com o título *Cours de linguistique générale* [Curso de linguística geral], estava inaugurado o estruturalismo moderno. Sem usar a palavra "estrutura", mas "sistemas", Saussure estabelece: "A língua é um sistema que apenas conhece suas ordens próprias". Daí conclui os princípios estruturalistas essenciais e básicos da língua, pelos quais: não há termos isolados, as partes do sistema devem ser consideradas numa solidariedade sincrônica; cada língua é uma mistura rigorosamente ordenada, em que todos os elementos estão unidos, não sendo legítimo explicar detalhes sem considerar o sistema geral da língua em que esses detalhes se manifestam; a língua é sistema complexo de meios de expressão no qual todas as partes se acham interligadas.

Daniel Lagache (*apud* Lacan, 1998, p. 653) nos ensina que o termo "estrutura", em psicologia, é uma maneira de designar a ideia de que as partes que se podem distinguir num conjunto mental mantêm, entre si, rela-

---

10. Sincrônico: o que ocorre, existe ou se apresenta ao mesmo tempo, simultâneo (Houaiss, 2001). Diacrônico: compreensão de fatos em sua evolução no tempo (*ibidem*).

ções definidas. Nessa linha de pensamento, ele nos fala da estrutura na psicopatologia: "Em lugar de considerar o quadro clínico como uma coleção de sintomas, deve-se procurar aquilo que faz desses sintomas um conjunto"; "O que distingue as afecções mentais é a especificidade de sua estrutura"; "A descoberta de uma estrutura permite um diagnóstico que a pobreza de sintomas não autoriza".

O entendimento da estrutura na psicanálise de Freud remete às tópicas: na primeira, o sistema psíquico consiste na tríade consciente, pré-consciente e inconsciente; na segunda, instalam-se as três instâncias virtuais, Isso (Id), Eu e Supereu.

Em Lacan, as ideias não se reduzem ao estruturalismo psicanalítico e sua teoria de sujeito nunca foi tema, quer de Lévi-Strauss, quer dos linguistas das várias correntes existentes. Pelo que se sabe, ele não se declarava estruturalista, embora o estruturalismo tenha sido a alavanca que lhe deu força para construir argumentos de crítica epistemológica à psicanálise. Em sua obra, a estrutura está ligada à linguagem, particularmente à linguagem como fenômeno cultural – portanto, como estrutura cultural que nada mais é do que o simbólico. É importante lembrar com Deleuze, em seu *Qu'est-ce la philosophie* (1991), que a filosofia clássica e o "senso comum" consideravam os fenômenos dicotomizados em real e imaginário. O estruturalismo reconheceria *uma terceira ordem, a do simbólico*, que abarca os instrumentos ou criações culturais que se interpõem para arbitrar, interpretar, representar, mediar etc.

No campo da linguística, o simbólico é a língua. E aí está o mérito de Lacan, ao articular as descobertas freudianas com o suporte antropológico. É ele mesmo que nos diz: "Os conceitos teóricos da psicanálise só poderão ser esclarecidos se estabelecermos a sua equivalência com a linguagem atual da antropologia". Entenda-se "linguagem atual da antropologia" como referência à linguística e, mais propriamente, aos enunciados de Ferdinand de Saussure.

Se Freud inventou sua teoria fundamentando-se no biológico, Lacan, por sua vez, apoiou-se no cultural, entendido como simbólico. Porém, mais do que a cultura, Lacan quis explicitar o estrutural, no qual a mente, como metáfora do cérebro, e a própria cultura, *lato sensu*, se enlaçam por meio da linguagem, conformando outra construção. A relação estrutural "mente-cultura" serve para desbiologizar e também despsicologizar a psicanálise.

Contribuição verdadeiramente nova Lacan dá à psicanálise quando, teorizando diferentemente da linguística, destaca o conceito de "alíngua"[11] e a eficácia da palavra na "cura". Seria o acesso à linguagem que levaria a criança a sair de sua existência biológica para a existência humana. Quando escreveu o famoso axioma: "O inconsciente está estruturado como uma linguagem", ele não estava fazendo uma simples analogia. Estava afirmando que o primado da linguagem está fundado, legitimamente, no ser, no objeto da psicanálise, "como máquina original que aí coloca o sujeito em cena".

O psicótico, como veremos, estará prejudicado na aquisição do acesso à ordem simbólica. Sua estrutura terá características peculiares que podemos perceber mesmo quando não há a presença de uma loucura manifesta, como exemplificarei com o caso Joyce. Por fim, a estrutura psicótica caracteriza o ensino de J. Lacan, sendo tida como paradigma de todas as outras estruturas.

Elementos clínicos da estrutura psicótica

- Alterações afetivas profundas.
- Relação dos sintomas com o saber e o conhecimento.
- Prejuízo no acesso à ordem simbólica.
- O risco da passagem ao ato.
- O gozo sem limites.
- Presença de transferências persecutórias e erotomaníacas.
- O forcluído aparece no real do corpo (delírios, alucinações, autoflagelações, doenças somáticas).
- Presença, no discurso, dos fenômenos elementares (irredutibilidade e incompreensibilidade), neologismos, automatismo mental, estigmas delirantes.

---

11. Haroldo de Campos propõe o termo "lalíngua", porque a partícula "a" teria o sentido negativo, "não língua".

O diagnóstico estrutural

A NOÇÃO DO DIAGNÓSTICO estrutural remete-nos ao conceito de estrutura tal como foi entendido por Lacan com base nas obras de Saussure e Lévi-Strauss. Ainda que a formulação estrutural já estivesse presente na obra freudiana, Lacan, ao propor o retorno a Freud, foi capaz de rever o legado e trazer novas contribuições esclarecedoras à clínica do diagnóstico e da estrutura.

A estrutura em Freud refere-se à estrutura mental que se instala no sujeito em virtude da dinâmica processada pelo "complexo de Édipo", em que há três pontos essenciais: o desejo, o inconsciente e a castração (a metáfora maior).

Estrutura é o que marca o lugar de pai, mãe e filho, a partir do "complexo de Édipo".

Baseando-se nesses dois pontos, Lacan afirma que a humanidade do *ser* emerge inconscientemente da problemática posta pelo desejo. Daí a inauguração da clínica do desejo.

A noção de estrutura é que designa o paradigma do *status* científico, estabelecendo formas variantes e invariantes no interior de diferentes conteúdos psíquicos.

Três são as estruturas fundantes estabelecidas por Lacan, visando às possibilidades de negações da castração: preclusão (ou forclusão), recalque e denegação (ou desmentido).

Correndo o risco de cometer equívocos ou até mesmo erros, estabeleci um quadro sinótico didático e simpático.

Ternário RSI local do retorno	Formas de negação da castração	Conteúdos psíquicos da estrutura clínica	Fenômenos correspondentes ao retorno do que é negado
• real	• forclusão	• paranoia	• alucinação/delírio
• simbólico	• recalque	• histeria	• sintomas
• imaginário	• denegação	• sexualidade inventiva	• fetiche

Nota: Este quadro não tem nenhuma analogia com o quadro de A. Quinet (2000), de maior complexidade teórica.

Significante

No texto "A instância da letra no inconsciente ou a razão desde Freud", publicado nos *Escritos* (1970/1998b), Lacan deixa claro que, para além da fala, é toda a estrutura da linguagem que a experiência psicanalítica descobre no inconsciente. "Portanto, ao falar de significante estaremos remetidos, de certa forma, ao inconsciente, sendo verdadeira a fórmula inversa." O inconsciente deixa, pois, de ser a sede dos instintos para se tornar a sede da linguagem, com todas as letras. Ou muito simplesmente ao pé da letra, como diria Lacan.

A criança, desde o nascimento (e também na vida intrauterina), é marcada por sons, toques, cheiros, fala materna, pela língua de origem, tudo isso a que chamamos de significantes.

Em 1890, Freud, trabalhando como neurologista, fez um estudo sobre afasia para concluir que a fala é a única função na qual se pode sustentar a pretensão de vincular a mente ao cérebro. Lacan (1998a) completa:

> Note-se que as afasias, causadas por lesões puramente anatômicas nos aparelhos cerebrais que conferem a essas funções seu centro mental, revelam, no conjunto, distribuir seus déficits segundo as vertentes do efeito significante do que aqui chamamos letra, na criação da significação.

Assim, tendo a linguagem conquistado o *status* de objeto científico, é com ela que a psicanálise lacaniana vai trabalhar, tomando a letra como suporte do discurso concreto, suporte a que se chama significante.

Calcado no *Cours de linguistique générale*, de Saussure (1916), mas subvertendo-o, Lacan postula que o significante não representa o significado, ou, dizendo de outra forma, o significante terá sempre muitas significações. Podemos alinhavar, ainda, outras postulações de Lacan para compreender o significante. Somente quando expressos numa cadeia, portanto em sua topologia, é que os significantes podem apontar em direção às significações. Estas, REMém, não estariam sempre num "para-além", pois é da natureza do significante antecipar o sentido. "Donde se pode dizer que é na cadeia do significante que o sentido insiste, mas que nenhum dos elementos da cadeia consiste na significação de que ele é capaz nesse momento" (1998a, p. 505-6). Daí a noção de deslizamento do significado sob o significante, o que se dá de maneira incessante, semeando significações ao longo do deslizamento (metonímia). Remeto o leitor ao "Seminário sobre 'A carta roubada'" (Lacan, 1998f).

O interesse de Lacan pelos significantes, de certa forma, corresponde ao interesse de Freud pelas imagens implicadas nas palavras e suas possíveis ligações afetivas. Na medicina, é tradicional a expressão "olho clínico", que traduz a capacidade do médico de ver, no paciente, além do simples sintoma. Transpondo esse termo para a psicanálise, pode-se dizer que o "olho clínico" do psicanalista traduz sua capacidade de identificar as imagens implicadas nas palavras. Lacan, entretanto, quer superar esse momento imagético. Não é o simbólico que vai depender do imaginário; o imaginário é que será retificado pelo simbólico.

Sujeito: uma revolução copérnica

EM NOSSO DIA A DIA, usamos, com certa liberdade de expressão, os vocábulos "pessoa", "indivíduo", "eu", "ego", "*self*" e "sujeito" como sinônimos. No entanto, Lacan deu ao vocábulo "sujeito" um significado especial, atrelando-o ao conceito de inconsciente, que ele ampliaria do original freudiano.

A noção de sujeito, para ele, parte do princípio de que no contexto psicanalítico existe uma subjetividade à qual não se pode fugir. Então, propõe marcar a transformação conceitual de sujeito após o descobrimento do inconsciente. Seus textos, contidos nos *Escritos*, "A instância da letra no inconsciente" (1998a) e "Função e campo da fala e da linguagem em psicanálise" (1998c), entre outros, são os que nos levam ao estudo, à reflexão e ao entendimento de sua proposta. Dizia: "O inconsciente é um conceito forjado no rastro daquilo que opera para constituir o sujeito". E discute, com seu estilo, todos os equívocos postos no caminho dessa tarefa.

É no próprio Freud que Lacan descobre uma revolução copérnica: o sujeito estaria subordinado a uma estrutura que o determina. Sua noção de sujeito está separada daquela do cogito cartesiano, "Penso, logo existo". Na interlocução entre dois sujeitos, o falar não é só o expressar uma comunicação; é colocar-se, cada um, numa posição que o determina em relação ao outro. Tudo dentro de uma convenção linguística e cultural que sugere os lugares que o sujeito vai ocupando nesse jogo de convenções – a que se pode chamar "tópica". A existência dessa tópica pressupõe o funcionamento de uma ordem, que nada mais é do que a linguagem, operando como uma ordem simbólica. Assim, o sujeito não é agente, como se supõe ser no *cogito*-cognitivo. Ele é em *função* da posição que ocupa na relação com o outro – relação esta que não é direta, mas mediada pelas estruturas linguísticas impostas pelas regras e leis do registro simbólico.

Com essas ideias é que podemos entender por que Lacan descarta o *hic et nunc* da filosofia da existência. De acordo com sua visão, não há intersubjetividade gerada por uma reciprocidade instantânea, imediata, mas uma intersubjetividade mediada pela convenção significante.

Para Lacan, o inconsciente não é um lugar biológico ou psíquico de propriedade de cada pessoa; não é reservatório, não é memória, não é lembrança, não é o não estruturado, não é o não organizado, não é o caos, não é a possibilidade de percepção, não é o desconhecido. O inconsciente lacaniano é supraindividual, acima de cada indivíduo, além das pessoas; é lugar, sim, do significante, o que faz dele uma singularidade do sujeito.

Por um desses caminhos difíceis para quem inicia, Lacan nos leva à conclusão de que é sujeito o sujeito do significante e não o sujeito do significado. Sujeito do significado é a pessoa, mais precisamente a primeira pessoa que faz uso da palavra; sujeito do significante é o que fica comprometido, por meio da própria enunciação, com o enunciado. Em geral, há um abismo entre o sujeito que faz a enunciação e o sujeito do que foi enunciado. Se digo "estou querendo entender Lacan", nesse ato de escrever a minha fala para quem lê, sou o sujeito da enunciação; o sujeito do enunciado é aquele eu que realmente vai se comprometer com o dito. O sujeito da enunciação ficará fora do que foi dito; é ele, portanto, que estará ausente do enunciado, recalcado, no inconsciente. O sujeito precisa "assumir" a enunciação: por que diz isso? Na fala, teremos sempre dois sujeitos na mesma pessoa, dois sujeitos de fato separados.

Ao analista cabe dar atenção à posição do sujeito nesse complexo significante-significado, enunciado-enunciação. A posição do sujeito no discurso revelará mais sobre ele do que os eventuais conteúdos afetivos da sua fala. Essa é a proposta fundamental de Lacan. Acompanhar o deslizamento dos significantes que vão caracterizar o sujeito e o seu inconsciente – ou, dizendo dialeticamente, caracterizar o inconsciente e o seu sujeito.

É importante dizer que em Freud já haveria uma diferença entre a função do ego e a função do sujeito. O ego estaria ligado à noção complexa do narcisismo, numa reflexividade e especularidade que, se mantidas, caracterizariam a perversão e a psicose – isso no entendimento de Lacan, para quem a relação entre paciente e analista fadaria ao fracasso terapêutico se faltasse a presença da ordem simbólica.

Se o plano da enunciação coincidir com o plano do enunciado (ou vice-versa), diz-se que há uma *concentricidade*. Do contrário, havendo desencontro, diz-se que há *excentricidade*. Em geral, quem faz uso da palavra estará sempre excluído, permanecendo no não dito, no não falado excêntrico à mensagem. Propiciar ao paciente que fale, que faça enunciações, que se comprometa com os enunciados é uma forma de fazer surgir o sujeito do inconsciente, o "sujeito lacaniano", pelo que ele traz com os significantes. É assim que Lacan retira a psicanálise do mero "bate-papo" e a insere na dialética do dizer e do calar, na qual a verdade (sempre parcial) possa surgir.

A teoria do inconsciente apenas foi esboçada por Freud. Lacan tenta ampliá-la, fazendo a *teoria do sujeito*, pelo que lançou mão da filosofia, da linguística, do estruturalismo, da lógica. Lacan acusava os seguidores imediatos de Freud de desejarem atenuar o valor que Freud havia dado ao inconsciente. A obra de Lacan, à guisa de um retorno, na verdade reinterpreta a psicanálise. Enfim, ele considera que cabe à psicanálise, na clínica, permitir a emergência do sujeito. Não basta a palavra, o sujeito necessita da palavra plena.

13. A questão da psicose
A dialética do delírio, sobre a forclusão

É **HORA DE CONCLUIR**, amarrando todos os conceitos alinhavados até agora, para a boa compreensão de como a psiquiatria da psicose se transformou após as ideias e observações clínicas de Jacques Lacan. Isso possibilitará entender os casos Schreber e Joyce, que serão comentados mais adiante.

Creio não ser necessário repetir o que foi desenvolvido até aqui, mas tão só enunciar as amarras fundamentais que justificam a psiquiatria da psicose em moldes diferentes dos da psiquiatria clássica.

Começo dando destaque ao quadro sinóptico traçado pelo psicanalista Francisco Paes Barreto, em seu livro *Reforma psiquiátrica e movimento lacaniano* (1999, p. 120).

Psiquiatria	Psicanálise
psicoses	psicose
entidades mórbidas	estrutura clínica
categorias	conceito
fenomenologia	metapsicologia
sintomas fundamentais	fenômenos elementares
lesão	forclusão
organicismo	RSI

As enunciações que farei não encerram as reflexões sobre o tema. Por seu próprio modo de filosofar, Lacan não teve a palavra última nem a última palavra. O campo psicanalítico está aberto, mas, sem dúvida, quem por ele se meter terá de respeitar as trilhas sulcadas por Lacan.

Freud nunca falara em tratamento da psicose e, no entanto, Lacan encontrou, na paranoia, o caminho para a psicanálise. As esquizofrenias têm sido estudadas há tempos. Freud não as ignorava, mas manteve-se afastado do assunto. A elaboração do conceito de esquizofrenia foi sua contemporânea, feita em 1911 por Bleuler, com o encorajamento de Freud. Este, por sua vez, dedicou-se a estudar a paranoia com a observação do caso Schreber, feita por meio da autobiografia do juiz.

As psicoses não são "demências", que têm causa orgânica. Psicose é igual a loucura ou desvario. Lacan, em 1932, defendeu a tese em psiquiatria, *Da psicose paranoica em suas relações com a personalidade* (1987a). Assim, a paranoia deve ser vista antes e depois de Lacan. Seu ponto de vista pessoal foi formulado com base na experiência como médico psiquiatra, e parte do conceito de seu mestre Clérambault sobre "automatismo mental". Em seu texto, discute a noção do "compreender" da fenomenologia. Diz: "Podemos compreender que uma pessoa esteja triste porque não tem o que o seu coração deseja". E contrapõe: "Isso é falso, pois há pessoas que têm de tudo e continuam tristes". A tristeza é uma paixão de natureza inteiramente outra. O compreender fecha a pesquisa da análise. Análise é pesquisa feita *in loco*, pesquisa do discurso do cliente para surpreender as manifestações do inconsciente.

Critica, também, a chamada experiência imediata, o *hic et nunc* dos existencialistas. Questiona, ainda, os mitos da unidade da personalidade, da síntese, das funções cerebrais superiores e inferiores, e a confusão que se faz sobre o automatismo mental. Diz ele:

> A experiência freudiana não é de forma alguma pré-conceitual. Não é uma experiência pura, é experiência realmente estruturada por algo de artificial que é a seleção analítica, tal como é constituída pela confissão. É a partir desse modo operativo primeiro que tudo se elabora. (Lacan, 1987b)

A novidade de Freud seria audaciosa: antigamente, o sonho tinha "sentido"; com ele, o sonho "fala". Freud pega o livro de um paranoico como se fora um sonho que fala. Num lance de gênio da linguística, vê, no livro de

Schreber, a repetição de um mesmo signo. Percebeu que aquilo queria dizer alguma coisa. Reconstituiu o uso de todos os signos dessa "linguagem fundamental" de que fala o próprio Schreber. Sendo o livro de Schreber um discurso impresso, é indiscutível que estamos na ordem simbólica. Então, o caso Schreber mostra, na opinião de Lacan, que só pela porta do simbólico é que se consegue penetrá-lo. "Traduzindo" Freud, Lacan diz que o inconsciente é uma linguagem. O psicótico ignora a língua que fala.

As três estruturas clínicas

O RECALQUE E O retorno do recalcado são direito e avesso da mesma coisa. O recalcado se exprime perfeitamente articulado nos sintomas e em outros fenômenos da representação psíquica. É típico da *neurose*.

Forclusão (*Verwerfung*) é o que é recusado ou rejeitado na ordem simbólica com uma sorte completamente diferente daquilo que é recalcado. O forcluído aparece no real do corpo (veja o estudo de caso do pequeno Hans, de Freud). É típico da *psicose*, como está posto na própria história de Schreber.

A denegação, com o significado de desmentido, caracteriza a *perversão*.

Um século de clínica (1899-1999) não solucionou as dúvidas e os paradoxos presentes na clínica da psicose.

No *Seminário 3* (1997c, p. 28), Lacan critica os psiquiatras e os psicanalistas. Ele enfatiza os "fenômenos elementares" – observação clínica de Clérambault –, os quais seriam caracterizados por sua incompreensibilidade. Mas alerta que eles não seriam mais elementares do que está subjacente ao conjunto da construção do delírio. O subjacente é a estrutura. Exemplo de uma folha vegetal: o elementar é a folha em seus vários aspectos e formas; o subjacente são as nervuras, a estrutura. Estruturas análogas se encontram no nível da composição, da motivação e da tematização do delírio e no nível do fenômeno elementar. Isso significaria que é sempre a mesma força estruturante que está "trabalhando o delírio". Não se deduz, não se compreende o delírio. O delírio reproduz sua própria força constituinte, mas ele é também um fenômeno elementar. O "motor" da estrutura é que ela é sempre diferenciada e irredutível a outra coisa que não ela mesma. Por isso, para Lacan, o compreensível é um termo sempre fugidio. Diz ele: "Comecem por não crer que vocês compreendem. Partam da ideia do mal-entendido fundamental".

Quem fala no discurso? Essa é *a* interrogação que deve dominar toda a questão da paranoia. Na fala humana, o emissor é também o receptor da fala. Ouvimos o som de nossas próprias palavras.

Lacan critica a literatura científica da psicanálise dizendo ser ela desconcertante e de muitas contradições. Critica a própria psicanálise quando ela explica, pelo esquema de Freud, o caso Schreber e as paranoias de modo geral. Contesta que a paranoia seja uma defesa contra a irrupção da tendência homossexual. No *Seminário 3* (1997c, p. 41), critica a noção de conflito, que seria ambígua. No item 2 do texto, refere-se a uma psicótica apresentada aos alunos, da qual quis detectar o signo, o sinal, o estigma delirante, e não apenas apresentá-la como pessoa difícil em conflito com seu meio.

A linguagem do delirante, o conteúdo do seu discurso, o dizer psicótico do delírio teria um sabor particular e, frequentemente, extraordinário. No delírio, assim visto, certas palavras ganham destaque especial, uma densidade que se manifesta quase sempre na forma do significante, com o caráter de neologismo. Ainda no *Seminário 3* (1997c, p. 42), chama a atenção para como são necessárias as categorias da teoria linguística para penetrar esse discurso.

Significante é o sentido material da linguagem. Significado e significação não são objetos ou coisas. Cuidado com a armadilha. Na neurose, significante e significado estariam na fronteira do razoável entendimento, por meio das regras da cultura. No psicótico, estariam fora dessa fronteira, compondo um caráter totalmente particular, na figura dos neologismos. O neologismo de Schreber foi a palavra *Neruenanhang*, traduzida por "adjunção de nervos". Era a palavra dita pelas almas, pelos raios divinos. No nível do significante, o delírio se distingue pela discordância com a linguagem comum: pelo neologismo. No nível da significação, o delírio se distingue por se mostrar irredutível. A palavra tem peso em si, antes de poder se remeter a outra significação; ela é, em si mesma, inefável.

O neologismo se projeta sobre dois tipos de fenômeno: intuição e fórmula.

Intuição não deve ser confundida com iluminação milagrosa. Também não é reflexão, meditação ou introspecção. A intuição seria a percepção ou a sabedoria experienciada, inconsciente, do que foi sabido e elaborado. É integração entre teoria de alguma forma conhecida e experiência vivenciada. A intuição delirante é inopinada, original e enigmática; é fenômeno pleno que inunda o sujeito, revelando-lhe um cunho original: a língua fundamental, a palavra enigma, a palavra plena que diz muito a respeito do sujeito.

Quanto à *fórmula*, no delirante teríamos a fórmula mais vazia. Caracteriza-se por repetir-se, reiterar-se, repisar-se, com insistência estereotipada. Lacan condena os que sugerem que se deva falar com os delirantes na "sua" linguagem, no "esquizofrenês". Retorna aos "fenômenos" elementares de Clérambault para afirmar que o delirante fala como uma boneca automatizada. Diz:

> E a "assinatura" do delirante está na estrutura vulcânica, vertiginosa. O sujeito quando fala tem uma "endoscopia" (visão de dentro) do que realmente ocorre nos seus aparelhos de pensar e falar. Freud, sutilmente, admitia que o sujeito está em algum lugar, em um ponto privilegiado que lhe permite ter a "endoscopia".

A "endoscopia" delirante de aparelhos como o digestivo ou o pulmonar é mais fácil de entender. A "endoscopia" delirante dos fenômenos intracerebrais é mais delicada. Eco do pensamento: poderia ser uma alteração cronáxica (*déjà vu*). A teoria organogenética ou automatizante de Clérambault não escapa à ideia de que há um ponto privilegiado, qual seja, a "alma". Esta é a "entidade unificante" que faz a função síntese. Diz Lacan que a ideia de alma seria mais idólatra do que a realidade mais grosseira da fibra nervosa. Schreber falava em uma "fibra única" apegada à sua personalidade.

A psicanálise, com o registro da fala, traz nova abordagem. Para Lacan, no lugar da alma ou das sinapses nervosas, estaria a linguagem; e, mais particularmente, a fala, a palavra, os significantes. No registro da fala estaria toda a riqueza da clínica da psicose, todos os seus aspectos, suas decomposições e suas refrações. O que distingue uma fala de uma gravação de linguagem? Falar é, antes de mais nada, falar a outros (para outros). O sujeito recebe sua mensagem do outro de forma invertida. A palavra plena, essencial, a fala empenhada está fundada na estrutura (forma invertida).

A dialética do delírio em Freud

É UMA DIALÉTICA SURPREENDENTE, repousada no chamado "enunciado fundamental", reconhecido na neurose. Na expressão "Eu o(a) amo", dá-se a partida do desejo homossexual com o contraponto: "Você me ama". Para evitar esse tipo de encontro, socialmente questionado, moralmente condenado e, particularmente, indesejado pelo indivíduo, estabelece-se um mecanismo de negação com quatro funções e quatro tipos de delírio.

- ▸ Primeiro modo de negar: "Não sou eu que o(a) ama, é ela(e), meu cônjuge". Delírio – o de ciúme.
- ▸ Segundo modo de negar: "Não é ele(a) que eu amo, é ela(e), seu cônjuge". Delírio – o erótomo (erotomania).
- ▸ Terceiro modo de negar: "Eu não o(a) amo, eu o(a) odeio. Ele(a) me odeia". Delírio – de perseguição (perseguido/perseguidor). Note-se que num primeiro momento a negação não dá conta de sua função, exigindo o mecanismo de projeção (ele me odeia).
- ▸ Quarto modo de negar: "Não amo ninguém". Delírio – megalomania, delírio de grandeza.

Trata-se de rejeitar totalmente a proposição inicial. Para o "Eu o(a) amo, você me ama", estabelece-se de maneira definitiva o "não amo ninguém". Lacan não se refere a essa forma de negação.

Freud afirma de modo categórico: "A formação delirante, que presumimos ser o produto patológico, é, na realidade, uma tentativa de restabelecimento, um processo de reconstrução". Para Freud, na neurose o recalcado volta ao próprio discurso, no lapso, no ato falho, no sonho, no sintoma, pois o recalcado e o seu retorno são indissociáveis: direito-avesso. Já na psicose, o recalcado não retorna ao elemento do discurso, mas para o sujeito real, se tomarmos a sério o que ele diz. E Real, em Lacan, é o corpo e sua sexualidade, o sexo inefável.

A dialética do delírio em Lacan

DUAS PERGUNTAS SE IMPÕEM: 1. Será que o sujeito fala com vocês?; 2. De que será que ele fala? A questão é saber qual é a estrutura daquele ser que lhe fala. Diz Lacan: "O próprio fundamento da estrutura paranoica é que o sujeito compreendeu alguma coisa que ele formula, a saber: que alguma coisa tomou forma de palavra falada, que lhe fala". A análise diz que nas psicoses o que fala é o inconsciente. Esse inconsciente é algo que fala no sujeito, além do sujeito, e diz sobre isso mais do que crê.

Outra questão é a de saber como isso fala.

Para Lacan, a projeção na psicose não é igual à projeção da neurose. Na neurose de ciúme, a projeção consiste em imputar ao outro suas próprias infidelidades. Porém, na neurose a projeção é interrogativa, aparecendo a dúvida. No delírio paranoico, a projeção é assertiva, afirmativa, com certeza; não se deveria, portanto, falar em projeção nas psicoses. Não se pode fazer intervir o mesmo mecanismo no delírio de ciúme. O delírio de ciúme paranoico é indefinidamente repetível, reflete-se em todas as guinadas da experiência e pode implicar todos, de perto ou de longe. No terceiro modo de negação, ocorre a alienação invertida: o amor se tornou ódio. A alteração profunda de todo o sistema do outro, o caráter extensivo das interpretações sobre o mundo mostra, aqui, a perturbação propriamente imaginária levada a seu máximo. Até aqui, Lacan fala do outro minúsculo. As relações com o grande Outro nos delírios estão abertas à nossa investigação.

Lacan critica a hipótese libidinal de Freud para a psicose e, sobretudo, a importância atribuída à tendência homossexual na gênese da paranoia. Ele procurou, na relação do sujeito psicótico com a castração, a particularidade da experiência psicótica. Não abandonou, pois, a invariante prevalecente em Freud, a hipótese libidinal, mas o fez por outra via, a do significante.

A forclusão do "pai" implica a rejeição da castração simbólica. Não há barra para o Outro. O Outro do neurótico é barrado. No caso do psicótico, o A é consistente, porque há sua exclusão da lei da castração e não se estabelece a significação fálica, estando o sujeito psicótico fora da partilha dos sexos. O psicótico, então, não é homo nem hétero, é ex-sexo ou transsexo.

No lugar da "tendência homossexual", Lacan propõe o "empuxo à mulher", como efeito e consequência da estrutura psicótica, e não como seu determinante. O psicótico é levado ao "empuxo à mulher", isto é, ele é levado a perfilar o lado da mulher, pois, à sua semelhança, ela não tem significante. Ambos não têm significantes que os representem e buscam o gozo suplementar: o gozo feminino. Assim, repetindo um pouco: o psicótico, carente de um significante capaz de assegurar-lhe a virilidade, às voltas também com um gozo infinito, e devendo ainda ser o falo, é levado a perfilar-se com a mulher. Isso é o empuxo.

Sobre a forclusão

Sujeito: para a constituição do sujeito, é essencial haver adquirido o "nome do pai". No entanto, "nome do pai" não é patronímico nem presença do pai. A forclusão (*Verwerfung*) pode ser vista como um "mecanismo de defesa" constitutivo da psicose. Sinônimos: preclusão, perclusão, repúdio, recusa, abolição, suspensão, corte ou rejeição. O conceito de forclusão indicaria a falta de inscrição no inconsciente da experiência simbólica da castração – experiência normativa que ajudaria na definição sexual da criança, no reconhecimento de seus limites e na evolução do sentimento de realidade.

Sua ocorrência se dá em casos de repressão extrema, responsáveis, no que lhes toca, pelos quadros psicóticos. Há como uma negação maciça ou um desconhecimento total da realidade – ou de parte significativa dessa mesma realidade.

Etimologia da palavra "forclusão"

A palavra vem do substantivo francês *forclusion*, que significa privação de uma faculdade ou de um direito, por não executá-lo no tempo devido. Tal substantivo, por sua vez, é derivado do verbo *forclore*: excluir pela força, privar-se de.

Metáfora paterna

Para articular o "nome do pai", supondo a ausência do pai concreto, Lacan usa o termo "metáfora paterna", pois é o que fica no lugar, o que substitui a figura e a função do pai. Pode ser a sociedade, a lei etc. Metáfora é a expressão linguística que significa o emprego de uma palavra antiga ou anterior, em sentido diferente do próprio, por analogia ou semelhança, denominando um conceito novo (condensação: pomba branca = paz).

14. O caso Schreber

DANIEL PAUL SCHREBER, NASCIDO em 1842 na cidade de Leipzig (Alemanha), morreu com 69 anos no Sanatório de Dösen, com complicações orgânicas, depois da última eclosão de um estado psicótico. Era advogado e magistrado, tendo chegado a presidente da Corte de Apelação de Dresden aos 51 anos. Segundo nos informa sua biografia, seus antepassados tinham por característica buscar a celebridade intelectual desde o século XVIII, nos campos do direito, da pedagogia, da economia e das ciências naturais. Seu avô escrevia livros com epítetos como este: "[...] escrevo para a posterioridade".

Seu pai foi Daniel Schreber (1808-1861), médico ortopedista e pedagogo dedicado a doutrinas educacionais rígidas e implacavelmente moralistas. Escreveu 20 livros sobre ginástica, higiene e educação de crianças, abordando de hábitos primários de alimentação a assuntos da vida espiritual. Acreditava que seu trabalho era uma missão que aperfeiçoaria a obra de Deus e a sociedade humana. Inventou aparelhos ortopédicos de ferro e couro para manter a postura ereta do corpo da criança, inclusive durante o sono. Orgulhava-se de ter educado seus cinco filhos dentro das próprias ideias.

Marilene Carone, tradutora do livro de Schreber, *Memórias de um doente dos nervos* (1993), afirmou: "Daniel Paul Schreber não foi o cidadão exemplar previsto pelo modelo paterno, mas alcançou a imortalidade que os Schreber sempre almejaram: tornou-se o louco mais famoso da história da psiquiatria e da psicanálise".

Da infância de Daniel Paul pouco se sabe. Parece ter sido dócil ao despotismo educacional do pai. Registra-se em sua biografia: "[...] natureza tranquila, quase sóbria, sem paixão, com pensamento claro, cujo talento individual se orientava mais para a crítica intelectual do que para a atividade criadora, da imaginação solta". Suas "memórias" revelam um homem de sólida formação cultural. Sabia grego, latim, italiano, francês, história, literatura clássica, ciências, conhecimentos jurídicos – naturalmente – e ainda era exímio pianista. De sua mãe pouco se sabe. Parece ter sido uma mulher inteiramente dominada pelo marido, deprimida e de poucas manifestações afetivas.

Schreber, com 42 anos, já estava na carreira jurídica quando foi candidato ao Parlamento, sofrendo fragorosa derrota nas urnas. Muito abalado, foi internado pela primeira vez na clínica psiquiátrica do dr. Paul Emil Flechsig, com o diagnóstico de "hipocondria". Hoje se sabe que o episódio foi mais grave, com manifestações delirantes não sistematizadas, registrando-se, ainda, duas tentativas de suicídio.

Em 1893, com 51 anos, recebeu a visita do ministro da Justiça da Saxônia, que o nomeou, por decreto real, Juiz Presidente da Corte de Apelação da cidade de Dresden, posto excepcionalmente elevado para sua idade. Antes já tivera várias honradas promoções, marcando uma carreira de jurista evoluída com êxito. Mas exatamente nesse ponto culminante o eminente juiz deparava com um desafio: todos os seus subordinados eram mais velhos e mais experientes que ele.

Poucas semanas após sua nomeação, Schreber começou a adoecer, sonhando que sua doença mental estaria voltando. Numa manhã, ao acordar, veio-lhe o seguinte pensamento: "Afinal de contas, deve ser realmente muito bom ser mulher e submeter-se ao ato da cópula". Estava estabelecida a eclosão da doença. Volta a procurar o dr. Flechsig, mas é transferido de médico e de hospital, ficando internado por nove anos.

Em 1900, recebe alta, mas só sai do hospital em 1902, data em que entra na Justiça e é vitorioso, com pedido para que seja revogada sua interdição. Uma pergunta exigente se faz necessária: como ele conseguiu manter sua existência, com brilhantismo, até a eclosão da crise psicótica em sua forma definitiva? Se havia falta do significante primordial (o nome do pai), como ele se sustentou? A resposta que se pode obter como provável é que ele teria se mantido funcionando no registro imaginário, exatamente onde o simbólico falha, não intercepta. Lacan usa a metáfora do banquinho de três pés, que se mantém equilibrado por um pé ou por uma bengala imaginária.

Lacan pergunta: "Qual significante ficou em suspenso no vazio, em sua crise inaugural?" Ao ser promovido, tinha na promoção um correspondente simbólico à função paterna; precisou invocar o significante do nome do pai para significar. E encontrou o vazio. Percebe-se que há, aqui, uma ambiguidade, um contraditório, pois o vazio é aparentemente inexplicável. A promoção, correspondente simbólico à função paterna, deveria conter uma satisfação plena; entretanto, encontra-se uma falta. A resposta estaria na questão de não ter filhos. Schreber não tinha filhos e só adotaria uma órfã de 13 anos em 1903, após sair do hospital, em 1902. Diz Lacan: "A função de ser pai não é absolutamente pensável na experiência humana sem a categoria significante".

Além dessa perspectiva assinalada, Lacan inspirou-se, entretanto, nos "fenômenos elementares" de seu mestre Clérambault para assinalar o desencadeamento da psicose. Os fenômenos elementares são de ordem psíquica, primários, autóctones e inexplicáveis, contidos no chamado "automatismo mental", que estaria mais próximo de uma análise estrutural. Na síndrome básica do automatismo mental, o indivíduo tem a impressão de que seu cérebro é objeto de alguma manobra e está sendo penetrado por ideias estranhas, sua linguagem interior está sendo repetida ou reverberada, seus pensamentos e atos são ordenados por alguém ou outra coisa, sendo ainda comentados por terceiros. Seriam fenômenos tão singulares que ressoariam como ideias totalmente alheias, impossíveis de ser reconhecidas como próprias. Ter ideias que não são próprias é o paradoxo que produz a cisão do Eu.

Os fenômenos elementares e o automatismo mental têm identificações mútuas que os aproximam, como o caráter irruptivo, inopinado, parasitário, aparentemente fora da personalidade, sendo-lhe, pois, heterogêneo; e, por fim, a condição xenopática, o estranho, o estrangeiro.

No *Seminário 3* (1997c), Lacan ressalta entre os fenômenos elementares o que mais interessa ao ponto de vista psicanalítico, ou seja, os fenômenos da alucinação verbal, o neologismo, a verbigeração (o ritornelo) e o delírio. Mais tarde, ele vai insistir no caráter de "experiência linguística" dos fenômenos elementares. De qualquer modo, é bom assinalar que, na psicose, o retorno ao real se faz pela alucinação e pelo delírio.

O sistema delirante de Schreber continha como centro de preocupação a missão de redimir o mundo e restituir-lhe o estado perdido de beatitude, lançando mão, para isso, da "eviração"[12], isto é, a transformação de homem em mulher. Como mulher, ele deveria se oferecer a Deus, que o fecundaria dando origem à nova raça de homens, a "geração schreberiana". Porém, num primeiro momento, ele lutou desesperadamente contra a eviração. Nessa luta se deu a morte em vida, o desmoronamento subjetivo. Ele designava esses acontecimentos como o "crepúsculo do mundo", o seu fim.

Lacan chamou essa ocorrência clínica de "dissolução imaginária", pois se dava no eixo imaginário de a'-a, em forma de degradação. Assim, seus guardas e enfermeiros eram "sombras de homem", seu médico Flechsig estava morto, sua subjetividade era invadida por figuras especulares: raios puros, reinos divinos superiores. Dizia: "Sou um cadáver leproso", "As almas invadiram meu corpo" (não espíritos, mas corpos mortos). A identidade imaginária do(a) outro(a) estaria despedaçada: seu médico estaria fragmentado em 47 almas. Quanto ao próprio corpo, Schreber apresentava numerosas vivências de estilhaçamento. Assim: "Sobrevive sem estômago, esôfago e com os intestinos dilacerados, a laringe deglutida, baixo ventre putrefeito, sistema ósseo corroído e a calota craniana pulverizada".

Por fim, a estabilização... delirante. Em novembro de 1895, tendo atingido a idade de seu pai quando este faleceu, exatamente no mês do falecimento paterno, Schreber relata uma "passagem" na qual "vai aceitar" sua transformação em mulher.

---

12. Eviração significando desvirilização e não emasculação.

Ciclo Schreber-Flechsig-Deus

O **DR. FLECHSIG FOI** a primeira figura central de seu delírio erotomaníaco, figura mais tarde substituída por Deus. O médico foi investido de extrema idealização imaginária, mas há um deslizamento do delírio envolvendo posteriormente o irmão de Schreber, depois Deus, depois o sol, depois o próprio pai. Nas memórias, Schreber assinala ser vítima de uma conspiração para entregá-lo ao médico para fins de abuso sexual de seu corpo, agora feminino, para depois ser abandonado à putrefação. Schreber se coloca, dessa maneira, na posição de objeto a', numa transferência psicótica, na qual se sente sujeito à vontade do gozo do Outro.

Duas palavrinhas sobre o gozo psicótico. É o gozo do Outro, é o gozo absoluto, é Deus. Se o gozo psicótico está circunscrito no lugar do Outro, a localização, em Schreber, se dá pelo advento da metáfora delirante "mulher de Deus", na qual Deus é o gozo absoluto.

Nessa exposição sucinta e didática do processo da loucura schreberiana, chegamos à reconstrução do que é, na verdade, um simulacro de laço social. Há uma circunscrição do delírio e o gozo se acalma para a moderação. Ele passa a se interessar por sua situação legal, denunciando na justiça a curatela provisória a que estava submetido. Advoga em causa própria e consegue recuperar a capacidade civil que lhe era de direito de maneira plena; recebe alta hospitalar, envia carta aberta ao dr. Flechsig e publica seu livro. Mas nunca renegou seu gozo divino.

u

15. O caso Joyce

JAMES AUGUSTINE ALOYSIUS JOYCE nasceu em Dublin (Irlanda), em 2 de fevereiro de 1882, e morreu em Zurique (Suíça), em 13 de janeiro de 1941. Diplomou-se em Letras em 1902 pela Universidade de Dublin. Foi o segundo filho de uma prole de 17 rebentos. O primogênito morrera ao nascer, o que o levou a dizer: "Minha vida foi sepultada com ele". A família perambulou por cerca de 13 endereços, decaindo socialmente a cada um deles, por dificuldades financeiras. Esse andar errático se repetiria na vida de Joyce. A mãe, profundamente religiosa, de porte nobre e maneiras educadas, era versada em dança e canto. Possessiva em relação a James, exigia dos filhos castidade e obrigações religiosas. Joyce escreveria, mais tarde, com ternura: "Uma boa mãe, com um cheiro melhor que o do pai". O pai, 14 anos mais velho que a esposa, conheceu-a no coro da igreja e cortejou-a contra a vontade de sua mãe. Mesmo diante das vicissitudes, era alegre e jovial, com saudável espírito de humor.

Alimentava, entretanto, uma idiossincrasia pela família da esposa e, muitas vezes, também por ela. Diz sua biografia que era um talentoso contador de histórias, um tenor expressivo, mas com "desesperada selvageria" escondida.

Certa vez, esse pai, entendendo que Joyce precisava de uma experiência forte para sua formação de homem, dependurou-o de cabeça para baixo, por vários minutos, numa ponte sobre o rio. Voltava para casa embriagado, barulhento, irado e, um dia, tentou estrangular a mulher.

James era um jovem alegre e expansivo, cantava nas festas musicais da família e acompanhava os pais em recitais. Amava a mãe de maneira superlativa, identificando-a com a Virgem Maria. Com 6 anos e meio, foi matriculado no "sombrio colégio jesuíta de Clongowes Wood", um prédio feito de pedras. Na vida adulta, escreveria, referindo-se aos jesuítas: "Uma ordem cruel, que traz o nome de Jesus por antífrase". Mas não negava a formação dada por eles, a qual chamava de inestimável. Joyce passava mais tempo na enfermaria da escola do que na sala de aula. Ainda criança, exerceu o papel de sacristão. O ritual e a liturgia da Igreja Católica causariam nele uma espécie de êxtase. Tinha um medo tão entranhado que chegada a visualizar a morte avançando por seu corpo pelas pontas dos pés e das mãos.

Sua estada nesse primeiro colégio durou cerca de quatro anos. Depois, passou por vários outros estabelecimentos jesuíticos, distanciando-se da mãe que tanto amava. Em sua crisma, o nome de santo que escolheu para seu patronímico foi Aloysius, religioso que, conforme a história católica, não permitia que a mãe o abraçasse por temer o contato com mulheres.

Em certo momento de sua vida, na adolescência, foi tomado de uma "indiferença avassaladora", com dúvidas e rebelião contra tudo e todos. Seu despertar sexual e a primeira experiência com uma prostituta deram-lhe a consciência de que não poderia ficar celibatário, vivendo longe do pecado. Por toda a vida, foi fascinado por prostíbulos e bordéis, achando esses lugares os mais interessantes de uma cidade. Decidira, como deixou registrado, "pecar com outra pessoa que exultasse com ele nesse pecado".

Sua família pode ser resumida nas palavras de Edna O'Brien (1999), que registrou em biografia breve:

O jovem reconhecia que a família era um ninho do qual devia voar, mas também sabia que aquelas criaturas encalhadas e aprisionadas, a mãe passiva, o pai furioso, os irmãos e irmãs acovardados e perplexos, constituíam o potente material de suas obras futuras.

Para ele, as grandes histórias começavam no caldeirão familiar, como também pensava Sófocles. A vida de James Joyce foi muito mais densa e atormentada do que podemos registrar neste espaço. Ver-se-á que cada personagem de sua obra tem, por trás, uma pessoa real, a *dramatis personae* de sua vida. Rompeu com a Igreja Católica, mas, de certa forma, não a deixou. Os motivos religiosos impregnariam sua obra, ainda que dissesse que os padres eram os destruidores da espiritualidade. Os humores de James Joyce oscilavam entre a ternura e a raiva, tiranizando os membros mais fracos da família. Sua relação com o pai, na mocidade, era de verdadeira guerra pessoal, com uma linguagem chula trocada entre eles.

Na juventude, ao mesmo tempo que tinha uma mente plena e prodigiosa, era conhecido nos bares e nas rodas sociais como um arrogante de trajes puídos, sapatos brancos e boné de iatista, desafiando seus pares a discutir com ele sobre São Tomás de Aquino e Euclides, entre outros. Arrostava pessoalmente poetas como W. B. Yeats, desacatando-os e fazendo afirmações insólitas. Humilhava os próprios irmãos, gabando-se da inteligência e perspicácia, que eram suas qualidades. Quando ainda morava em casa, à noite, ao dormir com os irmãos na mesma cama, inovou durante a tradicional conversa que precede o sono, desfiando ininterruptamente o pensamento, método predecessor que inauguraria sua linguagem em *Ulisses*.

À leitura de sua biografia, não há como deixar de identificar, no seu fracasso como estudante de medicina por abandono do curso, no uso abusivo de bebida que fazia dele um alcoólatra, nas noitadas com as prostitutas e em outras referências de tal naipe um cenário de vida escatológico. Joyce, no entanto, tinha uma cultura soberba e seu maior biógrafo, Richard Ellmann (1989), afirmou que ele, aos 20 anos, já lera de tudo. Lia de modo voraz: livros, panfletos, manuais, guias da cidade, alta literatura e leituras de baixo calão, num aranzel de gostos estéticos e ecléticos, numa sede de saber. Nos arroubos juvenis, comparava-se a Charles Parnell (líder nacionalista irlandês), Dante, Byron, Lúcifer e Jesus Cristo. Foi professor de línguas, sendo visto por seus alunos como um "anarquista" vivaz, excêntrico e profano. Gostava de lançar frases escandalosas para a época, a que chamava de "vinhetas": "Um pão recheado é a Virgem Maria grávida". Loquaz e sarcástico, tinha os lábios esculpidos finamente como "uma dura linha horizontal". Como professor, incentivava jogos de palavras, quadros verbais, trocadilhos, fazendo brincadeiras e gozações, que eram bem recebidas pelos alunos.

Sua proposta de escrever continha "sexualidade cerebral" e "bruto fervor corporal ensandecido". Quebraria os tabus da Inglaterra vitoriana escrevendo sobre cópula, travestismos, onanismo, coprofilia e tudo mais que fosse repelente para a sociedade de então.

Aos 22 anos, encontrou aquela que seria sua mulher, Nora, uma moça da zona rural. Pediu dinheiro aos amigos e partiu para uma morada errática pelo mundo, dizendo: "Agora vou criar a minha própria lenda e mantê-la". A vida prática girava em torno de aulas particulares, palestras públicas, do trabalho como escriturário em bancos, sempre vivendo na miséria, com a família acrescida posteriormente por dois filhos, Giorgio e Lucia. Manteve correspondência com o irmão Stanislaus, que ouvia suas queixas e registrava para a posterioridade suas observações críticas. Seu estado desesperador viria já na idade madura. Enquanto isso, era homem de acreditar em ocultismo e augúrios oraculares existentes nas estrelas, e desejava "copular com a alma". Apesar de ter sido um apaixonado por sua cidade natal, Dublin – da qual dissera: "Para mim, será sempre a primeira cidade do mundo" –, permanece enterrado na Suíça, em parte pelas dificuldades burocráticas, em parte porque os agentes funerários de Dublin negavam a ideia de "cuidar de restos impuros".

Por sua biografia, que pode ser compulsada mais detalhadamente em outras fontes, ficamos diante de uma personalidade atormentada, sofrida, corrosiva. No entanto, clinicamente, não se pode diagnosticá-lo como verdadeiro psicótico (esquizofrênico ou paranoico). Somente a apreciação pontual assentada na teoria e na clínica da psicose, como quis Lacan, nos fornecerá os elementos para dizer que Joyce era portador de uma estrutura psicótica, de uma psicose não desencadeada.

E o que é isso?

No seminário 23, sobre Joyce (*O sinthoma*, 2007), Lacan pôde afirmar que a literatura foi sua sustentação fálica, funcionando como suplência à forclusão do nome do pai. Joyce, como vimos no resumo biográfico, teria dito: "Vou fazer a minha lenda". Esse desejo de construir um nome, o que foi feito por meio da arte literária, compensaria a carência paterna.

O escritor escreve, por isso estará imerso no real, pois a letra é real. O falante fala, por isso estará imerso no simbólico, pois a palavra falada é o simbólico. O escrito seria como um resíduo das articulações significantes que se dão na fala. No escrito, o inconsciente lacaniano não está presente, pois ele se dá no decorrer da fala, por meio da cadeia de significantes. Na escrita literária, o sintoma está alijado do grafite, pois nela não há o inconsciente. Essas conclusões passam ao largo das ideias freudianas sobre psicose e parecem não atender à ideia da arte como sublimação do autor. Remetem--nos, porém, à noção de gozo, pois a obra de Joyce não está fora do gozo, mas num gozo que precisa ser decifrado.

O gozo psicótico é um gozo imediato, fora do sentido, mas não sem sentido. Trata-se do gozo do Outro e no Outro, o gozo absoluto. E, como todo gozo, é singular e individual; porém, é irredutível, rígido, inflexível. Por tudo isso, Lacan é enfático: Joyce é o sintoma. E explica que na psicose existe sempre uma tentativa de ser o sintoma, o que impediria o sujeito de delirar. Se essa tentativa for falha, estabelece-se o delírio. Então, em princípio, pode--se confirmar que Joyce era o sintoma. Todavia, cabe aqui um esclarecimento. Lacan usa o termo *sinthoma*, que, etimologicamente, significa "aquilo que mantém junto, o que suporta junto", e não o *sintoma* no sentido da psicopatologia clássica. Lacan o faz para ser fiel a seu esquema topológico do real, simbólico e imaginário, que devem estar juntos para evitar a desagregação. O *sinthoma* é, pois, o quarto elemento do nó de Borromeu (veja a figura a seguir), responsável pelo fato de muitos psicóticos, ou estruturas psicóticas, terem êxito social e profissional sem delírios, alucinações ou desintegrações. O nome do pai poderá estar forcluído, mas a inexistência do delírio clássico é garantida pelas suplências. Então, no caso Joyce, não é que não exista o sintoma. Lacan faz um movimento do ter para o ser: Joyce não tem o sintoma, ele é o sintoma.

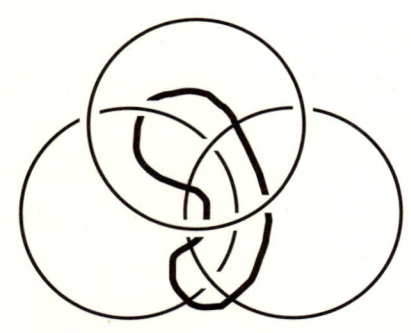

Figura 26 – O quarto elemento do nó de Borromeu em destaque.

Assim, o seminário *O sinthoma* (2007) ultrapassa o "Discurso de Roma" (1955). Ali, Lacan afirmava que "a loucura é renunciar a se fazer reconhecer". No caso Joyce, o protagonista comporta-se exatamente ao contrário: passa a vida lutando por fazer-se reconhecer. "Agora vou criar a minha própria lenda e mantê-la." Os fenômenos elementares, as palavras importantes, enfim, o automatismo mental que tentava se impor a ele eram transformados em palavras escritas, com as quais ele fazia seus jogos, seus desafios, criando neologismos e ideações abstratas – que depois interessariam aos intelectuais e ao público universitário.

Praticamente toda a obra de Joyce foi garimpada por Lacan para surpreender não o texto literário como tal, mas o deslizamento dos significantes. Com isso, o subtexto e as entrelinhas, tão enfatizados pelos freudianos, são superados por Lacan.

Ao ler Joyce de um modo novo e diferente, ele estabeleceu um modo diferente e novo de transmitir a psicanálise. Então, na apresentação de Joyce, o sintoma não é só a estrutura psicótica apresentada, mas a psicose sem loucura aparente. Mais que isso, pode-se detectar uma forma de estabilização da psicose diferente da estabilização delirante de Schreber.

Constata-se que os dois casos apresentados nos permitem concluir: estruturas psicóticas semelhantes, manifestações clínicas diferentes, destinos especiais para cada um.

Em 20 de janeiro de 1976, Jacques Aubert pronunciou uma conferência no seminário de Lacan publicado no *Seminário 23 – O sinthoma*

(2007b). Com modéstia, ele, especialista na literatura joyceana, diz que o trabalho a ser apresentado "não está bem-feito" estando seus "nós" mal articulados.

De qualquer forma, foi essa apresentação que inspirou Lacan a reconhecer a psicose não sintomática, sem a loucura historicamente reconhecida.

O livro clássico de James Joyce, *Ulisses,* deveria ser lido por duas vezes pelo menos: uma primeira, virgem pelo leitor interessado, e outras vezes depois do conhecimento das ideias de Aubert e do próprio Lacan.

Trata-se de um desafio para simples leitores, para estudiosos de Joyce e para os curiosos da psicopatologia lacaniana.

Segui esse caminho proposto, porém confesso que minha formação de médico psiquiatra não me possibilitou a melhor forma de esclarecer meu leitor, supostamente um iniciante nas lides do "fala-ser" lacaniano.

Ouso apenas o encaminhamento didático: ler Joyce, ler Aubert, ler Lacan (2007). Com paciência, persistência e esperança...

Lacan cita todas as obras de Joyce: *Música de câmara*, *Finnegans wake*, *Retrato do artista quando jovem*, *Dublinenses* e *Ulisses*, retirando de cada uma o valor estético capaz de auxiliá-lo em sua nova psicanálise.

Somam-se em Joyce: autobiografia, elementos testemunhais, ensaios e o imaginário ficcional. Intui-se que a sua trama literária serviu para enfrentar na própria vida a "loucura". Parece aos estudiosos, e particularmente a Lacan, que nesses textos a linguagem trabalhou à exaustão, visando a essa intenção.

O título de seu trabalho foi *Joyce, o sinthoma*, também transcrito como *Joyce, o símbolo*.

"Joyce, o sinthoma (sinthome), o santhomem, tem homofonia com a santidade pela qual fui televisionado", diz Lacan.

Ao dar a epígrafe "Joyce, o sinthoma", Lacan quis lhe atribuir um "nome próprio" – com o qual, em sua opinião, Joyce supostamente se reconheceria.

Os textos de Joyce seriam repletos de questões altamente cativantes, fascinantes para os estudiosos universitários refletirem. Ele teria dito: "O que escrevo não deixará de dar ocupação aos universitários". Da sabedoria de Joyce foi dito por alguém: "loucusofia" (em francês: *folisophie*).

Para falar da escrita joyceana, Lacan recorre a vários autores que o estudaram, e nos recomenda: "Leiam as páginas de *Finnegans Wake* sem procurar compreender. Isso se lê. Se isso se lê, como me fazia notar alguém que me é próximo, é porque sentimos presente o *gozo* daquele que escreveu isso".

Joyce seduz de modo irresistível, torna brilhante os olhos do leitor, porque se utiliza da "lalíngua" (no caso, inglesa) que é o suporte do seu gozo, do seu sintoma.

Diz Lacan (2007, p. 163): "O sintoma é puramente o que lalíngua condiciona, mas de certa maneira Joyce o eleva à potência da linguagem, tornando-a "não analisável".

"A literatura não pode mais ser depois dele, o que ela era antes."

E também se pode afirmar, obviamente com Lacan, que o inconsciente se vincula ao sintoma, caracterizando o que mais de singular existe em cada sujeito: "Joyce foi o individual".

Joyce teria sido um fã da senhora Blavatsky (teósofa), que Lacan identifica como forma de "debilidade mental" imposta por qualquer tipo de iniciação. É aqui que Lacan introduz a noção de *nó*.

Ao adentrarmos o tema do nó (nó de Borromeu) é que iniciamos de fato no ensino de Lacan. Os *nós* teriam o significado da "escrita", sendo o *nó* no singular uma "letra". Somando-se a isso, temos o registro RSI, já comentado em outras páginas.

Então a psicanálise lacaniana estaria eventualmente completa.

16. Formulação do *Seminário 10*
Angústia, o afeto que não engana

Repito aqui, no título, o tema da VII Jornada "Lacan na IPA", realizada em maio de 2014, na Sociedade Brasileira de Psicanálise de São Paulo, para falar sobre o *Seminário 10* (2005a).

Inteligente e criativamente, o certificado de presença que nos foi outorgado ilustra-se com a xilogravura de Hokusai, "A grande onda de Kanagawa", de belíssima interpretação: no fundo da tela vê-se impassível o monte Fuji, com sua imponência, e no meio das águas voluptuosas barcos engolfados à deriva. A grande onda sugere-nos a "grande boca", a "grande língua", a hiância envolvendo e lambendo de forma amedrontadora aos cautos e incautos com sua "certeza horrível" (no dizer de Colette Soler esta é a tese de Lacan): a fragilidade da existência humana.

Os participantes reverberaram a inscrição do encontro: angústia, o afeto que não acaba, o afeto das perdas e faltas, o afeto que assusta... e outras de boa inspiração.

Contudo, o original está à página 178 do *Seminário 10* (2005a), na qual Lacan postula: "A angústia, dentre todos os sinais, é aquela que não engana".

Numa das mesas-redondas do conclave, Carlos Augusto Nicéas fez intervenção primorosa, ressaltando a necessidade e a propriedade de se fazer estudo exaustivo, continuado e amoroso dos temas da psicanálise, particularmente com os textos de Jacques Lacan, imperdíveis. *Um estudo para a vida toda.*

O nosso mestre necessita ser lido em ordem cronológica, para se conhecer o que ele confirma e desconfirma na sua evolução teórica. Sua fala e seus escritos são complexos, abstratos e, quando não, arbitrários e enigmáticos. Todavia propiciam uma leitura emocionante.

Lacan é, reconhecidamente, pródigo de ideias, farto de palavras, loquaz, numa quase jaculatória ao modo de James Joyce. Induz seu leitor a conhecimentos outros, tais como zen-budismo, prática da ascese, a ilusão do desejo, dos objetos parciais sobre a língua (órgão anatômico oral), do vampirismo – referindo-se, ainda, aos patamares anatômico-fisiológicos (boca, olho, ouvido, ânus) da angústia.

Ao falar de suas incursões eruditas, justifica-as dizendo de seu método de ensino (veja *Meu ensino*, 2006).

Quando se refere a Theodore Reik, escrevente do chofar hebraico (estudo psicanalítico do ritual), constrói uma referência retumbante: "O texto de Reik é de um fulgor, de um brilhantismo, de uma fecundidade..."

É o que podemos usar para ele próprio neste *Elogio a Jacques Lacan*.

Para o enfrentamento atento do *Seminário 10* (2005a)*,* os estudiosos propõem ao leitor entrar munido do conhecimento de uma série de definições e conceitos técnico-literários, previamente entendidos e solucionados. Assim:

1. A angústia do analista, que surge quando ele inicia a sua prática ou seu ofício, já nas primeiras relações com o cliente, na cadeira ou no divã, quando a capacidade de suportá-la o põe à prova a todo instante. O analista precisa estudar, ser supervisionado e se submeter à sua análise correta. A tríade famosa de Freud.

2. *O conceito da angústia*, de Kierkegaard, um clássico do existencialismo.

3. O relatório de Daniel Lagache sobre "Psicanálise e estrutura da personalidade", cuja observação lacaniana está contida em *Escritos* (1970/1998b, p. 647).

4. O texto de Freud de 1919 – *Das Unheimliche* –, traduzido para o português como o estranho, o sinistro[13].

---

13. Quadro emotivo complexo a que Freud chamou de "sinistro", que diria respeito ao que é estranho, perigoso, impondo o medo. Nesses estudos, o tema refere-se àquilo que é "secretamente familiar", o que está registrado na mente humana como cena doméstica, sobretudo de forma reprimida, recalcada, alienada, provocando reações emocionais responsáveis por abstenções mentais e até físicas (1980, p. 273).

5. A teoria das paixões de Aristóteles (na literatura filosófica).
6. A dialética do senhor e do escravo, presente em "A fenomenologia do espírito", de Hegel.
7. O livro de Freud *Inibição, sintoma e angústia* (2014) e muitos temas.

Há, ainda, outras "miudezas", não tão miúdas assim, expostas aqui como lembrança e exigência. Não podem passar despercebidas, são pedras angulares, sem o que o edifício psicanalítico de Lacan não se sustentaria. Assim: o significante, o sujeito e sua subversão, a dialética e o grafo do desejo, a "coisa" freudiana, o significado do falo, o objeto a, o símbolo (φ), o tempo lógico, o estádio do espelho formador da função do eu, a agressividade na análise, o silêncio do cliente e o silêncio do analista ("O silêncio do analista é amor que ele dedica a seu cliente").

Lacan é de leitura difícil justamente por exigir-nos uma cultura livresca que o psiquiatra clínico e o psicólogo não adotam na prática diária, principalmente depois da Classificação dos Transtornos Mentais (descrição clínica e diretrizes diagnósticas) da Organização Mundial da Saúde – que, sendo um livro de registros estatísticos, é transmudado em livro de estudos pífios da massa universitária, de estudantes inapetentes para o estudo profundo da psicopatologia.

No capítulo XII do *Seminário 10* (2005a, p. 175), a titulação já nos indica o caminho a percorrer: a angústia, o sinal do real.

A angústia não é sem objeto, afirma-nos, para citar Freud: "A angústia é, essencialmente, a angústia diante de algo". E propõe ir mais longe dessa definição, arranjando a diferença entre a angústia e o medo e a inserção do perigo nessa perspectiva.

No decorrer da lição, conta-nos do conto do russo Tchekhov nomeado "Pavores". No relato, o personagem é tomado por algo que não é da ordem da angústia, e, sim, do medo, do pânico.

Pelo lado do desconhecido é que desenharia o medo, o medo atrás do objeto, o medo que vem de dentro.

Trata-se do "perigo interno" (também proposto por Freud), ligado à função de uma estrutura a ser conservada. A angústia do medo seria o sinal da ordem da irredutibilidade do real.

Lacan, entre outras derivações, envereda pela análise de quadros pictóricos presentes numa exposição pública de arte, com obras de Zurbarán, Montpellier e Nantes, onde há excisões de olhos e seios.

Leva-nos ao Cristo na sua noite de agonia e angústia: "Pai, por que me abandonastes?"

Refere-se à intuição de Freud que situou certa fonte de angústia no *coitus interruptus*. Diz que a ejaculação se dá no auge da angústia (a erotização da angústia) e conclui, não definitivamente, que é preciso conhecer as relações entre a angústia e Eros. "A vida amorosa é sempre acompanhada de angústia."

Na página 366, ao finalizar o *Seminário 10* (2005a), registra: "Isso é apenas a marca, marca de algo que vai da existência do *a* (o objeto *a* é o destino) a sua passagem para a história".

E arremata: "O que faz de uma psicanálise uma aventura singular é a busca do agalma no campo do Outro".

∪

17. Formulação dos *Seminários 1* e *11*

O mestre dá a resposta quando os alunos já estão prontos para encontrá-la

A MEU CRITÉRIO, ELEGI os *Seminários 1* e *11* como esteios didáticos para a expansão da teoria de Jacques Lacan, em sua confirmação com a doutrina psicanalítica de Freud.

O *Livro 1* (1953-1954/1986) tem como tradutora para a versão brasileira Betty Milan, de quem fui contemporâneo na Sociedade de Psicodrama de São Paulo, nos tempos áureos dessa matéria no Brasil. Betty, com formação psicanalítica diretamente com Lacan, vive hoje entre Paris e São Paulo, estudando, escrevendo, palestrando. Culta, intelectualmente generosa, Betty continua a amiga de sempre, com sua simpatia, seus questionamentos e a verve de quem não perdeu a juventude revolucionária de sua intimidade com a língua francesa, permitindo-nos ler, com segurança, em português.

No decorrer da minha leitura desses dois preciosos textos, fui anotando o que de Lacan posso chamar de formulações, copiando-as *ipsis literis* ou argumentando na forma de paráfrases.

Não há uma ciência pronta, *ex-cathedra*; acompanhando o mestre, o estudante encontraria, ele mesmo, respostas para as suas primeiras questões. Lacan, em seu ensino, recusou todo sistema adredemente preparado e organizado. Cada noção, palavra escrita ou falada do professor deverá possuir "vida própria", precisamente na dialética do conhecimento.

Não haveria aprendizagem isolada, sem contexto. Todavia, esse contexto não seria somente o histórico. Por exemplo, com seu livro inaugural – *A interpretação dos sonhos* –, Freud introduziu uma essência diferente, o *sentido* tocando a subjetividade do sujeito, em relação ao meio em que viveu e vive, a relação com os outros, seus semelhantes, a relação com a própria vida. Buscando o sentido da razão.

Lacan propõe retornar ao registro do sentido freudiano, em nível peculiar.

Tudo teria nascido com o conceito das propriedades físicas – atração e repulsão – dos antigos cientistas, mas com novidades e surpreendentes versões.

Diz Lacan no *Livro 1* (1953-1954/1986): "Daí ser Freud para todos nós um homem que, como cada um, está colocado no meio de todas as contingências – a morte, a mulher, o pai".

Afirma Peter Gay (1989) sobre Freud em seu contexto de vida:

> A profissão psiquiátrica que ele subverteu e revolucionou, a cultura austríaca em que foi obrigado a viver como judeu descrente e médico pouco convencional, a sociedade europeia que, durante o tempo em que viveu, passou pelos terríveis traumas de guerra e do totalitarismo nazifascista, e a cultura ocidental como um todo, uma cultura cuja percepção de si mesma ele transformou irreconhecivelmente para sempre.

O médico-cirurgião disseca com o bisturi, o analista o faz com os conceitos em sua ordem de realidade original.

Cada estrutura tem um conceito que lhe é próprio.

Todas as ciências permaneceram nas trevas enquanto a luz das palavras, da linguagem não se fez presente.

O Evangelho de João, à sua abertura, contém a inscrição: "No princípio era o Verbo". Em hebraico "verbo" tem, simultaneamente, duas significações: ação e palavra. No *Fausto* de Goethe, a expressão escolhida foi ação, como J. L. Moreno também o fez. De qualquer forma, a palavra, e a subsequente ação, se tornou carne e construiu o mundo.

Assim, desde a origem, Freud soube que só faria progressos na análise se analisasse a sequência das palavras.

Diz Lacan na abertura do *Seminário 1* (1953-1954/1986): "Vamos seguir as técnicas de uma arte do diálogo". Chamo tal diálogo de "terapêutico", o que está ressaltado em algum ponto dos textos de Freud.

"Nunca uma análise chegou a determinar uma taxa de agressividade ou erotismo. O ponto a que conduz o progresso da análise, o ponto extremo da dialética do reconhecimento existencial, é *tu és isto*. Esse ideal nunca de fato seria atingido."

O dialógico terapêutico ou analítico, a arte do diálogo, pretende fazer que o sujeito não fale muito cedo nem muito tarde, e sim no tempo especial a que Lacan chamará depois de "o tempo lógico", um termo para muitas dúvidas e discussões. Remeto meu leitor ao excelente livro de Stuart Schneiderman sobre esse tema: *Jacques Lacan, a morte de um herói intelectual* (1988).

A experiência germinal da psicanálise lacaniana é a teoria estrutural, inspirada em Freud, que, a partir de 1920, elaborou a teoria das instâncias, a sua descoberta e o seu legado.

Para Lacan, o ano de 1954 marcou entre os praticantes da análise uma grande confusão epistemológica, a confusão mais radical da doutrina psicanalítica. Procurem conhecer esse momento histórico. Por esse tempo, a linguagem freudiana foi tomada de interpolações e entendimentos variados, uma verdadeira torre de Babel. Hoje, em pleno século XXI, ainda haveria ressonâncias desses equívocos.

Contudo, a percepção de que cada sujeito apresenta uma singularidade que lhe é a marca registrada, na qual sua história exclusiva, tendo sido vivida em um tempo passado, tem valor analítico por ser historiado no presente. O essencial será como o sujeito reconstrói a sua história, hoje. Não basta relembrar, é preciso reconstruir.

Refere-se, nosso autor, ao número de impropriedades metodológicas existentes nos textos psicanalíticos, seja por erros de tradução ou pela má compreensão do que Freud quis dizer.

Seriam os pequenos demônios de Maxwell, em que os próprios analistas não pudessem compreender as precisões ou imprecisões da natureza desses demônios.

Lacan critica o triunvirato nova-iorquino Hartmann, Loewenstein e Kris – autores que defendem a teoria do Ego, que nunca teria pertencido a Freud.

A psicanálise ao tempo de Lacan já teria superado as metáforas elétricas e hidráulicas. Os traços caracteriais e também os sintomas não seriam constantes na personalidade, não pertencendo às estruturas.

Por quantas denúncias epistêmicas o bom Lacan nos alertou para dirigir-nos a caminhos mais promissores e corretos...

O estilo conspiratório, inquisitorial e outras implicações da ordem do conhecimento desorganizado e equivocado não pode pertencer aos que seguem Lacan.

Os quatro conceitos fundamentais da psicanálise perfilam-se, como o inconsciente dinâmico, a compulsão à repetição, a transferência/resistência e a pulsão (*trieb*). (Lembremo-nos da canção "O que será", de Chico Buarque.)

Lacan inicia o texto *Seminário 11* perguntando: *em que estou autorizado?*

E de modo dorido fala de sua excomunhão da Associação Psicanalítica Internacional (IPA). Agradece aos presentes a simpatia e a solidariedade que lhe emprestaram. Refere-se ao convite de Henri Ey para que escrevesse um verbete na *Enciclopédia* dirigida por este com o título *O que é a psicanálise*. Relembra a luta "encarniçada" (*sic*) promovida pelos seus adversários para a anulação do referido artigo.

Refere-se à censura a que foi submetido, agravada com a condição de que seu ensino nunca mais pudera ser utilizado na formação de analistas devido à ação da IPA.

Enfatiza o caráter de igreja dessa Sociedade capaz de promover a "excomunhão maior" semelhante ao *kherem* a que Espinosa fora submetido.

Continua o texto com orgulho para referir-se à práxis que o poria em condição de tratar o real pelo simbólico.

Discute o caráter de ciência da psicanálise e num ponto comovente quer que todos os presentes conheçam o seu esforço para valorizar, aos olhos de todos os psicanalistas, o instrumento ao qual quis devolver a dignidade: a fala.

E, sem renegar o conceito, desconhecendo a inveja dos colegas que vieram até ali com ele, escolheu quatro conceitos próprios de Freud, anteriormente referidos.

Discute o inconsciente de Freud e quase todas as formas de inconsciente que o precederam. E forja a expressão tão comentada nos dias de hoje: "O inconsciente de Freud é outra coisa".

Pôde dizer-nos da intencionalidade inconsciente, ampliando o conceito-chave da fenomenologia.

Diz da frase famosa dita por Freud a uma interlocutora: "Afinal, o que quer uma mulher?", filiando-se também à pergunta.

Os *Seminários 1* e *11* têm valor fundamental porque permitem a Lacan, o tempo todo, dialogar com Freud – ora diretamente, ora ao responder às perguntas da plateia.

Vemos e revemos temas decisivos. Por exemplo: "A angústia é para a análise um termo de referência, crucial porque, com efeito, a angústia é o que não engana" (1985a, p. 43).

O posfácio do *Seminário 2* é capitular.

É para ser lido e não ignorado, como já o disseram dos *Escritos*.

Trata-se de um enfeixamento enigmático, pois o enigma é o *ex-libris* de Lacan.

A libido é a presença efetiva do desejo, expressão unívoca do enigma pulsional, que surge do cruzamento entre o somático e o psicológico ("o ser se estrutura a partir das pulsões") e se expressa pelas relações humanas.

18. Formulação do *Seminário 20*
As questões da sexualidade humana

Enigma da constituição do psiquismo sexual

Freud nos ensina que o interesse intelectual da criança pelos enigmas da vida sexual e sua curiosidade pelo tema são manifestados desde épocas "insuspeitavelmente remotas", donde o equívoco de que a motivação sexual possa ser inata ou hereditária.

Inúmeras são as teorias para explicar as variações objetais da sexualidade humana em sua escolha inconsciente desde os tempos primevos da história pessoal de cada um.

Para não nos perdermos em falatório, proponho conhecer a teoria de Jean Laplanche[14], a mais intrigante e instigante das que têm surgido no terreno especulativo – hipotético, pois. Trata-se de compreender o papel do outro na constituição do psiquismo; particularmente, na gênese da sexualidade em suas variadas formas.

Diz-se, então, que a constituição psíquica sexual seria estruturada sob a influência do impacto de mensagens inconscientes e enigmáticas "transmitidas" pelos adultos à criança em vários momentos de seu desenvolvimento. Essa transmissão se daria por meio da fala, da exposição de ideias, das normas educativas, de gestos e comportamentos; tudo passado à mente da criança com sutileza, sem a intenção consciente de fazê-lo. Daí o inconsciente e o enigmático da tese. Em virtude da incapacidade do adulto de ter

---

14. A teoria da sedução generalizada de Laplanche foi influenciada pela concepção lacaniana do simbólico exterior ao sujeito, conforme afirma Diatkine (1999).

controle sobre suas fantasias transmitidas inconscientemente à criança, ele não saberia estar seduzindo.

Dialeticamente, pode-se dizer que a criança tem, por sua vez, aptidão psíquica de receber, aceitar, elaborar e promover toda a carga afetivo-sexual que vai conformar sua escolha inconsciente do objeto sexual amoroso.

A antiga teoria da sedução infantil de Freud refere-se a "acontecimentos de uma experiência sexual prematura, na qual uma criança mais ou menos pequena é confrontada passivamente com a manifestação de uma irrupção da sexualidade adulta perversa" (Laplanche, 1988). Exigiria, portanto, como parceiro obrigatório da sedução, um adulto. Não diz respeito, pois, a experiências adolescentes ou de crianças com idades próximas entre si. Seriam cenas arcaicas. No entanto, mais tarde, Freud negaria essa proposição, promovendo verdadeiro recalcamento e criando um lapso fundo no pensamento psicanalítico.

Entre 1964 e 1986, Jean Laplanche, estudioso minudente do tema, retorna à hipótese primeira e constrói a teoria da sedução generalizada (1988). Passa, então, pelos fatos incontestes da provocação erótica da criança por meio dos cuidados de higiene corporal recebidos de seus cuidadores (mãe, pai, babá, irmãos), do prazer da sucção dos seios maternos, de outras excitações somáticas e da inter-relação com o mundo adulto repleto de mensagens pré-para-perlinguísticas, cabendo à criança "interpretá-las" com seus parcos recursos.

Ele recorre, também, ao estudo de Ferenczi (1990) sobre a "confusão da linguagem entre adultos e a criança", considerando esse tópico o prefácio de sua teoria. Sem deixar de se referir às fantasias originais, nas quais se loca o coito entre os pais, apreciado ou simplesmente imaginado pela criança, o autor valoriza de forma significativa a linguagem verbal, bem como a linguagem gestual da mímica e dos afetos.

Nessa teoria, "significantes enigmáticos" veiculariam o enigma do desejo inconsciente do adulto. Para efeito de argumentação, pode-se afirmar que pais e mães carinhosos, socialmente entrosados, familiarmente respeitados, com prole saudável e alegre não são garantia da inexistência de desvios sexuais. Da mesma maneira, famílias desestruturadas não são psicologicamente responsáveis por desvios sexuais de seus filhos.

Abandonada a teoria da sedução, Freud abordou "os desvios em relação à meta sexual" pelo viés das pulsões parciais e das zonas erógenas, nos *Três ensaios sobre a teoria da sexualidade* (1904/2002). Então, os desvios sexuais se dariam no desenvolvimento psicossocial da sexualidade, com origem na infância. Se as ideias de Laplanche têm ou não lugar nessa visão freudiana, isso nos remete a uma discussão acadêmica.

A pesquisa sobre a homossexualidade tem tomado caminhos sinuosos quando envereda pela explicação inata, genética e biológica do fenômeno, pretendendo negar a causa psíquica peculiar. Convido o leitor a aprofundar-se nesses estudos. A existência do "gene da homossexualidade" seria ilusão acalentada, talvez, para desculpabilizar o homossexual de seu destino, conforme alguns estudiosos. Porém, essa nova literatura tem crescido, sendo séria o bastante para ser considerada e analisada. São novidades dos tempos atuais.

Lacan não se interessou por esse tipo de especulação. O seu caminho foi o da "linguesteria".

Orientação sexual

É A RESPOSTA ERÓTICA da pessoa: heterossexual, homossexual, bissexual. Está ligada à escolha objetal inconsciente do indivíduo ou às suas fantasias. É o vetor da "escolha" inconsciente.

Apesar dos conceitos modernos que tentam disciplinar o conhecimento sobre a sexualidade, posso afirmar que a temática ainda é caótica. Talvez possamos voltar ao velho Freud, com duas definições inabaláveis: desejo e fantasia. Tudo está ali.

Os desejos estimulam as fantasias e, para Lacan, "a fantasia torna o prazer apropriado ao desejo".

Ainda, é na clínica lacaniana, na ética recomendada que se estabeleceu agir conforme o desejo existente em cada indivíduo. "Não abra mão de ser sujeito, de manter a sua diferença." De outro lado, Lacan adverte: "Conhecer a verdade de seu desejo é uma experiência trágica, pessoal e própria do herói".

A fantasia forneceria melhores condições para explicar a orientação sexual. No plano sociocultural, ser isso ou aquilo já perdeu a força de estigma. Hoje, pergunta-se: e a sua fantasia?

Para o desejo, temos três vetores: o desejo consciente, no plano da vontade, do anseio e da aspiração; o desejo inconsciente, ligado à pulsão sexual; e o chamado desejo analítico, que surge no decorrer de uma análise, não sendo obrigatoriamente sexual, mas sempre enigmático.

A respeito do experimento homossexual dito "experiência existencial", de cunho filosófico, dá-se como de Voltaire a frase sibilina: "Uma vez és filósofo, duas vezes és homossexual". Isso vale para todos os tipos de ocorrência pessoal advindos do desejo e da fantasia, sem a eventual condenação da *boutade* supracitada.

Entre os psicanalistas lacanianos, o tema "orientação sexual" não tem censura. A preocupação seria com a prática perversa, venha de onde vier: dos homo, dos bi e dos heterossexuais.

Em 1964, ao fundar a Escola Freudiana de Paris, Lacan abriu as portas da instituição para a formação de analistas homossexuais, por ele considerados "neuróticos incomuns".

Para Eric Laurent (2007), o analista homossexual deverá atender o objetivo dos *queer*: ser considerados moralmente acima de seu comportamento sexual: o bom trabalhador, o bom soldado, o bom padre e, certamente, o "bom psicanalista".

Heterossexualidade

Esse é o nome que se dá aos fatos e às normas do prazer sensual e sexual, dominantes na sociedade humana, com ênfase nos objetivos da procriação e com o intuito de promover estabilidade social por meio da família.

Instituição peculiar, a família tem passado por mutações evidentes, e muitas pesquisas ainda cabem ser feitas para o entendimento adequado desse sistema cheio de paradoxos e contradições.

A heterossexualidade é o que é. Sendo um constructo histórico, assim permanecerá *ad infinitum*, utilizando-se, para não permitir o fim da espécie humana, do erotismo específico de homens e mulheres que se atraem, se aproximam e se conjungem. A natureza tem a sabedoria. Freud foi quem promoveu a chamada identificação heterossexual – não obrigatoriamente por atos, atividades, impulsos, instintos e desejos eróticos, e sim pela característica do apaixonamento: o sentimento hétero é que define o ser hétero.

Associados à relação básica da heterossexualidade estão os toques, beijos, carícias; tudo a serviço da reprodução humana, maturidade teleológica que já desponta na puberdade. A natureza é incrivelmente ardilosa.

Tudo que ultrapassa a visão angelical do ser humano tem de ser pesquisado em um grupo complexo de sexualidades rebeldes. Mas não ameaçadoras. Só a perversão como crueldade e na interface com a criminalidade é sinistra.

Aos olhos do grande público, a heterossexualidade é o que se diz natural. Os ingleses dizem *straight,* isto é, na linha. A questão da heterossexualidade como normalidade vem sendo discutida *ad nauseam.* Depois do relatório Kinsey (1948), a normalidade do heterossexual ocupou um espaço extenso na curva de Gauss, sendo de elementar bom senso o que, na perspectiva da manutenção da espécie humana, nunca será exterminado. Seu espaço na curva tem estado numa faixa permanente de expansibilidade e estabilidade.

A natureza permite travessuras, mas está atenta à sua permanência na linha. "Podem brincar, mas voltem para casa para cuidar da prole", diz ela.

Freud (1904/2002), com inteligência e perspicácia, formado nas proposições darwinianas, diz com simplicidade: "A vida humana na terra será mantida eternamente enquanto houver a estratégia que consiste essencialmente numa busca de colocar o próprio órgão genital em contato com o órgão genital de algum sexo oposto".

Homossexualidade

É definida pelo interesse na procura do prazer afetivo-sexual (apaixonamento) por meio da aproximação de pessoas do mesmo sexo. O *sentimento homo é o que define o ser homo.* Os trejeitos vigorosos de uma mulher e os trejeitos adamados de um homem não são indícios de homossexualidade, mas tão somente fonte de interrogações.

Trata-se de uma história sociocultural com vieses bastante complexos, com movimentos político-sexuais muito intensos e um aranzel de comportamentos conflitantes e fantasiosos (equivalentes homossexuais), além do preconceito severo existente na sociedade.

A homossexualidade só poderá ser definida como tal após a entrada do indivíduo na vida adulta, pois na infância e na adolescência o acontecimento eventual é visto como experiência e curiosidade. A adolescência, como pré-sexualidade, propicia as "amizades particulares" e o surgimento dos afetos íntimos. Aos 18 anos – entrada na fase adulta conforme alguns critérios de ordem médico-legal – dão-se a liberação e a definição do objeto amoroso que verdadeiramente estão no caminho do jovem. As homossexualidades tardias, na verdade, são acontecimentos recalcados. Isso ocorre devido ao rompimento dos mecanismos de defesa, no plano afetivo-emocional, ou por deterioração neurológica (demência) – ambos os fatos responsáveis pela perda da relação apropriada do indivíduo com seu entorno vital.

Assim como a heterossexualidade é totalmente diferente no homem e na mulher, também a homossexualidade se expressa de modo diferente em cada sexo. Por isso se separam gays e lésbicas.

Em algumas culturas, como na Grécia Antiga, a homossexualidade duraria o tempo necessário para a finalização da iniciação sexual, dando lugar, em hora oportuna, à assunção da heterossexualidade, ao casamento, aos filhos e à formação da família.

A homossexualidade deve ser compreendida pela potência erótica presente nos indivíduos, homens e mulheres, e não se pode deixar de reconhecer o despertar de sentimentos românticos com o mesmo vetor de busca objetal. Por isso se diz "homoafetividade".

A verdadeira homossexualidade é tão inevitável e natural como a heterossexualidade. Hoje, ela não é mais tida como desvio moral, e sim como desvio da pulsão sexual, como nos ensina Freud.

A chamada homossexualidade greco-romana está ricamente documentada, porém seu estudo guarda distância histórica e moral do que hoje dizemos. São fatores culturais, já presentes na mitologia, nas artes visuais dos "vasos gregos", nas escolas filosóficas, não tendo nada que ver com a cultura contemporânea.

Os jovens efebos eram perversamente "usados" pelos adultos como um resquício do costume helênico da zoofilia. Essa submissão era socialmente permitida até os 18 anos, depois do que a prática se transformaria num labéu.

A luta pela mudança das denominações dos homossexuais masculinos se deu nos Estados Unidos, emplacando o termo *gay* (alegre). Ao longo da história, os títulos foram sendo mudados com a intenção de diminuir o impacto discriminatório e pejorativo: pederasta, veado, boiola, invertido, bicha, terceiro sexo[15], entendido e, agora, gay.

As homossexuais femininas, de participação social discreta, desde há muito tempo se autodenominam lésbicas. Trata-se de uma lembrança da ilha grega de Lesbos, onde viveu a poeta Safo com sua "escola de mulheres" (600 a.C.).

O vocábulo "homossexual" está tão impregnado de estigmas e tão anatematizado, muitas vezes furiosamente execrado, que há especialistas da sexologia pretendendo retirá-lo do vocabulário especializado. Para isso, estão sendo propostas expressões como: homem que faz sexo com outro homem; mulher que faz sexo com outra mulher.

Para substituir a palavra "homoerótico", estaria proposto: homem que é atraído por outro homem; mulher que é atraída por outra mulher. No lugar de "homoafetivo", seria: homem com afeição por outro homem; mulher com afeição por outra mulher.

Pode parecer uma complicação linguageira, mera fraseologia, porém seria o preço a pagar para exorcizar o peso da proscrição.

---

15. "Terceiro sexo" foi o título ingênuo proposto pelos incipientes movimentos homossexuais de 1950.

Bissexualidade

A ideia de bissexualidade "constitucional" surgiu para Freud quando ele acompanhou o médico sexólogo Krafft-Ebing numa distorcida percepção sobre enervações centrais e periféricas da embriologia.

Estudos posteriores, porém, mostraram não existir gênese cromossômica para o hermafroditismo. A natureza define claramente o sexo biológico pelos padrões XX e XY. Não há, pois, bissexualidade genética. O hermafroditismo biológico é exclusivamente anatômico. A síndrome de Klinefelter, de duplo cromossomo X (XXY), com genitália masculina pequena e infértil e os correspondentes conflitos psicológicos, não configura bissexualidade genética.

Em outro momento, o amigo Wilhelm Fliess (figura importante na história da psicanálise) convenceu Freud da existência da bissexualidade, com argumentos aparentemente efetivos a ser buscados numa pesquisa histórica. Fliess sugeriu a existência da bissexualidade humana em nível constitucional, biológico. Até hoje, questiona-se a influência de Fliess, um médico delirante, sobre Freud. Este teria se encantado com essa colaboração, mas, no decorrer do tempo, fez observações mais condizentes com a realidade. Quando rompeu a amizade com Fliess, ficou livre para dar consistência a seus novos estudos.

Lacan insistiu no abandono desse legado e procurou responder sobre a bissexualidade psicológica com base em seu conceito de objeto a (um estudo complexo).

O conceito de pulsão (*Trieb*) ajuda no entendimento da bissexualidade em sua concepção psicológica. Num primeiro momento, a pulsão é entendida como um fenômeno fisiológico, tal como é o instinto ou qualquer outro impulso animal. Para Freud, a pulsão pertence ao mundo psicológico, mais exatamente ao mundo da realidade psíquica. A pulsão é a inscrição do que é biológico no espaço virtual da fantasia e do simbólico na ordem psíquica. Pulsão é o "fio da navalha" em que o biológico e o psicológico convergem. E sempre *Trieb* e nunca *Instinkt*.

A disposição bissexual do ser humano deve ser compreendida como fantasia. É o que Freud estudou no artigo "Fantasias histéricas e sua relação com a bissexualidade" (1908/1969c). Só em 1933 ele esclareceria ter transposto a noção de bissexualidade para a vida mental, como parte das fantasias da realidade psíquica. Assim, hoje, com a superação dos conceitos enviesados, a bissexualidade encontra respaldo na teoria das fantasias e dos desejos, com presença no ato masturbatório, bem como nas próprias relações sexuais dos pares – hétero ou homossexuais.

Transexualidade

Esse é o vetor mais intrigante da sexualidade humana, ultrapassando todos os demais em sua capacidade de causar espanto. Nem mesmo a psicanálise, com seu histórico de entendimento sobre a sexualidade, conseguiu abrir espaço na clínica contemporânea para o tema.

Esse acontecimento seria uma "expressão nova" e um "sintoma" da modernidade, com o noticiário da mídia a estimular o imaginário coletivo. O homem nessa situação não aceita seu corpo nem seu órgão genital, considerando-se "mulher heterossexual"; a mulher, por sua vez, declara-se "homem heterossexual". Tudo a exigir cuidadoso estudo diagnóstico, com ajuda multidisciplinar, evitando-se erros de apreciação e avaliação na "redesignação" do sexo, com repercussões sociais, jurídicas e mentais para cada qual que se propõe à experiência de tal monta.

No Brasil, o Conselho Federal de Medicina aprovou a resolução n. 1.652, de 6 de novembro de 2002, com os seguintes critérios mínimos para fechar o diagnóstico[16]:

- desconforto com o sexo anatômico natural;
- desejo expresso de eliminar os genitais, a fim de perder as características primárias e secundárias do próprio sexo e ganhar as do sexo oposto;
- permanência desses distúrbios de forma contínua e consistente por, no mínimo, dois anos;
- ausência de outros transtornos mentais.

---

16. O texto integral da resolução pode ser lido em: <www.portalmedico.org.br/resolucoes/CFM/2002/ 1652_2002.htm>. Acesso em: 5 set. 2016.

O diagnóstico diferencial é necessário para discernir entre a transexualidade e os quadros de travestismos, homossexualidade feminil, "empuxo à mulher" de viés psicótico (Lacan), síndrome *borderline* e hermafroditismo biológico a que se indicam correções cirúrgicas.

Ainda que o surgimento desse tipo de caso tenha prevalência estatística limitada no dia a dia da clínica, amplo conhecimento torna-se importante para os profissionais da saúde mental, por motivos óbvios. Porém, devemos levar em conta também o dramático apelo sociocultural, as pressões reivindicatórias de movimentos dos direitos legais e civis e a expectativa dos cânones jurídicos que se apoiam em dados confiáveis das ciências médicas. Recomendo, aos que me leem, a tese de doutoramento de Alexandre Saadeh, psiquiatra e psicodramatista: *Transtorno da identidade sexual: um estudo psicopatológico de transexualismo masculino e feminino* (2004). Um trabalho cuidadoso, pertinente, com a competência e o brilho do autor.

Por fim, registro um dever de consciência: não pode haver desconhecimento das repercussões maléficas de certas condutas apressadas, como a eclosão de psicose franca e de suicídios na pós-conversão genital. A psiquiatria, a psicologia, a psicanálise e o psicodrama não podem se eximir de colocar essa possibilidade em debate ético.

Travestismos

TRAVESTISMO É A CONDIÇÃO de se vestir com roupas do sexo oposto ou de idades diferentes. A mulher se veste de homem, o homem se veste de mulher, a criança se disfarça de adulto e vice-versa. Geralmente, esses atos se colocam como travessuras divertidas e traquinagens maliciosas, muito comuns nos folguedos carnavalescos e até mesmo nas festas juninas. Há uma tradição, sobretudo oriental, do travestismo em espetáculos teatrais. Em todo o mundo, os artistas se permitem, com frequência, essa experiência cênica como excelência interpretativa. Um desafio à sua capacidade de inversão de papéis.

É chamado de travesti, particularmente, o homem que se veste de mulher fora desses contextos referidos. Alguns por serem homossexuais femininos; outros, por estarem a caminho de uma decisão de transformação transexual; outros, ainda, sendo bi, homo ou heterossexuais, apenas por desejar exercitar uma fantasia transgressiva.

O travesti prostituto é um personagem complexo e muitas vezes complicado, desejado por homens que se aventuram na noite com identidades ambíguas. A gama de possibilidades desses encontros furtivos alimenta o imaginário popular e torna complexo o entendimento do psiquismo humano no que tange à sexualidade.

Heterossexuais que se travestem para ter relações sexuais com uma mulher estariam exercendo o chamado "travestismo de identificação", por meio do qual surgiria a "mulher com pênis", ele próprio, em dupla função psíquica. Segundo os estudiosos, isso facilitaria ao homem não temer a mulher sem pênis, a realidade que a cama da alcova lhe apresenta.

Entre os psicanalistas lacanianos, o tema "orientação sexual" não tem censura. A preocupação é com a prática perversa, vinda de onde vier: bi, hétero ou homossexual. Em 1964, ao fundar a Escola Freudiana de Paris, Lacan abriu as portas da instituição para a formação de psicanalistas homossexuais, por ele considerados "neuróticos incomuns".

Como derivativos do travestismo, tem-se o "empuxo à mulher" (forma psicótica estudada por Lacan), *drag queens*, *cross-dressers*, equivalentes homossexuais feminis (fantasias) e uma gama de desejos enigmáticos.

O gozo de ser ou o gozo do ser

PARA AS FILOSOFIAS DA existência, o *ser* está condenado (expressão sartreana) a seu destino erógeno, cabendo assumi-lo como ato livre, identicamente à espontaneidade em J. L. Moreno, por sua vez assemelhada à liberdade bergsoniana, a expressão mais original de cada um.

Segundo Jean Wahl (1962), filósofo existencial francês, o que a ética da existência conclama é que nos "decidamos a decidir" diante da situação posta – que é, em outras palavras, o aceitarmo-nos tal como somos. Assim, no campo restrito da sexualidade, não há "opções", tão apregoadas por certo idiomatismo enganoso, pois o apelo sexual instala-se sem pedir licença, a partir do plano inconsciente, numa estrutura complexa da personalidade.

Na seara religiosa, o procedimento da sublimação, pregado e aceito, é atendido pelos crentes à custa de muito empenho e da superação sexual pela fé. Os estudiosos explicam que a rigidez dos ditames religiosos deve-se à busca de estabilidade gregária e coesão moral das comunidades, pois, durante os séculos, o ato libidinoso sempre foi apontado como fator de corrupção pessoal e disrupção coletiva.

Somente ao celibatário seria dada a possibilidade de resguardar sua natureza, como também aos indivíduos atualmente identificados como *no sex,* uma abstinência decidida sem inspiração confessional. Diante das injunções dos dias atuais conclamando ao "goze de todas as maneiras a sua sexualidade", Žižek (2003) cita Lacan, para quem a psicanálise diria: "Você não é obrigado a gozar".

A respeito desse intrigante tema, é impressionante a coincidência entre as postulações do Código de Hamurabi, as pregações dos essênios, os preceitos do *Bhagavad Gita* (poema védico), as cartas de São Paulo (o apóstolo dos gentios), o pensamento de Teilhard de Chardin (padre jesuíta) e as propostas científicas de Freud (ateu convicto). Todas essas ideias trazem a proposta de uma "economia energética" que possibilite finalidades societárias superiores, relações de puro afeto entre as pessoas e, por isso mesmo, o surgimento da humanização.

Gregos e romanos encararam a sexualidade de forma diferente, verdadeiramente libertária. Para eles, o desejo sexual era um vetor dirigido à beleza física, sem distinção de gênero. Mas nem sempre a beleza física constituía-se em único crédito como força de atração entre as pessoas. Lê-se em *O banquete,* de Platão (séc. IV a.C.), que o nobre, belo e jovem Alcibíades declarara seu amor sensual e apaixonado por Sócrates, plebeu de mais idade, sem qualidades apolíneas, de fisionomia tosca e feia, porém homem justo e virtuoso, de temperança e sabedoria. Marco da evolução e de mudanças do pensamento humano. Essa passagem histórica leva-nos ao assunto candente do amor de transferência[17], a que Freud chamou "a forma confessada do amor".

Nessa linha, incluem-se os romances entre pessoas de idades díspares, sendo a aproximação entre homens mais velhos e mulheres jovens sempre socialmente aceita, embora com uma ponta de inveja. Nos tempos modernos, as instituições vão se acostumando com a ligação inversa – mulheres mais velhas com jovens rapazes –, sem que se configure um escândalo mórbido. *O tempora, o mores!*

Da comentada opressão da Era Vitoriana, o mais importante é discernir a hipocrisia e o cinismo então vigentes, pois, naquele tempo, todos podiam tudo, desde que tudo fosse feito com discrição e recato. Ainda hoje, a mentalidade fascista (de direita e de esquerda) não dá tréguas à tolerância explícita, exigindo de todos vida sexual comedida, contida pelo labor das atividades diárias – o que Stefan Zweig identificou como "[...] a demoníaca capacidade do homem para o trabalho cotidiano".

No *Dicionário dos inquisidores,* citado por J. P. Winter (2001), há a volúpia de disciplinar o sexo: "Não se deve de modo algum saber mais do que o necessário, não se deve saber demais, não se deve saber aquilo que só a Deus cabe saber: o segredo do desejo".

Colette Soler (1997) denunciou a existência do "sexo maldito", por ocorrer sob a égide do "[...] amor sem modelo, repetitivo e compulsivo", para afirmar com nostálgico desencanto que o amor grego (*philia),* o amor místico (divino), o amor louco (surrealista), o amor cortês (medieval), o amor clássico (emotivo) e o amor homossexual (à moda antiga) não mais estariam dando conta da erotização inconsciente reverberada pelos "[...] gozos aprisionados ou perdidos destes novos tempos".

---

17. O que no consultório analítico é transferência, no comércio da vida é amor.

Apesar de todos os avanços das ciências, as várias versões da expressão sexual, de acordo com meu modo de analisar, continuariam ocorrendo dentro de um processo ininteligível, imprevisível e irreversível, criando-se a aura permanente de rébus a ser resolvido, colorindo a vida de tons passionais a que se chama desejo. Pensar sobre o desejo sexual se faz, pois, por um viés distinto daquele da medicina, da religião, da moral, da psicologia, da mitologia e da visão dos ativistas da política sexual, atendo-se a uma direção enigmática. Nas atividades da vida prática, o Estado de Direito é condescendente, e, do ponto de vista legal, o que ocorre entre pessoas aquiescentes, na intimidade do que não é público, é respeitado pelo mundo civil e profano.

Três temas permanecem tabus invioláveis, por constituir o sumo do processo civilizatório: o incesto, a pedofilia e o estupro.

Antes da psicanálise, a compreensão da sexualidade foi uma sucessão de ficções e erros de avaliação, o que permitiu a teoria da degenerescência, a ideologização do instinto sexual e toda a gama de preconceitos instalados no cerne do pensamento burguês do século XIX.

De início, na área científica, mesmo Freud não conseguira livrar-se das definições psiquiátricas de seu tempo e deixou-se contaminar pelo imaginário popular, pela moral do senso comum e, provavelmente, pelas convicções religiosas de que sua formação estava sutilmente impregnada.

Posteriormente, a partir de 1904, com os *Três ensaios sobre a teoria da sexualidade* e inúmeros textos subsequentes, até 1938, ele foi o responsável pelas mudanças no modo de pensar sobre a sexualidade, pela ousadia em abrir o tema a uma discussão crível, pertinente e honesta, visto que as ideias de sua lavra invadiram a cultura, abalaram as certezas escolásticas, sacrificaram a inocência e, outrossim, estimularam a ternura e a expansão da civilidade.

Eis algumas de suas formulações que deram novos rumos a essa reflexão: confirmação da sexualidade infantil e da existência e evolução das zonas erógenas na criança, excitáveis também na vida adulta; desenvolvimento dos conceitos de libido, pulsão e desejo, com a fundação da *clínica do desejo,* capaz de superar as normas biológicas e sociais do sexo; reconhecimento de que os hábitos culturais são superiores às determinações da biologia; valorização das fantasias sexuais em múltiplas facetas; entendimento das "perversões" como fenômenos próprios da vida sexual, sem relação obrigatória com a patologia; presença de fetiches; observação de que a pulsão sexual não seria estabelecida sobre a díade macho-fêmea, mas sobre as polarizações atividade-passividade, sujeito-objeto, nas quais o inconsciente desconheceria a divisão anatômica entre os sexos feminino e masculino.

Ao lado de ideias revolucionárias, Freud, nos hábitos pessoais, foi homem puritano. Em 1910, realizou uma conferência sobre disciplina sexual na qual aconselhava os jovens à abstinência pré-matrimonial, donde se pressupõe ter-lhe sido uma regra de vida. Na biografia que escreveu sobre Freud, Peter Gay (1989) apresenta-o como portador de um ideal casto pelo qual recomendava aos homens "um intercurso heterossexual adulto com parceira ternamente amada".

Outrossim, teve a coragem intelectual de, em nome da verdade científica, constatar sua homossexualidade (nos dias atuais, o termo para a relação referida seria homoafetividade), verdadeiro idílio, em relação ao amigo Fliess (Masson, 1986), sublimada na produtiva interlocução epistolar responsável por suas melhores criações profissionais. Aos 45 anos, encerrou a vida sexual de forma irrestrita, tendo Ernest Jones (1989) justificado "esse precoce declínio sexual como resultado de um horror neurótico da velhice e da morte".

O exato conhecimento da obra de Freud surpreende o leigo quando se lê:

> É a sublimação e não o arrebatamento ou dissipação sexual que garante os casamentos e, consequentemente, a sociedade que se constrói sobre a estrutura familiar [...] No desenvolvimento da humanidade como um todo, do mesmo modo que nos indivíduos, só o amor atua como fator da civilização, no sentido de ocasionar a modificação do egoísmo em altruísmo. (Freud, 1904/2002)

Uma proposição que, aos jovens de hoje, pode parecer esdrúxula, cabendo ao tempo convencê-los melhor.

Os dados apresentados têm a finalidade de ressaltar o valor histórico dessa publicação de Freud, a mais importante depois de *A interpretação dos sonhos* (1899). Na ocasião de sua publicação, o livro *Três ensaios sobre a teoria da sexualidade* (1904/2002) causou espanto e escândalo com a tese de que o início da sexualidade humana já se encontraria na infância. Ele próprio teve dificuldade de assumir a descoberta: a universalidade da sexualidade infantil como ponto de partida para a sexualidade do adulto em suas várias possibilidades de orientação da libido.

Ainda que nos dias de hoje suas ideias sobre sexo possam parecer ultrapassadas, merecendo correções semânticas, troca de termos envelhecidos e maior precisão conceitual, sua descoberta científica foi pioneira e original. Ponto revolucionário irretorquível, ombreando-o com Copérnico, Darwin e Marx.

Mais tarde (1960), Lacan, com a autoridade de quem melhor lera os escritos freudianos, equacionou a ideia de que a sexualidade não dependeria da anatomia dos gêneros (meros semblantes do objeto *a*) nem do gozo sexual, porém tão somente do *gozo de ser.*

O tema é desenvolvido no texto "O aturdido" (*Étourdit*), publicado na revista *Scilicet* e republicado no livro *Outros escritos* (2003).

É considerado um tema obscuro, gongórico, cheio de paradoxos da linguagem e impasses da lógica. Porém, aí se encontraria a moderna teoria da sexuação. Um desafio. Quem se habilita? Esse Lacan é danado.

A tábula da sexuação

EM CERTO PONTO DE suas descrições, Lacan lembra uma frase sua: "Jamais saberás o quanto eu tenho de amada". Isso levou as más línguas a classificá-lo de homossexual. Porém, ele respondeu com firmeza: "Quando a gente ama não se trata de sexo" (1975/1985b, p. 31)

No Capítulo III do *Seminário 20 – Mais, ainda* (1975/1985b), com verve peculiar, refere-se aos *Escritos,* com pequena confissão autobiográfica: "Eu pensava que eles não eram para ser lidos".

O texto *Mais, ainda*, dos mais difíceis da obra lacaniana, contém conceitos já consagrados, mesmo quando não bem compreendidos.

Não por acaso, a tradução para a versão brasileira é do conceituado analista carioca M. D. Magno, visto com muitas críticas pelas diatribes de suas escritas, as próprias ou traduzidas.

O livro traz conceitos primorosos como o do "discurso analítico", "o lugar do Outro (A)", "a teoria dos conjuntos", o falo em representação gráfica (Φ). Critica a chamada "concepção do mundo", na qual o marxismo se passa por quase evangelho. Armado por um gatilho reflexivo, partindo do efeito da linguagem, refere-se à escrita, à gramática, aos textos, letras e mutações daí decorrentes.

A leitura há de ser pacienciosa, com retorno à literatura de sustentação. Lacan sabe demais e o psiquiatra clínico se perde muitas vezes no aranzel dos conceitos.

Insisto nessas notificações para que o leitor não se perca com ingenuidade no cipoal teórico de Lacan. Com a mesma intenção é preciso observar a chusma de autores a ser reconhecidos para a consistência da leitura. O que sabemos de Parmênides, Jakobson, Peirce, Frege, Rimbaud, Santo Agostinho, Platão, Russel? E do próprio Freud? E do brasileiro Joel Dor? Conhecemos a Ética a Nicômaco, de Aristóteles?

Lacan é exigente para acompanhá-lo, pede-nos uma cultura presunçosa.

O autor e mestre, no *Seminário 20 – Mais ainda* (1985b), leva-nos por caminhos sinuosos a ser desvendados: "Deus e o gozo da mulher", "a mulher não existe", "não há relação sexual", "o que quer uma mulher".

Ele é o construtor de enigmas.

Da retórica de Aristóteles e de outros autores vai retirando fórmulas implicantes. Tais como: $\exists x, \Phi x$.

Esse Lacan é danado: obriga-nos a muitas leituras e à composição literal de compreensão e entendimentos e, por isso, ainda é muito cedo para se visualizar o todo.

Ao longo do texto vai salpicando frases enigmáticas a ser desconstruídas. "A masturbação é o gozo do idiota." "Há mulheres fálicas e a função fálica não impede os homens de serem homossexuais." "É na medida em que seu gozo é radicalmente dentro que a mulher tem mais relação com Deus." "Falar de amor, com efeito, não se faz outra coisa no discurso analítico." "E falar de amor é, em si mesmo, um gozo." Como os neuróticos fazem amor? E Sexo? "A neurose é maior sonho do que a perversão." "O falo é o ponto-chave, o ponto extremo, do que se enuncia como causa do desejo."

A título de açular os interessados, reproduzo aqui a "tábula da sexuação", também dita equação quântica do sexo.

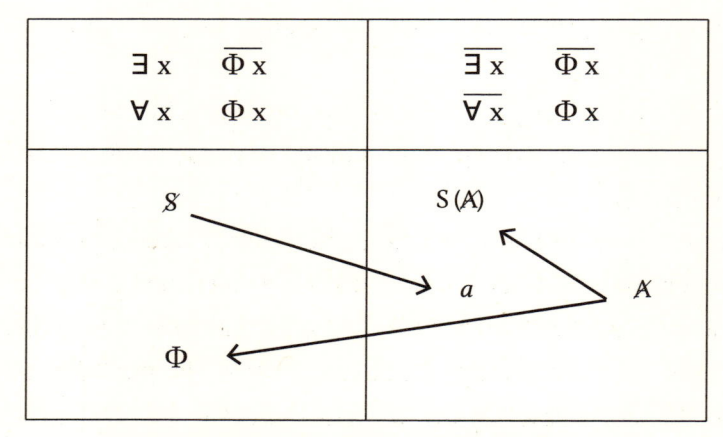

Figura 27 – Fonte: *Seminário 20* (1975/2008, p. 84).

Antes de tudo, é preciso conhecer o significado de cada fórmula algébrica, e a que as várias posições no quadrado tabular podem se referir. Tudo tem significado, o saber.

O que é o saber? Retruca Lacan: "É estranho que, antes de Descartes, a questão do saber jamais tenha sido posta. Foi preciso a análise para que a questão se renovasse".

Nos parágrafos de *Mais, ainda* (1975/1985b), Lacan organizou o que chamou de esquema, engrama, testemunho jurídico, sempre com a finalidade de estabelecer a verdade. Há de se fazer uma leitura cuidadosa, pertinente, e rever na literatura geral os temas que os embasam. Lacan usa da representação algébrica da matemática porque, para ele, essas conceituações seriam as únicas a definir um sentido objetivo. Entenda-se também que a tábula consiste numa proposta exclusivamente gráfica, pois o mestre não incluiu nela nenhuma palavra esclarecedora. O leitor deverá conhecer o que seja uma análise matemática ou uma teoria dos conjuntos. É muito para um psiquiatra clínico, não?

Um desejo que inicia com o silogismo mais simples de nosso tempo escolar: "Todos os homens são mortais. Sócrates é um homem, logo Sócrates é mortal". Bons tempos de nosso estudo em princípios da filosofia do curso colegial!

Em sexuação tem-se a psicanálise sob forma matemática ou algébrica.

Não ousei fazer nenhuma aproximação com essa lógica. Seria muita pretensão para um simples psiquiatra clínico, que prefere expor a parte do capítulo, pura clínica médica, a sexualidade no cotidiano, sob o título "Orientação sexual" (veja a p. 177 deste livro).

A evolução sexual deu-se, num primeiro momento, nos primórdios da humanidade, em passos cadenciados. Entre o final do século XIX e o início do XX, recebeu impacto de tal ordem e com tal velocidade que o entendimento do que acontecia foi colocado em risco; verdadeira revolução dos costumes.

Freud abrira a caixa de Pandora, não se comprometendo a apresentar soluções. À medicina só restou tratar das disfunções psíquicas e das angústias egodistônicas causadas pelo furor da ruptura moral e comportamental da sociedade, continuamente esgarçada em seu tecido de sustentação.

Fora o pouco espaço deixado para as intervenções da psiquiatria, da psicanálise e do psicodrama, a questão sexual tornou-se responsabilidade política e ética da estrutura social. Nessa perspectiva, a leitura obrigatória é a obra de Michel Foucault[18] (1977-1984) sobre o tema. Recomendo, também, o excelente

---

18. O filósofo espanhol José Antonio Marina (2008, p. 38) quebra a unanimidade em torno de Foucault, afirmando, entre outras apreciações: "É autor de grande talento, mas com pouca clareza conceitual".

livro *Prazeres dissidentes* (2009), organizado por Díaz-Benitez e Figari. Trata-se de uma coletânea atual e reveladora do campo da transgressão e do exercício do proibido na visão de antropólogos, sociólogos e etnólogos brasileiros.

Neste meu texto, o olhar é do médico psiquiatra.

Em Lacan, autor denso, existem o movediço dos conceitos e a polissemia das palavras, induzindo a equívocos e a constantes interrogações. Por isso, filio-me ao Lacan inspirado na fenomenologia existencial, que nos permite reconhecer, na observação diária da clínica e do campo psicoterápico, a singularidade do sujeito. Cada um faz sua sexualidade de forma singular, assim como cada qual faz a neurose, a psicose e a perversão. Sem dúvida, existem inúmeros estudos de psicopatologia, mas nenhum capaz de criar códigos fixos de enquadramento e comportamento dos indivíduos.

No consultório, permito-me aceitar e acolher o que é posto pela natureza e pela condição humanas, sem a intenção de promover curas, mas de dar ao paciente a oportunidade de conhecer sua eroticidade peculiar, o contexto de sua subjetividade e a inserção necessária e possível no mundo social sem adoecimento.

Quando, certa vez, uma psicóloga anunciou a "cura" da homossexualidade, pareceu-me que ela não entendera o acontecido. De fato, é possível que tenha revertido comportamentos da pseudo-homossexualidade, do falso *self*. Apenas não teve a compreensão científica do ocorrido, por faltar-lhe lastro ético, permitindo-se contaminar por apelos religiosos e anúncios proféticos.

Refiro-me a esse acontecimento público exatamente para afirmar que a ética necessita da ciência e a ciência necessita da ética para traçar caminhos promissores, espontâneos e criativos – como quis Jacob Levy Moreno, o criador do psicodrama.

A tribo comportamental e a sexualidade líquida

AO DAR-SE CONTA DOS vários "nichos" da sexualidade humana, a sociedade criou as "tribos comportamentais", que, por sua vez, abrigam a "sexualidade líquida", proposta na contemporaneidade líquida do filósofo Zygmunt Bauman.

O suposto pansexualismo de Freud, a partir das fantasias, tem na liquidez da modernidade a separação erótica que em Lacan subdivide-se na clássica fórmula R. S. I.

Este é o ponto de saída para a subjetivação e a singularidade: cada um, com o seu gozo, ensina-nos a erotologia lacaniana.

As práticas e culturas tribais ultrapassaram o máximo do que até então se falava sobre sexo.

É de Lacan (1966): "O mito do Édipo não nos esclarece sobre o que seja ser homem ou mulher". Para complementar: "O orgasmo é somente uma crise histérica (a pequena morte)".

A sexualidade líquida permite a cada indivíduo, em suas tribos, exercitar o ato sexual de modo inusitado, dando espaço para a bissexualidade, os clubes sadomasoquistas, a sexualidade fora do sexo (Foucault), os encontros anônimos, a variação de parceiros, a escolha aleatória das vias de penetração (oral, anal, vaginal), sendo inauditas as sexualidades psicóticas.

A erotização do corpo aparece em *Manifesto contrassexual* (2014), de Beatriz Preciado, hoje Paul B. Preciado, em que se descobre com deslumbramento como um antebraço[19] pode se tornar um órgão sexual. Novidades espantosas.

Partindo dos Estados Unidos e disseminando pelo mundo, fundam-se os grupos *no sex*, uma abstinência decidida sem inspiração religiosa ou moral.

Ainda nos resta registrar a tese de Walt Whitman, em defesa do "amor solidário", com amizade e interadmiração calorosas, doces, puras e duradouras, sem conotação da carne. É a "sexualidade lírica" com componentes de ternura, sensibilidade e expressões emocionais próprias do amor platônico.

No tratamento psicanalítico da sexualidade líquida, para Lacan o importante seria não impedir o sintoma por meio da repressão ou da sugestão, e sim explorá-lo até atingir o afeto retido, bloqueado, permitindo-lhe "movimentar-se".

---

19. Não confundir a expressão com o *fist-fucking*.

Nota: os psicanalistas "pós-freudianos" e não lacanianos deixaram o terreno da erotologia, perdendo para outros a função de identificar práticas e culturas eróticas excêntricas.

As sexualidades não são mais do interesse de certa psicanálise. Trata-se de uma história que pode ser lida nas intrigantes obras de Jean Allouch (2010) e Jean Laplanche (2015).

Lacan construiu o Dasein (o-ser-aí) da sexualidade partindo do caso clínico estudado por Freud – o caso Dora. Ele demonstrou o equívoco interpretativo de Freud, podendo desvelar o "real objeto de desejo" de Dora (a amante de seu pai), ou seja, a inversão de sua sexualidade "o mistério de sua própria feminilidade".

Hoje, os grupos intitulados "assexuais" exigem da sociedade contemporânea os mesmos direitos de todos os cidadãos com outras formas de comportamento. Querem ser reconhecidos como portadores de uma nova forma de identidade sexual.

Com o uso das fórmulas quânticas da sexuação (com quatro proposições aristotélicas), a psicanálise lacaniana não se refere ao sexo pelos conceitos biológicos (Lacan, 1975/1985b).

À página 30 do Seminário 18 – De um discurso que não fosse semblante (2007a) –, Lacan comenta o livro Sex and gender, de Stoller (1968), para concluir ser o transexualismo uma forma de loucura.

19. O diálogo terapêutico

O DIÁLOGO TERAPÊUTICO, COMO eu o entendo e pratico, tem tradição na analítica existencial e nas psicoterapias interpessoais propostas por J. L. Moreno e H. S. Sullivan, colhendo, ainda, contribuições compatíveis da psicanálise – principalmente em Lacan –, sendo ponto de partida e ponto de chegada. Por ele começamos e finalizamos o procedimento individualizado pretendido, permitindo-nos firmar ali o espaço da psicoterapia na clínica psiquiátrica.

Diga-se de passagem, clínica é palavra grega, *kline*, significando "leito" ou, mais precisamente, "medicina exercida à beira do leito"; outrossim, em processo de transformação semântica, é dita: "Atenção médica dada a pacientes que retornam à sua casa depois de uma sessão de tratamento".

O que caracteriza sobremaneira a clínica é a qualidade de humanização das relações exponenciadas na díade paciente-profissional (médico, psicólogo etc.). E qualquer humanização se dará por meio das palavras, conforme nos ensina o dialógico de Martin Buber.

A representação verbal, isto é, a fala ou, mais apropriadamente, a palavra, recebe, organiza, mantém, transforma e explicita as expressões de afeto. O processo de comunicação humana, em sua pragmática, está sustentado até hoje pela retórica aristotélica, em que há uma pessoa falante (quem), uma fala pronunciada (que) e um ouvinte (quem). Partindo dessa equação inicial e primária $[q1, + q_2 + q_3 = f \text{ (relação humana)}]$, desenvolve-se o estatuto em que se identifica o percurso da linguagem, do desejo, do inconsciente e da lei.

A fala é, em si, um modelo criativo de comunicação. Com base em um conjunto finito de palavras, pela polissemia dos significados, abre-se um contingente de variadas expressões capaz de intermediar o mundo vivencial interno com o mundo experiencial externo. Enquanto o estudo do pensamento diz respeito a ideias, o estudo da linguagem refere-se a palavras de forma primordial – desdobrando-se, porém, na escrita, no gestual, na estética dramática, no sistema onírico.

Mediante o pressuposto de que o paciente a quem se indica a psicoterapia tenha passado por uma triagem cuidadosa, de diagnóstico psicopatológico correto, temos esboçados três caminhos terapêuticos:

1. Tratamento medicamentoso exclusivo.
2. Psicoterapia exclusiva.
3. Associação das duas propostas anteriores.

Então, pode-se deduzir que, ao chegar ao atendimento psicoterápico, o paciente já tenha sido estudado sobre as eventuais razões de alguma incompreensibilidade de sua fala. Razões mecânicas (mudez e tartamudez, por exemplo), razões léxico-culturais (escolarização, dialetos, segunda língua), razões emocionais (gagueira novamente como exemplo), razões subjetivas (conscientes ou inconscientes), razões da ordem do desejo e razões da psicopatologia profunda (esquizofrenia, melancolia etc.).

Depois das entrevistas preliminares, o início da psicoterapia será acionado quando tivermos a conjunção de, pelo menos, quatro fatores: a demanda do cliente, a disponibilidade do profissional, o diagnóstico e o contrato, em um processo rotativo, conforme a figura a seguir, em que cada fator é tão importante quanto o outro, e todos convergem para um centro único: o diálogo terapêutico.

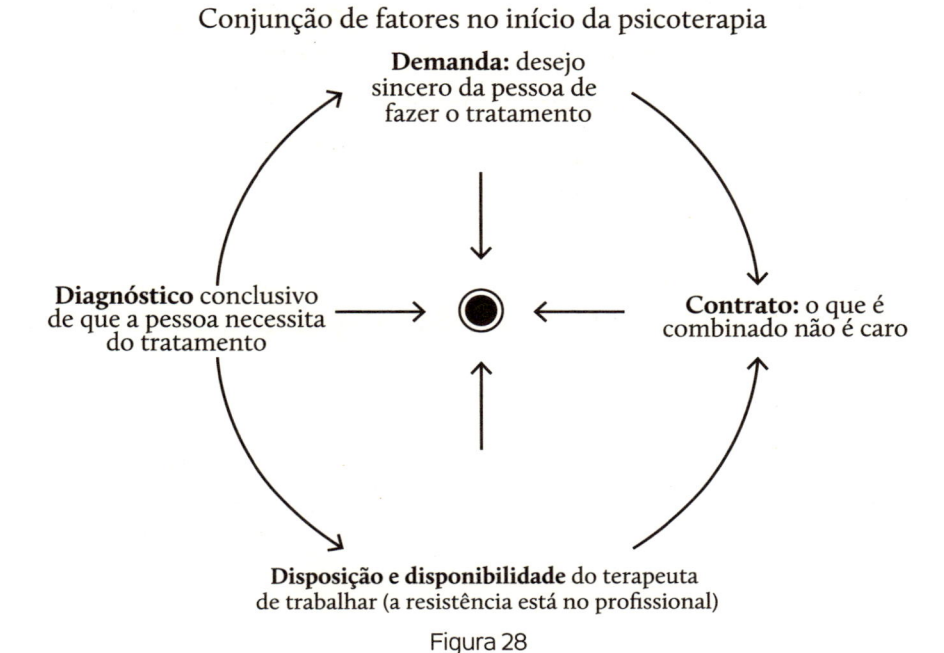

Conjunção de fatores no início da psicoterapia

Demanda: desejo sincero da pessoa de fazer o tratamento

Diagnóstico conclusivo de que a pessoa necessita do tratamento

Contrato: o que é combinado não é caro

Disposição e disponibilidade do terapeuta de trabalhar (a resistência está no profissional)

Figura 28

Demanda do paciente

A PSICOTERAPIA COMEÇA QUANDO o paciente a solicita, traduzindo vontade ou desejo de se tratar, que se densifica no decorrer do processo.

A demanda coincide com a autorização que o paciente nos dá para submeter-se a nosso método de atividade. "Necessita de tratamento quem demanda." Na linguagem jurídica, o termo demanda refere-se a intentar ação judicial, pedir, requerer, disputar, litigar. Como termo poético, diz-se do combate, da guerra, da peleja. Na economia política, diz da quantidade de produto ou serviço de que uma comunidade necessita. Demanda quem necessita, requer e "briga" para tal. O termo "protagonista", em grego, significa exatamente isso: "Aquele que luta para ser o primeiro".

A "dupla demanda" ocorre, por exemplo, quando pai ou mãe acompanham o filho para fazer análise ou ludoterapia.

Nas psicoterapias, o termo "demandar" extrapola as definições de narrativas, queixas ou relatos. A queixa ou o relato vem antes, abrindo alas para a demanda; e esta, bem estudada, explicita o desejo. Demanda, pois, trata da motivação do paciente – é o próprio sujeito que tem de querer a psicoterapia, mobilizando a escolha real e verdadeira.

Freud debitou à transferência positiva (amorosa, amistosa) a expressão do querer tratar-se, o que, mais tarde, outros autores chamaram de "aliança terapêutica".

Disponibilidade do terapeuta

O TERAPEUTA DEVE ESTAR mobilizado pelo caso que se lhe apresenta ou simplesmente motivado a trabalhar, disposto a enfrentar todos os riscos de um jogo do qual conhece o início e o fim, mas não sua evolução. Por isso, diz-se que disposição e disponibilidade devem andar juntas, como formas de uma intenção culturalmente desejada.

A cada sessão, o terapeuta deve entrar com um estado de espírito diferente do da sessão anterior, com ânimo original e entusiasmo para doar seu tempo, sua atenção e suas energias a uma lida exigente. Isso posto, é o que induz e facilita a participação do paciente de maneira fluida e clara.

Ao terapeuta cabem a boa educação, a simpatia espontânea e natural próprias do cidadão de boa formação. Não há lugar para impaciência e rispidez no trato terapêutico. Não se pode esquecer de que quem necessita de cuidados é o paciente. Não só pelo sofrimento que o traz ao tratamento, não só pela eventual doença (psíquica ou orgânica) subjacente à sua demanda, mas também pelo desamparo em que se encontra. A tão declamada resistência do paciente em dar conta da participação muitas vezes está no próprio terapeuta.

T. R. Harrison (1960, p. 8), expoente da clínica médica norte-americana, escreveu:

> A irritabilidade e a exasperação do médico podem às vezes representar não o protesto lógico contra a falta de cooperação do paciente, mas sim a sensação básica, não inteiramente consciente, de insegurança do profissional. O tratamento psicológico do paciente deve ser iniciado pelo tratamento psicológico do próprio terapeuta.

Diagnóstico

ESTUDAR O PACIENTE NOS vários aspectos diagnósticos é a maneira de dar munição para o profissional entender o que está acontecendo e, com isso, não entrar, ele mesmo, em pânico. É sempre atual o axioma médico: "Cura o que se conhece, conhece o que se sabe, sabe-se o que se estuda". O estudo diagnóstico tem função bem estabelecida na clínica psiquiátrica e nas psicoterapias. Por meio dele, é possível estabelecer as estratégias do tratamento.

J. L. Moreno, o criador do método grupal a que se chama psicodrama, indicou-nos três tipos de convalidação diagnóstica: a convalidação existencial, em que o método fenomenológico existencial se apresenta; a convalidação estética, das representações cênicas dos contextos grupal e psicodramático; e a convalidação científica, em que se inclui o discernimento das afecções e suas relações dinâmicas com a psicopatologia.

Cinco são as possibilidades do conhecimento psiquiátrico da saúde e da doença: a clínica, a estrutural, a dinâmica, a relacional (própria do psicodrama) e a existencial (o modo de ser de cada pessoa). Remeto o leitor a meu livro *Psicoterapia aberta* (2006) para mais esclarecimentos sobre o assunto.

A possibilidade estrutural está em Lacan. Ali ocorre a ruptura de correlação direta e obrigatória entre o diagnóstico clínico e o diagnóstico etiológico. Um fator tóxico poderá ser responsável por estados psíquicos variados e fatores variados podem responder por um único estado psíquico. A razão dessa ocorrência estaria na conformação psíquica, na estrutura mental de cada paciente, ainda que não existam estruturas puras.

Théophile Kammerer (1986) resume essa ideia em dois pequenos esquemas:

fator tóxico (LSD, álcool, cannabis)	estado maníaco estado depressivo estado paranoide estado de esquizofrenia
fator infeccioso	psicose cíclica estado maníaco fator tóxico fator psicogênico

Contrato

O **CONTRATO, DE CERTA** forma, reúne as "regras estabelecidas" para a relação terapêutica funcionar como um jogo, o jogo do dizer e do calar, no qual possa surgir a verdade do desejo. Qualquer jogo exige pressupostos civilizados e, como exemplo, temos o jogo de xadrez, em que as regras são a ética dos enxadristas.

É clássico afirmar nesse pacto a instrução dada ao cliente: fale sem se criticar, fale pelo livre pensar. O sujeito, ao propor tratar-se, tem de "produzir" material de sua realidade psíquica e de sua experiência factual, sem o que a tarefa não é possível.

Todo profissional "psi" disposto a ser terapeuta cria um estilo de trabalho espontâneo e criativo a partir de desejada simplicidade: horários, frequência, honorários, consultório, trajes e aspecto pessoal, aqui incluídas expressão e conduta, que devem ser tratados com bastante autenticidade, sem complicações burocráticas ou sofisticações da moda.

O profissional deve exercer seu ofício nos limites da capacidade física, da tolerância mental e de seu equilíbrio emocional. Paciência infinita e bom manejo técnico farão parte do dom de cada um. As regras teóricas e o expediente prático serão colocados já no início da atividade, no que se chama "contrato", mas sem exigências de atribuir ao paciente os papéis de aluno aplicado ou de filho obediente.

Nesse item inserem-se algumas informações pedagógicas sobre a psicoterapia, como ela funciona por princípio e o essencial: sobre o discurso do paciente. As partes têm de estar acordes de que ao paciente caberá expressar-se com mais frequência, para ser compreendido nas necessidades, nos desejos, em suas dores, sofrimentos e na intenção de fazer transformações. No acordo, algumas informações de ordem didática são passadas ao cliente, entre elas a de que o processo evoluirá tanto melhor quanto maior for sua participação.

O contrato, também chamado de "premissas iniciais", consiste em um conjunto de intenções entre terapeuta e cliente, em que se estabelecem normas de convivência.

No contrato ocorreria a "retificação subjetiva", que nada mais é do que o surgimento de uma subjetividade nova, mudança das preocupações, o que induz à mudança das histórias.

Para finalizar, o diálogo terapêutico também é chamado de o diálogo analítico, caracterizando-se pela expectativa de que o sujeito não fala muito cedo, nem muito tarde, e, sim, no tempo lógico, aquele que sustenta a arte da conversação analítica.

20. O discurso[20] catártico

O que é catarse?

Comecemos pela definição do dicionário (*Houaiss*, 2001): etimologicamente, a palavra vem do grego *kátharsis*, significando "purificação, purgação, mênstruo, alívio da alma pela satisfação de uma necessidade moral".

O vocábulo foi usado na religião, na medicina e na filosofia da Grécia Antiga com o sentido de expulsão daquilo que é estranho à essência ou à natureza de um ser e, por essa razão, corrompe-o e o adoece.

Na religião, manifestava o conjunto de cerimônias de expiação a que eram submetidos os candidatos à iniciação religiosa, particularmente nos mistérios de Elêusis.

Na medicina, refere-se à evacuação, à exoneração dos intestinos com ingestão de purgativos, à depuração do sangue com sangrias. Não à toa, pois, a metáfora de W. R. Bion para o aparelho mental é a do sistema digestório, permitindo-nos pensar em ocorrências mentais similares a vômitos, diarreias e seu oposto, a prisão de ventre.

Na psicologia, significa a liberação, por meio de recursos idênticos à ab-reação, de emoções, sentimentos e tensões reprimidos. Na psicanálise (que não é psicologia), é a operação capaz de trazer à consciência memórias recalcadas no inconsciente, libertando a pessoa em análise de sintomas psiconeuróticos associados a esse bloqueio.

---

20. Discurso deve ser entendido em sua forma coloquial e não como mensagem solene e prolongada, como se fora um sermão. Utilizo o vocábulo ao modo dos linguistas, como sinônimo de fala, linguajar, comunicação verbal. Pode-se, ainda, entender o discurso no sentido dado por Michel Foucault de produção de saberes, constituindo a epistemologia, a ciência do conhecimento.

E ainda: efeito de transparência produzido pela encenação de certas ações, especialmente as que fazem apelo ao medo e à raiva, ao amor e à alegria; técnica utilizada pelas psicoterapias baseadas no método teatral – o psicodrama, por exemplo.

O empenho social pela liberação emocional é indissociável da contestação das proibições morais. Lacroix (2006) ensina-nos que no século XIX surgiram manuais educativos do *savoir-vivre* exigindo decoro nas relações humanas:

> Era preciso moderar a vivacidade, evitar a demonstração ruidosa de alegria, dissimular a tristeza, atenuar o entusiasmo, refrear os ímpetos de admiração, silenciar a repulsa, mascarar as preferências e as aversões, por fim, rir com comedimento.

Era a sociedade do decoro.

O que é ab-reação?

Mais uma vez, recorremos ao dicionário: *ab* = para fora; *reagierung* = reação. Reação para fora. Botar pra fora.

A concepção da locução *catarse de ab-reação* encontra-se no texto de Freud "Sobre o mecanismo psíquico dos fenômenos histéricos" (1893/1969, v. II), no qual ele estudou a gênese da doença histérica, chamando esse tipo de acontecimento de "catarse de Breuer".

Ab-reação, para Daniel Lagache (1992), refere-se à expressão ou à explicitação de um conflito psíquico até então recalcado, porém reintroduzido modificado na experiência vivida pelo paciente. Veja-se, pois, que a expressão usada pela psicanálise admite uma retomada daquilo que foi colocado fora, porém transformado.

Resumidamente, o sintoma se formaria como *solução de compromisso* para traduzir a relação existente entre certo acontecimento psíquico, o modo como o indivíduo reage a ele e a insistência do afeto que os envolve.

Essa reação (ab-reação) expressa em emoções, palavras e atuações "vai das lágrimas à vingança", podendo ocorrer no cotidiano das pessoas ou nas sessões de psicoterapia – nas quais é permitido ao paciente rememorar e objetivar pela palavra o acontecimento traumático e, assim, libertar-se do *quantum* de afeto que o tornava patogênico (Laplanche e Pontalis, 1976).

O *quantum* de afeto ab-reagido proporcionaria o efeito catártico. Por isso se diz catarse **de** ab-reação ou catarse **da** ab-reação, inaugurando o método catártico que foi usado entre 1880 e 1895 na terapêutica psicanalítica.

Lévi-Strauss, em seu artigo clássico "A eficácia simbólica" (1975a), denomina os xamãs, os psicanalistas e os psicoterapeutas de modo geral "ab--reatores profissionais".

A catarse em Aristóteles: catarse do espectador

O TERMO SURGE NA *Poética* de Aristóteles (384-322 a.C.) para designar o ato de tornar puros os sentimentos, referindo-se aos efeitos da tragédia, gênero de poesia dramática próprio e exclusivo da cultura grega antiga em que atores, por meio de adequada representação, suscitavam "temor e piedade" na plateia, mobilizando afetos virtuosos e redentores. Essa comoção dramática ocorrida no imo dos espectadores seria terapêutica por resolver dinâmicas humanas da loucura, transformando-as de modo a trazer a paz interior.

Aristóteles, é importante registrar, estudou o comportamento da plateia do espetáculo, concluindo que a tragédia só se completaria como arte se conseguisse mobilizar as reservas afetivas do público, provocando o exorcismo coletivo.

Por ser médico, ele entendeu a encenação dramática como um ritual fármaco-espiritual que permitia ao espectador compreender seus conflitos, expulsar suas dores e encontrar a serenidade de espírito.

Em um segundo livro, de paradeiro desconhecido, Aristóteles teria falado da comédia e da sátira, aí configurando a catarse cômica, identificada no correr do tempo com a gargalhada, a risada, o sorriso e o riso que Umberto Eco bisbilhotou em *O nome da rosa* (1983).

A catarse como expressão de liberdade em várias experiências estéticas

A LIBERDADE, COMO CONCEITO básico das psicoterapias, sem dúvida compõe sua finalidade maior. Três são os diferentes níveis em que ela pode ser entendida: na linguagem cotidiana (liberdade como característica do comportamento livre); na reflexão moral e política (liberdade como norma, valor, ideal); na indagação filosófica (liberdade como modalidade fundamental do ser).

Acreditando na profunda vinculação desses três níveis, aqui abordo, no entanto, a liberdade como modalidade fundamental do ser, em sua subjetividade, compondo a "natureza interna" do ser humano, resultante da personalidade.

A preocupação universal dos filósofos (e agora dos terapeutas) tem sido servir à libertação do ser humano, dando-lhe condições de tomar consciência de si mesmo, de sua situação no mundo, de suas origens e de seu destino.

Poderemos refletir com Sartre: "O homem está condenado a ser livre. Condenado porque não se criou a si próprio; livre, porque uma vez lançado ao mundo é responsável por tudo quanto fizer".

"A liberdade é a espontaneidade do surto vital que, a cada momento de sua duração presente, integra toda a realidade psicológica do sujeito [...]" – é como se nos apresenta uma assertiva de Bergson.

"Em resumo, essa espontaneidade que está no Psicodrama se assemelha bastante à liberdade bergsoniana se pretende que surja a expressão mais original de cada um", diria os Lemoine (1974).

Como a liberdade, a espontaneidade não é aleatoriedade, não é determinismo nem anarquismo psicológico, não é primitivismo social, nem atuação patológica ou impulsividade. Tais características não permitiriam o reconhecimento do ato livre do ser humano, anulando-o.

Porém, uma coisa é certa: o indivíduo será responsável por tudo quanto fizer, e sua liberdade deverá respeitar a liberdade do outro (Kant). Até os atos inconscientes são de responsabilidade do sujeito (Lacan).

A liberdade/espontaneidade, por sua vez, amplia a possibilidade de mediação da consciência, permitindo à pessoa "ser ela mesma", ou seja, viver no mundo social sem assumir o ônus das convenções impostas com desrazão, respeitados os direitos do interesse coletivo de significado maior. A liberdade do indivíduo e a coesão do grupo social terão sempre de encontrar caminhos conciliadores. "Ser ela mesma" é afirmação do espaço psicológico, conquista de direitos, exercício da criatividade.

Com esse sentido, exercer a catarse da liberdade é sinônimo de saúde mental.

A catarse por meio da leitura de textos literários não nos impede de saber que também o ato de escrever é, em si, catártico. O que são os diários juvenis? E os versos adolescentes? Emblemática é a afirmação de Nietszche (1995): "Com o meu livro *Humano, demasiadamente humano*, libertei-me do que não pertencia à minha natureza".

Na apreciação literária propriamente dita, estabelece-se um processo de identificação do leitor com o texto, permitindo o surgimento de emoções e a explosão de afetos até então contidos. Alívio e inocência da alma, tratamento do intelecto e estímulo a ações enobrecedoras.

A produção literária de bons autores nos diz daquilo que não sabemos dizer, mas sabemos existir dentro de nós. Eis uma razão para ser leitor assíduo. Com o uso corajoso da palavra, a literatura é catártica por excelência. Nas entrelinhas romanceadas entende-se a humanidade do ser.

A *escrita automática* observada em personalidades histéricas e tão honesta e instigantemente absorvida pelos estudos espíritas traz mobilização de profundezas abissais da alma.

Idêntica à catarse teatral, a catarse pela leitura provoca o início de fatores excitatórios dos sentimentos, tais como medo, horror, compaixão, júbilo, empolgação, alegria, escoando, após algum tempo, para a plenitude da placidez, redimindo pecados e pecadilhos.

As fábulas, lidas ou contadas, com seus ensinamentos éticos e conclusões de ordem moral, estimuladas pelo imaginário popular, permitem a construção social do mundo civilizado.

A literatura, na qual poesias e textos bíblicos se incluem, traz a virtude de cura por meio da palavra escrita – de valor tão eficiente quanto a palavra falada e a palavra dramatizada.

Para Freud (1968),

> As palavras são o instrumento essencial do tratamento psíquico. Um leigo achará certamente que é difícil compreender como as perturbações patológicas do corpo e da alma podem ser eliminadas por meio de simples palavras (faladas, lidas e ouvidas). Terá a impressão de que lhe pedem para acreditar em magia. E, aliás, não andará muito longe da verdade, porque as palavras que utilizamos na nossa linguagem de todos os dias não são mais do que magia disfarçada.

A catarse de Marcel Proust, deflagrada por um sequilho ou torrada, que na França se diz *madeleine*, supera a ideia de um simples romance para constituir-se em texto da luta contra o tempo e contra a morte.

A catarse sadomasoquista, descrita por Sade e Masoch em livros e em épocas diversas, ganha atenção apropriada da historiadora Elisabeth Roudinesco (2008) em discussão abrangente sobre a sociedade perversa.

A expressão musical é uma forma de fantasia do psiquismo recalcado, comparável, pois, aos sonhos e aos sintomas. É, também, mágica, pelo envolvimento anímico, fora do âmbito racional e com função catártica privilegiada. Não à toa fala-se em musicoterapia.

A dança, a mais antiga das artes, tem servido desde sempre para a extroversão de fantasias e sonhos. Exercício pleno quando ocorre individualmente, se realizada em grupo enriquece-se na troca de comunicações corporais com o outro, dando significado ao achego ou ao distanciamento dos corpos enlevados.

Sem discutir valores estéticos, mas tão só o catártico, quando há a proposta de uma tarefa artística pictórica, percebe-se que o paciente e o grupo vivem em seu mundo interior toda a força de um processo dramático, no qual as potencialidades perigosas são postas em trilhos capazes de contê-las e as potencialidades construtivas se esparramam em combinações harmoniosas.

Se o inconsciente bruto não pode ser exposto, que ele se explicite nas *soluções de compromisso* das pinturas e dos desenhos. Remeto o leitor à experiência clássica de Nise da Silveira (1981) e, em nosso meio, ao trabalho de Marina de Oliveira Costa (2004).

Para Claude Lévi-Strauss (1975b), "o inconsciente é o léxico individual em que cada um de nós acumula o vocabulário de sua história pessoal". Essa história fará sentido somente quando for explicitada por meio de um discurso (discurso catártico, pode-se dizer) organizado pelo inconsciente segundo leis próprias. Sim, o inconsciente tem leis próprias.

O fluir de um discurso catártico será tão impreciso ou preciso quanto precisa ou imprecisa for a dinâmica interna do pensamento, do sentimento e do comportamento do sujeito. A intervenção do analista é necessária para romper o círculo vicioso que impede certos pensamentos de se tornar palavras.

A primeira função dos terapeutas é estimular o discurso catártico, pois só a catarse permitirá o inédito, o novo, o inaudito. Só a catarse trará surpresas sobre o desejo em seus três níveis: consciente, inconsciente e analítico; será capaz de tangenciar o real inefável de que nos fala Lacan, mas que já se estrutura em Freud como *recalque primário*; nos permitirá reconhecer a "louca da casa" de que nos fala Santa Teresa d'Ávila em seu conceito de imaginação; permitirá a sequência imagética das representações psíquicas que desaguarão nas cenas psicodramáticas; permitirá o aparecimento do que é surreal com suas fantasmagorias; permitirá o surgimento do universo emocional próprio de cada indivíduo; permitirá que o caráter, o temperamento e, por fim, a personalidade surjam livres dos semblantes e das amarras dos discursos dirigidos.

Só a catarse é libertadora: reorganiza a mente promovendo as reparações necessárias para consolidar a identidade do paciente.

"Ninguém pode compreender quando choro." Essa afirmação de Ferenczi (1990) sintetiza toda a dificuldade de entender, compreender e traduzir os sentimentos humanos, mesmo em nosso papel de profissionais "psi". Cada um vivencia à sua maneira – a mais íntima e intocável – o que lhe vai no coração e na razão. A criança existente nos adultos, as dores e misérias insuspeitadas e até as alegrias e epifanias não conseguem ser adequadamente transmitidas, mesmo para o interlocutor de alma aberta e acolhedora, cheio de boa vontade para com o próximo.

Diante de um choro, seja ele contido, elegante, entrecortado ou convulsivo, só podemos nos manter como testemunhas, nada mais. E quando catártico, ainda que não tenha revelada a profundidade emocional de seu significado, terá sido sempre necessário e útil. Sejamos pelo choro, pelo choro catártico.

Ainda que algumas relações aparentemente de causa e efeito possam ser analisadas, o fato é que podemos falar de um "umbigo do choro" com a mesma construção dada por Freud ao "umbigo do sonho".

Segundo o historiador Jean Delumeau (1991), ao fazer o pecador confessar, a Igreja Católica (IV Concilio de Latrão, 1215) teve a ambição de dar-lhe o perdão divino, permitindo-lhe que saísse confortado e/ou curado. A confissão auricular, privada, obrigatória exigia do confessante detalhes de todos os seus "pecados mortais", podendo-se observar, então, significativa mudança nos sintomas dos "maus humores" e das "doenças da danação". O conforto psíquico de quem confessava dependia de a pessoa ter diante de si um confessor mais indulgente ou, ao contrário, mais rigoroso no julgamento e na distribuição de penitências.

Como dado histórico, o autor ainda nos instrui que, se de um lado a confissão tinha seu efeito libertador, de outro era causa de medo, vergonha, repugnância, com repercussões psicofisiológicas: pavor, sudorese, tremor corporal, insônia e alucinoses. Moralmente, era causa de tormentos e humilhações. Os sacerdotes, chamados de "diretores de consciência", quando da estatura moral de um Tomás de Aquino, eram caridosos, discretos, pacientes e benevolentes, com excelente indução de cura.

Entre os vários modelos de linguagem, temos o sonho e as ilusões hipnagógicas como as formas mais intrigantes para ser trabalhadas em psicoterapia.

Para a fenomenologia, o sonho não tem o sentido oracular dos antigos nem é simples simbolismo de impulsos reprimidos; é tão somente mais um espaço aberto para as possibilidades existenciais.

Num primeiro momento, leva-nos à compreensão do ser no mundo, do seu modo particular de viver e vivenciar seu mundo; não nos dá uma explicação de causa e efeito nem facilita uma interpretação, mas permite-nos evidenciar os nexos, os significados, o fluir das vivências. Qualquer inferência subjetiva que fizermos, mesmo quando alicerçada em hipóteses confiáveis, corre o risco de distorcer o verdadeiro sentido do sonho em pauta.

Outro momento onírico consiste em ajudar o paciente a perceber sua existência, o uso que tem feito de seu tempo e de seu espaço, as distorções do seu viver (o que lhe é supérfluo e o que lhe é ausente), os núcleos conflituais de sua personalidade, o desempenho de seus papéis e, enfim, suas possibilidades.

O desejo humano, polimorfo e complexo, encontra no cinema um modo particular de vivenciar fantasias as mais diversas, sendo as sexuais as de maior atração. Nesse sentido, o cinema é libertador, pois possibilita a projeção e a sublimação de inclinações emocionais que vão das mais destrutivas e odientas às mais ternas, afetuosas e conciliadoras.

Merecem registro as catarses dionísicas, as orgias e as libações extremadas, as emoções tribais que procuram civilizar-se nos campos esportivos, bem como o exorcismo ligado à bruxaria clerical com mandalas, mantras, cânticos, danças, círculos, meditações, unguentos, incenso, nos quais os humores são excitados e "canalizados" com o objetivo de transportar e aplicar "a sutil substância da mente".

As orações, como forma de catarse, compõem o antídoto de religiosidade contra as forças emocionais destrutivas, permitindo ao sujeito safar-se das angústias e dos temores fóbicos, do ódio e da ira. Dependendo do grau de sinceridade, da crença e da fé, as orações ajudam a pessoa a rever sua agressividade, os sentimentos de culpa e a baixa autoestima, fortalecendo-a para as lides cotidianas e os desafios da vida. E, ainda, abre o ser para os sentimentos nobres, entre os quais o amor pontifica e a paz se faz presente. As orações ajudam na expulsão dos demônios, a metáfora secular para a inveja e a crueldade humanas.

Em algum lugar do mundo, num dia igual à eternidade, dois pobretões aguardam a convocação de um senhor que insiste em não dar as caras. E ali ficam esperando, *Esperando Godot*, tal como foi denominada a peça teatral de Samuel Beckett (2006).

Comédia ou tragédia? – pergunta-se. O fato é que essa obra marcou a transição na estética dramática do século XX, mais precisamente nos anos 1950, espelhando um instante a ser identificado como a catarse frustrada, aquela não acontecida, também chamada de catarse do absurdo, explicitando o surreal da condição humana.

Vladimir e Estragon, personagens abstratas, estão lançados em uma paisagem desértica (palco vazio, uma árvore e a lua), paralisados pela "obrigação" de ali permanecerem, aguardando a resolução de algo compromissado com tons de realidade e fantasia.

Os críticos teatrais dispersaram-se em menções diversas, e várias leituras foram descortinadas naquela construção teatral. A espera poderia ser por Deus ou pela morte. A peça poderia conter, ainda, reflexões acerca da Segunda Guerra Mundial ou da angústia sobre o sentido da vida, bem como outras hipóteses controversas e tudo que pudesse explicar o clima de uma expectativa infinda.

Os vagabundos conversam, mas não chegam a nada, permanecem no vazio, sem perder a esperança naquele encontro enigmático e incerto.

Esperando Godot, uma parábola, resume de maneira apurada a catarse frustrada, a catarse ansiosamente aguardada que, inexplicavelmente, não ocorre, como em muitas das sessões de nosso trabalho analítico/terapêutico, o momento estagnado, a vida desprovida de ação.

Sócrates (469-399 a.C.) legou-nos um modo de nos relacionar com o outro, por meio de debates sobre questões de ordem política, moral, religiosa, jurídica e psicológica. Conta-nos a história que ele tinha profunda convicção de seu "papel de conversador" e a consciência de missão quase religiosa – responsável pelo gesto de sacrifício da própria vida.

Para toda catarse de palavras, há a questão da memória. A recuperação das lembranças e a possibilidade de surgirem falsificadas são tema do livro *Histórias histéricas*, de Elaine Showalter (2004).

Nos anos 1940, com o uso do "soro da verdade" (pentotal), a farmacologia foi capaz de induzir as mais violentas catarses mentais, acompanhadas de vívidas imagens, trazendo à consciência lúcida lembrança do que até então estava nos desvãos penosos da memória.

O uso da mescalina, conforme nos relata Huxley em *As portas da percepção* (1984), aviva a percepção das cores, não só no mundo exterior, mas também no mundo interior, propiciando "revelações" próprias das catarses místicas.

As drogas, lícitas ou ilícitas, servem como catalisadores da ampliação dos processos inconscientes até então recalcados. Cada droga tem sua especificidade psicoquímica capaz de produzir esse ou aquele "estado alterado de consciência", qualquer deles de indução catártica.

No consultório médico ou no ambulatório hospitalar, na sala do analista ou do psicodramatista, a fala do paciente e suas vivências dramatizadas têm de ser protegidas. Moreno proclama a necessidade do compromisso ético do grupo com um código referendado que está publicado no livro *Psicoterapia de grupo e psicodrama* (1974). Winnicott chamou o consultório de "lugar de segurança"; Bion, de "função de continência"; Ronald Britton, de "santuário". Eu diria: a fala do paciente é sagrada e a sala de psicoterapia é o sacrário.

A catarse pela catarse poderá trazer a ameaça da loucura e da violência. Para que isso não ocorra, é necessário configurar alguns auxílios e amparos que possam dar limites no tempo, no espaço, na emoção, na temática, na movimentação corporal e nos critérios ensinados tão sabiamente por Moreno no uso da ação dramática.

Muitas vezes, o diretor de cena e seus auxiliares têm de intervir energicamente para conter excessos. Porém, o grupo se colocará como "rede de apoio" e ajudará na compreensão do ocorrido.

No campo da experiência individual, a razão, como expressão cognitiva, perceberá a intensidade da catarse e lhe dará o freio necessário e o movimento desejado, a meta possível. Cada pessoa sabe como seu corpo e sua mente, seu gesto e seu pensamento poderão extravasar as divergências internas.

Gênese da catarse psicanalítica

Em 1886, Freud iniciou publicações referentes à sua clínica médica, que passava pela neurologia, pela psiquiatria e pela hipnose, resultando em estudos consistentes sobre a histeria e outras neuroses.

Com Breuer, publicou *Estudos sobre a histeria* (1969). Entre os cinco casos clínicos apresentados no livro, sobressaem o de Anna O. e o de Emmy von N.

Primeiro, Breuer descobrira, por meio de suas observações, que o sintoma histérico sumia de forma permanente quando havia a catarse do fato provocador dos sintomas. Quando o afeto patógeno vinha à luz de modo claro, na forma de palavras, a doença (geralmente, paralisia) cessava e a psicoterapia se apresentava efetivamente curativa.

Anna O. criou duas expressões para aplaudir a técnica: "*talking cure*" (a cura pela palavra) e "*chimney sweeping*" (limpeza de chaminé).

Nesse caso, a hipnose ainda era utilizada para promover a catarse. Com o tratamento de Emmy von N. por Freud, porém, houve o abandono dessa prática e iniciou-se a *associação livre* – ou seja, a catarse seria promovida pelo estímulo ao cliente para falar espontaneamente, trazendo à consciência lembranças significativas. Assim, a rememoração catártica era conseguida em pleno estado vigil, sem hipnose, permitindo descobrir lacunas nas memórias.

As experimentações clínicas continuaram até que, em 1914, época incluída entre os anos da maturidade, Freud, no artigo "Recordar, repetir e elaborar" (1969d), definiu um adequado entendimento sobre a importância da transferência e da resistência no processo do tratamento psicoterápico. Nesse instante, inauguram-se as psicoterapias ditas científicas.

Ao propor analisar o *discurso catártico*, Freud propunha trazer o recalcado para o contexto da fala coerente e ampla (a *palavra plena* de Lacan), numa forma sofisticada de catarse, com a ideia de que o paciente procura amparo no desamparo, fortaleza na fraqueza e clareza para o enigma, e de que o analista possa entendê-lo na escuta das entrelinhas.

Além de as lembranças traumáticas inconscientes serem rememoradas, as fantasias inconscientes (sexuais ou não) são tratadas, as expressões pulsionais são pesquisadas em seu destino e o desejo enigmático ganha também um lugar no interesse do analista. Posteriormente, Freud utilizou-se do momento catártico para introduzir no domínio da técnica a noção de construção ou reconstrução, em analogia ao trabalho do arqueólogo.

O importante não seria impedir o sintoma por meio da sugestão, e sim explorá-lo até atingir o afeto retido, bloqueado, permitindo-lhe "movimentar-se". A mobilidade afetiva é que vai ajudar na cura, estimulando a espontaneidade e propiciando a criatividade. Rememorar para não atuar, elaborar para curar e lembrar para esquecer são motes que no psicodrama encontram sua correspondência no dramatizar para desdramatizar.

A descoberta essencial de Freud foi que a relação afetiva entre paciente e terapeuta era a mais poderosa arma na possibilidade de tratamento e cura, suplantando a sugestão hipnótica, o discurso moralista e a catarse de ab-reação.

A partir do novo direcionamento dado por ele ao trabalho psicoterápico, criou-se um equívoco no "mundo psi": o vocábulo "catarse" sumiu da literatura especializada, mesmo sabendo-se que o fenômeno catártico continuava sendo fator importante, até para permitir o desdobramento das intervenções necessárias subsequentes à fala.

Outros autores propõem métodos catárticos diversos, aos quais se denominou "neocatarse". Entre eles, cito: Reich, Ferenczi, Groff, Erik Erikson, Arthur Janov, Lowen, Perls. O próprio Moreno deve ser incluído nesse time de inovadores, com sua catarse de integração.

Em Lacan, pode-se dizer, o analisado é o *discurso catártico*, por meio da escuta. A escuta já estava em Freud, porém Lacan elevou-a como técnica singular. A ideia é que o paciente possa se encontrar por meio do próprio discurso, da própria fala, o desconhecido até então, ao receber a intervenção do analista.

Philippe Julien (1993), no texto "A análise como exaustão do simbólico", demonstra que o tratamento/a cura se dá no primado do simbólico, no qual se reconciliam o universal da linguagem e o particular da palavra, o que ocorreria na equação ternária: intersubjetividade + palavra plena + a história contada (o discurso catártico). A palavra sozinha é quase inútil, é incompleta. Um interlocutor deve estar presente, sempre, para validá-la.

A essa equação, J. L. Moreno acrescentou um termo: encenação, ou dramatização, criando a equação quaternária das psicoterapias grupais.

O terapeuta deverá estar atento a lapsos, atos falhos, mecanismos de defesa, enfim, a tudo aquilo que, na fala do paciente, possa ser visto como expressão de um inconsciente dinâmico e pessoal.

O paciente, à medida que desenvolve seu discurso catártico, concomitantemente vai recebendo as intervenções do terapeuta e o até então insuspeitável na estrutura do seu pensamento, na organização dos seus sentimentos e na dinâmica de seu comportamento; enfim, permite desvelar seu desejo e sua singularidade.

Ao instituir um dispositivo analítico peculiar, Lacan pretendeu que o cliente pudesse associar ideias e praticar a autointerpretação mesmo fora das sessões analíticas. Com base nele, pode-se dizer que a alienação do gozo é uma forma de catarse: o que é expelido do corpo é reencontrado na fala, na escrita, na dramatização. Enfim, o discurso designa a maneira pela qual se regulamenta o gozo dos sujeitos falantes.

A ênfase dada por Lacan (1998b) à palavra ou à linguagem falada não encerra as dúvidas de quem se dedica ao mister das dramatizações. A pergunta que não se cala é: como são aproveitados no psicodrama outros tipos de linguagem, como a corporal, a estética dramática, a dos gestos, a das mímicas e a das ações lúdicas? Freud (1968) vem nos socorrer:

> Ao ouvir o vocábulo linguagem, não devemos entender apenas a expressão do pensamento em palavras, mas também a linguagem gestual (corporal) e qualquer outro tipo de expressão da atividade psíquica, como exemplo, a escrita e o sonho.

Trata-se, pois, de valorizar o verbal e também o não verbal. Laplanche é assertivo: "Na história individual temos o direito de falar até de um estágio pré-verbal, onde se detecta a sintomatologia de certas neuroses".

21. Entrecruzamento dos silêncios

COMEÇO POR PERGUNTAR: como nasceu o silêncio no trabalho do analista? A resposta encontramo-la no volume II – *Estudos sobre a histeria* – da *Edição Standard Brasileira das Obras Completas de Freud* (Imago, 1969b).

Freud atendia à paciente Frau Emmy von N., de 40 anos, quando ainda se utilizava de sugestões e intervenções hipnóticas. Era seu primeiro uso da técnica hipnótica, aprendida com Breuer.

No decorrer de uma das sessões, a paciente contorceu o rosto, crispou as mãos e gritou: "Fique quieto!"

Em outros momentos pediu-lhe que parasse de interrogá-la, permitindo-lhe expressar "o que tinha de dizer".

A partir dali, Freud descobriu a "compulsão à associação", compreendendo que deveria ouvir os pacientes nos mínimos detalhes, sem indagações. Propôs-se, assim, a criar uma "terapia mais sensata", conforme nos informa Peter Gay (1989).

O silêncio do analista não é abandono do cliente, não é ausência da sessão ou desistência do tratamento. Trata-se de outra coisa, de outra forma de estar presente, a que chamamos de "quietude compartilhada".

Assim, com o grito de Emmy von N., criou-se uma atitude de silêncio, porém com a necessidade da palavra para confirmá-lo. Paradoxos a ser mais bem entendidos.

Mantendo-se quieto, o analista passa por um momento de "autocastração simbólica", instalando-se a "escuta equiflutuante".

O silêncio do analista é que vai permitir o surgimento da "transferência lacaniana": o sujeito do suposto saber.

No início do tratamento, o analista fica calado, encarnando uma pergunta: quer saber, ouvir e entender o que o paciente parece não saber dizer.

Inúmeras são as formas com que o profissional exercita o seu silêncio: pela dúvida, com a hesitação no entendimento do que ocorre, com a busca de certas qualidades afirmativas.

A dialética do calar e do falar (do falar e do calar) promove um movimento essencial à análise. Enquanto um cala, o outro se estimula a falar. O silêncio do analista não deve traduzir desânimo, agonia do desejo ou "pulsão de morte".

Se o paciente nos procura com a consciência do que seja uma análise, cabe-nos escutá-lo para surpreender em seu discurso as astúcias do inconsciente em lhe driblar a razão.

Para J. D. Nasio (2010), haveria três formas do silêncio: o da escuta, o da pausa para pontuar o discurso do paciente e o que permeia a relação transferencial. Quando falar e quando calar torna o saber-fazer da análise.

Do texto "A lógica da fantasia", de Lacan (2003b), retiramos algumas ideias interessantes. Vamos a elas. O autor refere-se à ação do clínico que atesta o discurso de seus pacientes – que, por sua vez, retoma o discurso do analista, em todas as sessões, em todos os dias, autorizando a ideia de que a frase é uma fantasia e vice-versa. Segundo ele, nas "atuações" do neurótico pode-se perceber uma reles aproximação com a fantasia, pois o paciente se empenha em sustentar o desejo do Outro.

Se entendermos bem o quiproquó de que nos fala Lacan, com o masoquismo permanente dos discursos, teremos de registrar o termo "covardia", que nos é fornecido como o mais adequado para rotular a fala do paciente.

Nesse mesmo texto, Lacan faz do "ato sexual" o arrimo do silêncio, com a formulação: "Quando a demanda cala, a pulsão começa". A erotização é a responsável por todos os tipos de tratamento e, repetindo, Freud afirma: "A cura se produz por uma recidiva amorosa". Dito encontrado em "Delírios e sonhos na Gradiva de Jensen" (1974a), uma bela leitura freudiana a que se obriga conhecer todo analista de boa cepa.

O analista não deverá ter medo do silêncio: o do cliente ou o dele próprio.

No início do século XX, Theodor Reik (1975) apresentou um texto na Sociedade Psicanalítica de Viena que ficou famoso pela graça do título: "O encontro com o terceiro ouvido". Ele se referia à capacidade do analista de ouvir além do que a sua anatomia fisiológica pudesse proporcionar-lhe na escuta. Para isso há a necessidade do silêncio do profissional. Qual é o significado dessa situação própria da psicanálise? O que se espera escutar do *quantum* emocional do paciente? O que haverá dos sentidos ocultos?

O paciente passa a participar da relação analítica quando é capaz de falar, e para o isso o analista propõe-se a permanecer calado. A cada momento o silêncio do analista terá um significado para o paciente: o que o analista quer de mim? O analista escuta o que está nas palavras faladas, mas também o que não é dito.

Reik (*apud* Nasio, 2010) escreve: "Parece-nos bem mais importante detectar o que o discurso esconde e o que o silêncio revela".

Em princípio, as várias formas de silêncio podem corresponder ou ter analogias e metáforas com os aparelhos anatomofuncionais: silêncio erótico-uretral, erótico-anal e erótico-oral. Trata-se de um tema antigo das primeiras psicanálises.

O silêncio do analista tem uma intenção dinâmica. Para Freud ele compõe um movimento que vai "da percepção ao domínio da pulsão".

O silêncio do analista pode referir-se ao efeito de uma palavra em espera. Não se trata de esquecimento ou desinteresse, muito ao contrário, é a própria atenção equiflutuante.

O maior silêncio do analista é o que se atrela à preocupação com a possibilidade do suicídio do cliente.

O silêncio do analista pode traduzir momentos de reflexão, análise do que se vai dizer ao paciente, aprendendo a romper seu silêncio de forma adequada, a fim de construir e não destruir.

O silêncio do analista pode lembrar a ausência/presença do objeto-voz, enquanto o divã lembra a presença do objeto-olhar.

Pode-se hipotetizar que o silêncio do analista é resistência, contra-transferência. A contratransferência, conforme Lacan, deve ser tratada pelo analista em sua análise ou supervisão.

Pergunta-se: o silêncio do profissional é parte da técnica, do método analítico, do ato analítico? De qualquer forma terá significação, a que se chama "lugares revelados". Quando esse silêncio é siderado, imobilizado, inerte como um gozo, pergunta-se: que fala do paciente tem essa potência da paralisia?

Um estudo longo e difícil. Estaríamos falando do silêncio da morte?

Falando ainda do silêncio

SILÊNCIO É O ESTADO mental de quem se cala, abstendo-se de expressar-se pela fala. Trata-se de privação voluntária, no mais das vezes, de resultado mais amplo, assim: o não escrever, o não publicar, o não manifestar os pensamentos e as opiniões, o não comparecer, o não participar, o não querer e o não desejar, salvo os aspectos inconscientes.

O silêncio é cúmplice do sigilo, do mistério e do segredo. É comparsa do autoritarismo, da censura e das ditaduras (externas e internas). E também companheiro das repressões religiosas, como o "silêncio obsequioso" imposto pelo Vaticano a seus membros em determinadas ocasiões. Mas também está presente nos ambientes silentes das contemplações místicas, onde as meditações têm como zênite a iluminação. Ele faz par com a morte, com Tânatos, com a perplexidade do não ser.

Em termos filosóficos temos de considerar a quietude um momento reflexivo. Reflexão é a capacidade de concentrar-se em si mesmo, permitindo ao espírito divagar sobre ideias, sentimentos, representações, desejos.

Desse viés, é uma virtude que dá conta dos fatos, sopesa os juízos, controla a impulsividade. Quem reflete pensa, contempla, medita, voltando-se para si mesmo com a intenção de colher frutos maduros da ponderação com fertilidade. O moralista Baltasar Gracián predica: "É no silêncio que a prudência refugia".

Na poesia, a quietez é a intensidade da vida espiritual em busca do infinito. Como nem todos são poetas, para alguns é terrível entrar no processo imaginativo da expressão livre, espontânea e criativa.

Como afirmação da identidade, o emudecer traduz o espanto da pessoa por ser-lhe dada a liberdade de se expor, talvez uma novidade para sua vida expressiva.

A fala abafada leva-nos a pensar no marasmo psíquico, na contenção do pensamento, na inércia mental. Trata-se do quadro psiquiátrico de importante amplitude, expresso na incapacidade fonética, o que significa, às vezes, a dificuldade de entrar na relação afetiva com o outro.

O silêncio ocorre não só durante o processo terapêutico propriamente dito, mas também durante as chamadas fases pré ou para-análise, em que se incluem as entrevistas preliminares, a psicoterapia de apoio, o aconselhamento e a ação de ajuda.

Avaliação e hipóteses clínicas

WILLIAM JAMES (*APUD* LAING) dizia que o não querer se comunicar é "a punição diabólica jamais inventada", que pode ocorrer com o paciente.

A indisposição de o cliente comunicar-se pode ter conteúdos conscientes e inconscientes. Se consciente, permanece no plano da "má-vontade" ou, simplesmente, da "não vontade". Perscrutar esse subjetivo é tarefa do terapeuta. Vários autores ensinam que o paciente se nega a "entrar" no processo terapêutico por medo, orgulho, amor-próprio, vergonhas, empáfia ou arrogância. O paciente gostaria da participação do terapeuta em seu sofrimento, mas sem que ele se intrometa em sua vida. O pensamento predominante seria: "Não posso aceitar a ideia de ser libertado por outro que não seja eu mesmo", máxima do oracular F. La Rochefoucauld, citado por Lacan, para dar dimensão ao amor-próprio.

O estudo da sintomatologia neurótica da infância (que não deve ser confundida com a neurose do adulto) mostrará o paciente como filho de família ansiosa, supercrítica, com laivos de sadomasoquismo em suas relações identificatórias, em que a criança, um dia, sentiu-se abandonada, fragilizada, tornando-se incompetente para enfrentar o mundo social, resultando no adulto inibido e tímido.

Muitas vezes, o silêncio apresenta-se como um núcleo incompreensível e, como no "umbigo do sonho", não se tem acesso à linguagem escorreita e ao pensamento claro que a deveria preceder. No entanto, como diz Radmila Zygouris,

> abrir-se ao pensamento não é algo fácil. Às vezes, são necessários anos para familiarizar-se. Alguns analisandos nunca chegam lá. Outros são muito talentosos. E isto não tem relação alguma com as normas da psicoterapia.

O silêncio prolongado do adolescente é um comportamento bem conhecido pelas famílias. E parece-nos dizer tão somente de seu medo do pai repressor (e da mãe, por que não?). Acrescente-se a isso o silêncio fóbico, o medo de dizer bobagens, asneiras e quejandos.

A ausência total, ininterrupta da vocalização indicaria a possibilidade de o paciente estar regredido ou até mesmo psicótico. O autismo em expressão temporal maior, impondo-se de forma absoluta, é preocupante e requer outros modos de intervenção.

O silêncio apresenta-se ainda como reflexão de paz elaborativa, um jeito não verbal de comunicar-se, como mecanismo de defesa, negativismo depressivo, agressividade contida, sexualidade recalcada, dificuldade de pensar e de explicitar o pensado, ideação obsessiva. Como pulsão de morte e expressão de desamparo e medo são outras formas de pensá-lo.

Para Ferenczi, o psicoterapeuta estaria no lugar de todos os interlocutores da vida anterior do paciente que, provavelmente, não o escutaram, podendo então percebê-lo como nova ameaça, reativação de ansiedades primitivas.

O estado de introspecção pode fazer parte do comportamento do paciente que Betty Joseph chamou de "o paciente de difícil acesso" e Joyce MacDougall denominou "casos difíceis", caracterizados basicamente por viscosa resistência a mudanças estruturais por serem portadores de uma inação caracteriológica defensiva.

O silêncio como tentativa de sedução é hipótese a não ser desprezada. Devemos perguntar sempre: a que estrutura psíquica pertence o cliente calado – à neurose, à psicose, à perversão? Inúmeras versões são estabelecidas para o entendimento da "distração" no diálogo terapêutico: birra infantil, equívocos do discurso, expressão dramática de um sentimento, pedido de ajuda, sentimentos de inveja e competição e o sentir-se ameaçado pela "onisciência" do terapeuta.

O profissional pode levantar inúmeras hipóteses, até as mais incríveis, sem obrigação de repassá-las ao paciente: ímpeto assassino, erotismo dirigido ao terapeuta, desejos suicidas, canibalismo, medo do sadismo do terapeuta, dúvidas sobre o saber do terapeuta. Questões e hipóteses fazem parte do exercício de pensar do terapeuta, e a oportunidade de comunicá-las compõe a cuidadosa tarefa de intervenção.

Estar pensativo traduziria obstinação, procrastinação, manobra a favor da estagnação do processo terapêutico ou incapacidade de fazer associações de ideias e de explicitá-las. Será o paciente portador de um segredo que teme revelar? Traria ele, em seu imaginário, a ideia de que os terapeutas comentam as sessões em suas rodas sociais, com risco de identificá-lo? O silêncio é uma forma de *acting-in*.

No deprimido é capítulo importante e deve ser reconhecido de forma adequada. A depressão leva a pessoa para dentro de si, retraindo sua rede sociométrica e desvalorizando seu átomo social.

Personalidades introvertidas com expressão de timidez e fobia social, somadas à agressividade, requerem diagnóstico mais refinado: pré-esquizo-frenia, caracteropatia?

Diagnóstico delicado é o da personalidade narcísica. Sendo aquela que não tem outro objeto de desejo senão ela mesma, não é capaz de participar do processo transferencial. Sem fazer trocadilho com a lenda, diz-se que Narciso não permite Eco em suas relações. O silêncio seria uma forma de atestar tal afirmativa.

Pessoas infantilizadas trazem uma gama de comportamentos característica de seu estado, justificando um modo de ser acanhado: deficiência na capacidade de observação de terceiros, dificuldade de tomar decisões, possibilidade prejudicada de expressar-se, sentimento precário de identificação etc.

A privação da palavra pode surgir como sintoma da revolta íntima de não aceitação da assimetria relacional paciente-terapeuta, disputa narcísica invejosa, com a fantasia de que com a mudez ele (cliente) vencerá o jogo estabelecido com o terapeuta, traduzido no pensamento: "O terapeuta não vai mandar em nada, eu vou conduzir o diálogo". Talvez exista a vontade de desqualificar e destruir o analista ou, mais precisamente, objetar e obstruir seu sucesso clínico ou tomar seu lugar de confidente. Muitas vezes, o calar-se é "arma" do perverso para não permitir a constituição de seu terapeuta, um modo de ameaçá-lo, criando-lhe medo, insegurança e exacerbando-lhe os conflitos pessoais e profissionais.

O médico pode ater-se, ainda, ao que popularmente é chamado de "dar branco" – o vazio do pensamento, menos próximo do *white*, correspondendo, sim, ao *blank* do inglês (*blank* = espaços vazios). *Blank* significa "neutro" e, por extensão, "neutralizado". Diante de um sentimento ambíguo ou de dois pensamentos contraditórios, o pensar paralisa-se, é neutralizado, dá branco.

Jules Masserman, estudioso das ur-ansiedades, coloca a "boca fechada" como a descrença e a desconfiança do cliente em relação a outras pessoas na vida de modo geral.

Contribuição da psicanálise freudiana

A PSICANÁLISE PODE SER vista como um método de psicoterapia e como ciência de pesquisa do funcionamento mental e da estrutura da personalidade, de acordo com as normas da IPA. Desse segundo viés, garimpei algumas hipóteses a respeito do silêncio no diálogo terapêutico.

Repressão, recalcamento ou recalque

Em princípio, a repressão é definida como tática ou método de defesa usado pela mente humana para evitar que tenham acesso à consciência as excitações ou, mais precisamente, as representações desconfortáveis, ligadas ou não à pulsão, diante das exigências do próprio ego. O ego organiza-se pelo perigo que corre de perder o controle e "fazer" uma loucura. Também pelos medos: o medo menor de ser julgado, condenado e punido e o medo maior, o de ser aniquilado. Assim, esse mecanismo de defesa controla a pulsão, organiza o ego e assegura o amor do objeto.

Depois de certo momento histórico, todo e qualquer acontecimento psíquico responsável por um conflito ameaçador de desconforto e ansiedade passou a ser considerado passível de ser reprimido. E isso ocorreria por exigências psicológicas, morais, socioculturais e outras de semelhantes naipes.

Dessa forma, atuação sexual fora de contexto, má educação, paixões condenadas, impulsos ditos imorais, agressividade, incesto, maldade, inveja, atos antissociais, ódio, ciúmes, desejos parricidas, matricidas, filicidas, fratricidas, suicidas, assassinos e perversões, tudo passou a compor o lixo a ser distanciado da luz do processo civilizatório.

Diversas formas de esquecimento, titubeios no discurso corrente, a gagueira, o silêncio, a timidez, o mau aproveitamento escolar, a desorganização de vida, as neuroses de modo geral são aspectos clínicos da repressão.

Da repressão surgem "freios emocionais poderosos" como o pudor, a vergonha, a repugnância, normas morais, questão de gosto, atividades artístico-culturais, pesquisas científicas, interesses intelectuais e religiosidade.

A repressão está visceralmente incluída na pauta comportamental do homem civilizado. Ela é inevitável, necessária e indispensável para a estruturação do desejo humano.

Inibição (burrice emocional)

Pouco valorizado, esse mecanismo talvez seja o que está mais presente nas várias formas de neurose. Algumas vezes, é chamado de "bloqueio emocional" e "bloqueio da criatividade".

Por ele são inibidas funções expressivas da constituição da pessoa: percepção, psicomotricidade, fenômenos cinestésicos, funções corporais e a capacidade para relacionar-se com o outro. Falhas intelectuais e linguísticas, dificuldades para as trocas afetivas, falta de "malícia", perplexidade diante do sexo e ausência de ação diante da agressividade são outros sintomas da inibição.

O silêncio excessivo, traduzindo um bloqueio do falar, é uma forma de inibição. Pessoas muito caladas geralmente são inibidas... ou sábias.

O embaralhamento para compreender os discursos socioculturais leva, na prática, ao que se chama "burrice emocional", sem que isso signifique prejuízos primários do intelecto. A inteligência pode ser resgatada em sua integridade por meio de psicoterapias.

Isolamento verbal

É a tentativa obsessiva de distanciar-se das experiências afetivas ameaçadoras. O paciente isola-se em seu "pequeno mundo", quase sempre em torno de ideias filosóficas complicadas, para proteger-se dos impulsos instintivos.

Na trilha de Freud, Karl Abraham diz dos pacientes de caráter obsessivo, que se negam a participar da "obrigação de falar", esperando que o terapeuta se encarregue de todo o trabalho. Tais pacientes seriam portadores da "prisão de ventre mental".

O secretamente familiar

O silêncio poderia ser um simples elemento do quadro emotivo mais complexo, a que Freud chamou de *o sinistro*. Seria o que é estranho, perigoso, impondo medo e, nos estudos de Freud sobre o tema, aquilo que é "secretamente familiar", o que está registrado na mente como uma cena doméstica, porém de forma alienada, reprimida, provocando reações emocionais responsáveis por abstenção mental e física.

Reação terapêutica negativa

O silêncio pode ser a ponta de um *iceberg* da chamada *reação terapêutica* negativa (o não querer se curar) abordada por Freud no texto "O ego e o id" (1923). A RTN traduziria a dificuldade do paciente de separar-se do objeto primário e primeiro de seu afeto – a mãe. Pontalis chama esses pacientes de "negativos" pela impossibilidade da renúncia ao objeto primitivo, renúncia que os integraria no processo civilizatório, adulto. Na expectativa de melhora, correspondente ao crescimento, o paciente seria levado ao desejo de ruptura com o vínculo terapêutico, sabotando-o, muitas vezes, com a contenção empedernida. As interpretações convencionais da psicanálise ortodoxa não teriam capacidade de remover esse tipo de resistência, também chamada de "resistência dura".

Intervenções e manejos técnicos

Em princípio e por doutrina, diante da quietude do paciente, o profissional "psi" deve estar preparado técnica e emocionalmente para suportá-la. Para Winnicott, o referencial do *setting* analítico, incluindo a figura do terapeuta, teria a função de "sustentação", o que significa ser capaz de se adaptar aos momentos regressivos do paciente para ajudá-lo na retomada do crescimento.

Devo dizer que o terapeuta tem de estar bem disposto para receber as poucas palavras da pessoa reticente, permitindo-se reordenar o que lhe é dito com o fito de clarear e expandir as ideias do cliente. Para isso, é necessário ter referências e critérios a ser buscados na vasta literatura "psi" existente e no próprio tratamento do profissional.

Hoje, pelo menos três vertentes marcam a forma de tratar o silêncio: a que propala a paciência, a condescendência, a espera; a que utiliza ferramentas contundentes de interferência no processo estagnado; e a que dá por encerrado o tratamento se não houver colaboração do interessado.

Freud, ao escrever para Fliess sobre a questão da resistência, assinalou: "É necessário [no caso] desenterrar o caráter infantil do paciente". Em um primeiro momento, ele propunha intervenções incisivas, para mais tarde recomendar apenas a paciência.

Dada a extensão de um debate possível, vou me prender a algumas poucas sugestões de intervenção, contando com a inteligência e a vivência clínica do leitor – supostamente um profissional da área – para fazer adaptações e mobilizar seu espírito crítico. Todos os psicoterapeutas já passaram pela própria análise e sabem como é difícil abrir o coração.

Para Balint (1988), criador da expressão "o remédio mais importante é o próprio médico", "as tensões causadoras do impasse vocabular são desfeitas com a receita repetida dessa medicação a que se chama a pessoa do médico".

As psicoterapias, dialogadas, interpretadas ou dramatizadas, são sempre uma forma de pedagogia. No entanto, de um viés inverso: enquanto no ensino pedagógico o aluno é nutrido de informações, nas psicoterapias o paciente é esvaziado socraticamente, podendo desvelar no contexto do processo suas necessidades, demandas, desejos, responsabilidades e a reorganização mental, relacional e social. Daí por que, no diálogo terapêutico, o terapeuta é um ouvinte por excelência, falando pouco, essencial e pontualmente.

A maior intimidade encontra-se na proposição freudiana da "construção" ou "reconstrução", em que se ajuda o paciente a reconstruir sua história, clareando os pontos cegos de seu romance familiar.

No diálogo terapêutico, isso também poderá ser buscado quando se estimula o paciente a essa viagem de autorreconhecimento de sua vida mental, relacional e comportamental.

O proceder "compreensivo" das psicoterapias que têm por método o fenomenológico-existencial lança mão de biografias (que o paciente pode trazer escritas para serem lidas na sessão), de álbuns de fotografias, lembranças guardadas da infância (livros, músicas, presentes, brinquedos etc.), lembranças da adolescência (filmes, músicas, condecorações esportivas, fotografias); o paciente poderá ser estimulado a escrever, em casa, narrativas mitogeracionais para ser lidas e comentadas com o terapeuta: datas familiais, registro dos nomes familiares, bem como os casos da história ancestral, narrativas outras (narratologia).

Diante de um silêncio constrangedor, alguns profissionais atrevidos propõem o uso da "intervenção disruptiva" com a frase: "Vamos encerrar a sessão. Quando decidir falar, você volta a me procurar" (perde-se o paciente, mas não se perde a verve). Porém, diante do silêncio "definitivo", o terapeuta abre mão de sua vaidade e onipotência e, de modo leal e franco, orienta o paciente a buscar outros métodos de trabalho, outro profissional, estimulando-o a refletir melhor sobre suas reais necessidades.

Uma forma surpreendente de encarar a situação criada pelo paciente é dirigir-lhe uma mensagem ambígua, ao modo de Lacan: "Eu o estou escutando". É clássica a pergunta de Freud a Dora: "Qual é a sua parte nisso tudo?" Assim, o terapeuta de hoje tentará levar o paciente a raciocinar e responder qual é "a parte que lhe cabe" nesse mutismo.

No decorrer do processo terapêutico, o paciente tem o direito de usar seu momento como bem lhe aprouver, até mesmo ficar quieto. É uma questão do direito à liberdade de expressar-se ou não.

Contardo Calligaris, em seu livro *Cartas a um jovem terapeuta* (2004), registra: "Haverá os que devem ficar silenciosos durante semanas para se convencerem de que não é proibido se calar".

A meta de qualquer terapia exige, em primeiro lugar, que o paciente possa atingir razoável nível de compreensão interna. Quem pensa bem consegue falar e escrever bem. Cabe ao terapeuta "ensinar" o paciente a pensar.

Quando o terapeuta decide fazer uma intervenção para pontuar o que está acontecendo, evitará ser intempestivo. É de boa norma chamar o paciente pelo nome, como se faz quando se acorda alguém, propondo-lhe um enfrentamento da situação apresentada como metáfora da vida, pois a primeira exigência da vida adulta é comunicar-se. A mente humana necessita das relações sociais para se formar e vice-se versa. No entanto, não se deve subestimar o acontecido, pois estar taciturno pode ter uma densidade apenas escamoteada. Pode-se pontuar com simplicidade: não queira forçar as lembranças, deixe-as surgirem naturalmente.

São tantas as perguntas que o terapeuta pode fazer a seu cliente que, retiradas do seu contexto, até parecerão sem sentido. Mas vamos nos arriscar, tomando-as da literatura: você está órfão... de ideias? De sentimentos, de projetos? Tem medo de inundar essa sala com seu discurso? Acha que eu não saberei ouvir o que tem a dizer? Acha que sua palavra pode me ferir, me machucar, me matar? O que posso fazer por você? Para que você está aqui? O que dificulta sua fala? Há algum assunto a ser evitado? Está difícil se expor, não? Você está selecionando o que tem a dizer?

A pergunta "o que está pensando" deve ser substituída, sempre que possível, pela questão "o que está sentindo" – uma forma de preservar a liberdade do pensamento e ampliar o espaço mental. O sentimento ruminado seria o elo perdido entre duas pontas do imaginário pessoal.

O silêncio pode ser entendido, ainda, como um movimento lúdico, em que o paciente, tendo o terapeuta como interlocutor, vai modulando suas emoções, elaborando-as, contendo-as, selecionando-as antes de explicitá-las. Cabe ao terapeuta observar a comunicação não verbal: movimentos corporais, gestos significativos, mímica expressiva, enfim, a linguagem corporal tão importante no processo psicodramático.

Ao fazer observações empáticas que possam "costurar" o comportamento do paciente em várias sessões, sequenciais ou não, o terapeuta transmite a mensagem de que está atento, animado para o trabalho – à semelhança da expressão "o brasileiro não desiste nunca", o terapeuta não deve jamais desistir. É sua função valorizar e ressaltar o lado maduro, adulto, desenvolvido do paciente, para ter colaboração ágil e útil nos momentos regressivos, com a intenção de ultrapassá-los. Criar clima de interesse e participação. Lembrar ao paciente que ele não necessita de nenhum "discurso" para candidatar-se ao prêmio Nobel. Estimulá-lo a balbuciar letras e palavras sem o compromisso de produzir algo excepcional. De alguma forma, transmitir a ideia de que a angústia e o medo são passíveis de superação, desde que ele seja capaz de dividi-los com outras pessoas, estando o terapeuta ali para merecer sua confiança. A ética não é a da teoria, a do conhecimento ou da retórica, mas sim a da prática exercida e demonstrada no dia a dia, com o respeitoso acolhimento.

"O analista intervém concretamente na dialética da análise, fazendo-se de morto, de cadaverizado, como dizem os chineses, numa posição proposta ao silêncio, ali onde ele é o Outro (*Autre*), ou seja, anulando a própria resistência" (Lacan, 1970).

Em ambos os casos e sob as respectivas incidências do simbólico e do imaginário, ele presentifica a morte.

22. A morte segundo Lacan

[...] e a memória dos desuses, e o solene
sentimento de morte, que floresce
no caule da existência mais gloriosa [...].
(Carlos Drummond de Andrade, "A máquina do mundo")

EM FEVEREIRO DE 1972, Lacan, mais uma vez, ocupou seu lugar de mestre na Universidade de Louvain, diante da numerosa plateia, para expor suas ideias.

Iniciou peremptório:

"Nunca pensem na morte."

"Vocês fazem bem em crer que vão morrer?"

"Se não estiverem solidamente preparados e apoiados em convicção firme de que há um fim, não suportarão a vida."

Assim, em toda a sua obra, o mestre refere-se à morte, com seu estilo excêntrico de dizer e contradizer.

Todos os seres vivos com um mínimo de percepção instintiva (nos animais) e conclusão crítica (no homem) sabem que um dia vão morrer.

Todavia, o tema é um tabu na civilização ocidental.

A título de curiosidade, registro aqui um caso de sofrimento obsessivo demonstrado por um paciente.

Ele recorrera a vários médicos e psicanalistas para expor a sua angústia: o medo da morte.

Quando chegou a mim, já veio tomado de uma decisão: buscaria a ajuda de um padre beneditino, famoso por desanuviar as tempestades da alma.

O mosteiro para onde se dirigiu ficava na Serra da Mantiqueira, no triângulo Minas-Rio-São Paulo, lá pelos lados do contraforte da Via Dutra.

Recebido pelo prior, acolhido gentilmente, dele ouviu: "Seja bem-vindo. Sob o olhar de Deus, o lema desta clausura é orar, trabalhar, obedecer e manter-se em silêncio".

Foi levado para uma cela pequenina, despojada e limpa, onde sobre a mesa pousava uma moringa de água fresca.

Seguiu piedosamente as normas do local: levantar de madrugada, ir à missa das 5 horas, tomar o café frugal de manhã e roçar o campo, com intervalos para descanso e orações. O recolhimento dava-se ao entardecer.

Depois de alguns dias de adaptação ao regime, o paciente foi convocado para um diálogo com o abade.

Falou tremulamente de seu medo.

Este, com doçura, respondeu-lhe: "Meu filho, eu também tenho medo da morte. Rezo ao Pai para dar-me um final santo... Até os animais chamados irracionais temem morrer. Observe a rês a ser abatida pelo cutelo: ela muge, defeca, urina e seus olhos brilham de compaixão...

Também nós humanos tememos esse momento e temos a alma sobressaltada.

Só estará livre dessa dor quem, religioso ou ateu, for preparado pela força maior do Espírito Santo e pelas bênçãos do Céu.

Morte e vida estão interligadas num processo natural de continuidade".

Em seguida, citou Heidegger, para quem "ser é o ser para a morte". E ainda lembrou Ortega y Gasset, crítico da imprudência do homem de postergar, sempre para depois, o seu projeto de vida.

As religiões incentivam a tese da vida após a morte, constante na evolução cósmica.

"Orai, meu filho, orai", finalizou o generoso abade.

Meu paciente retornou cabisbaixo, temeroso, silente e reflexivo.

Para Freud, ateu convicto, o ser humano é contraditório perante o ato final de sua vida, porém sem estratégia de superação. A ocorrência é ontologicamente necessária para completar e finalizar o ciclo vital de cada um.

A trilogia tebana de Sófocles (420 a.C.) relata o protagonismo emotivo de Antígona, irmã de Ismênia, Etéocles e Polinices. Todos filhos de Jocasta e Édipo.

Conforme a lenda, os irmãos homens se revezariam, a cada ano, na ocupação do trono.

Contudo, não se entenderam, entraram em guerra fratricida e se mataram.

Creonte (ainda rei de Tebas) retomou o trono e decidiu ao seu modo truculento os destinos da pátria.

Mandou enterrar Etéocles com todas as honras e proibiu que Polinices fosse assim homenageado. Fora renegado.

A irmã Antígona não aceitou tal arbítrio.

Com intenso sentimento de justiça, exigiu sepultamento e exéquias dignas ao irmão infamado.

Promoveu secretamente o enterro, honrando o falecido.

Creonte prendeu-a e a recolheu numa caverna solitária, onde ela se matou.

Entre 1959 e 1960 Lacan, em seus seminários, refere-se à tragédia de Antígona para coonestá-la com a ética psicanalítica.

"O bem", diz o mestre, "não poderá reinar sobre tudo, todavia a injustiça, com consequências fatais, não pode ser aceita e exige a luta ética". E prossegue: "A tragédia, de que nos adverte a História, deverá estar no primeiro plano de nossa experiência analítica".

A partir dessa saga grega, Lacan insiste na relação desejo-morte, ação que ele enseja (respaldado em Heidegger): o triunfo do ser para a morte. Sabendo que para isso não existe ajuda de ninguém.

"O Homem estará sempre só", diria Sartre.

Como *status* biológico, a morte pode estar junto da agressividade. No campo da linguagem, estudada por Lacan, elas estarão separadas, fora, pois, do instinto animal. Todavia, a linguagem é capaz de levar o ser humano ao capítulo da crueldade, da perversão que considera o outro apenas "uma coisa" (reificação do humano).

"*Homo homini lupus*" (o homem é o lobo do homem) é a afirmação encontrada por Freud em Plauto, antigo dramaturgo romano.

No *Seminário 11* (1985a, p. 188), Lacan registra: "A afinidade essencial de toda pulsão é com a zona da morte, e concilio as duas faces da pulsão – que, ao mesmo tempo, presentifica a sexualidade no inconsciente e representa, em sua essência, a morte".

E continua, mais adiante (*ibidem*, p. 203):

> A fantasia de sua morte, de seu desaparecimento, é o primeiro objeto que o sujeito tem a pôr em jogo nessa dialética. E ele (sujeito) o põe com efeito. Sabemos disto por mil fatos, ainda que fosse pela anorexia mental. Também sabemos que a fantasia de sua morte é brandida comumente pela criança em relação de amor com seus pais.

Num debate para se chegar ao cume, Freud insiste em saber qual é a função da morte. E diz que ensinar só se faz com o ensino verdadeiro, que está na ignorância. Assim, é aprendizagem do moto do analista.

"A relação entre o eu e a morte é extremamente estrita", afirma Lacan. Se Édipo vai pela vida provando os seus acontecimentos, a questão velada será a da morte. Por isso, só a leitura de Édipo em Colona será capaz de elucidar-nos. Por fim, a vida é um embolamento, um bolor; ela não se caracteriza por nada a não ser por sua aptidão à morte.

No *Seminário 2* (1985a, p. 299), capítulo XVIII – "O desejo, a vida e a morte" –, fazendo comentários sobre Édipo em Colona, cujo ser se acha todo inteiro na fala formulada pelo destino, presentifica a conjunção, diz Lacan, da morte e da vida. E cita Freud: "A vida é um empolamento, um bolor, ela não se caracteriza por nada a não ser por sua aptidão à morte". Seria o destino a que a dialética freudiana nos leva.

E esse é o tema presente no Édipo em Colona, que mostra o drama essencial do destino, a ausência de cuidados e fraternidade entre os semelhantes. Pelo que o "coro grego" entra em uníssono: "Mais vale ao final das contas nunca ter nascido e, se nascer, morrer o mais depressa possível".

No *Seminário 7* (1997c), Lacan ressalta um axioma: "Não ceder em seu desejo". Fazê-lo formaria a culpa, cabendo aí duas leituras. A primeira diria: a Lei não exige a renúncia ao desejo, pois é sabido: "O interdito reforça o desejo". A segunda leitura seria a da "liberdade a desejar". Não seria a psicanálise promotora dessa liberdade?

Se for entendido que "não ceder em seu desejo" é idêntico a "não ceder em sua liberdade de desejar", teríamos duas afirmações consentâneas e possivelmente ótimas.

Todavia, reforçando a filosofia de Lacan, "o que garante a liberdade de desejar do sujeito é a assunção de seu desejo de morte" (Diaktine, 1999).

No *Seminário 6 – O desejo e sua interpretação* (2016) –, encontram-se três pontos de vista sobre o desejo:

O de Espinosa – "O desejo é a própria essência do homem".

O de Freud – "O sono é protegido pelos desejos oníricos".

O de Lacan – "O desejo, sempre lato, é o desejo da morte.

> "[...] que floresce no caule da existência mais gloriosa [...].
> (Carlos Drummond de Andrade, "A máquina do mundo")

Como se depreende desta pequena leitura feita até agora, o tema deste capítulo é longo, estando disperso na obra do autor.

A pulsão de morte não é algo presente no DNA humano, pois em termos genéticos ela seria uma notável disfunção biológica.

Do ponto de vista da humanidade do ser, de sua formação cultural, de sua confirmação ética, da tendência da luta e da coragem, ela está inserida na configuração da vida. Para Žižek, ela é o impulso vital, biológico, de autossabotagem. Pode ser ainda entendida como quis Lacan: como a potência criadora, "a vontade de recomeçar um projeto".

Tal pulsão pode reverberar na morte do desejo, na dispersão das diferenças, na quebra da totalidade, na ausência do objeto, no objeto perdido. Um retorno ao inanimado, uma "outra coisa". Para Bataille, está articulada ao erotismo. Para Sade, a ideologia libertina faria par com a morte.

As transgressões, a violência, os esportes radicais – enfim, a possibilidade de romper os limites – seriam seus vizinhos.

A compulsão à repetição, explicitada por Freud, teria com a morte uma aproximação simbólica.

23. A dialética do senhor e do escravo

A fenomenologia do espírito de Hegel e a psicanálise de Lacan

Tudo o que eu escrevi é inteiramente determinado pela obra de Freud. Também li alguns outros, é claro, mas de uma maneira que não há nada comparável a Hegel. (Lacan, 1970/1998)

O profissional que se inicia na tarefa analítica, por melhor disposição que tenha, sente nas primeiras relações com o doente no divã certa angústia. (Idem)

VÁRIOS SÃO OS TEMAS e os autores que permeiam o texto fundamental escrito por Jacques Lacan com a intenção de ressaltar e formular o entendimento do conceito de angústia na psicanálise.

Lacan, desde o início de sua participação na psiquiatria e psicanálise, pretendeu ser um "pensador da cultura", permitindo a Didier Eribon – filósofo e jornalista – afirmar com serenidade: sua obra, produzida na filosofia francesa, surgiu como se fora "inspiração e confronto".

Seu estudo se fez sob a "lógica das coisas", permitindo observar quanto o sujeito pode suportar a angústia que o põe à prova a todo instante.

Entre muitos inspiradores, sobressai a famosa tríade (geração dos 3 H): Husserl, Heidegger e Hegel.

O desafio entre o senhor e o escravo ocorreria dentro do "complexo de Édipo", permitindo a inserção do sujeito no mundo cultural e histórico da humanidade.

Por certo tempo Jacques Lacan afirmara o "declínio da fenomenologia", em que pese ter usado com generosidade conceitos e vocábulos afeitos ao tema: saber absoluto, sujeito absoluto, astúcia da razão, mestre absoluto, consciência de si, e o famoso apólogo da lavra de Hegel, "o senhor e o escravo".

A temática psicanalítica, exercitada por Lacan, transfere a noção de "sujeito", então pertencente à dialética hegeliana, e referida ao campo da fala e da linguagem, articulando-se à subjetividade e à verdade.

Georg Wilhelm Friedrich Hegel (1770-1831) foi o filósofo mais importante do século XIX, depois de desistir de tornar-se pastor protestante. Foi professor das universidades de Jena, Heidelberg e Berlim, sendo reitor da última entidade.

Para ele, a função da filosofia seria a de examinar a consciência como processo de formação, a partir da cultura a que pertencesse, do seu lugar na história, estabelecendo-se como "a ciência da experiência do que fosse denominada consciência".

Sua obra, em termos processuais, é fortemente sistematizada: apela para os múltiplos aspectos do saber humano e da busca da verdade, direcionando-a ao Absoluto.

O doutor em filosofia Danilo Marcondes (1999, p. 126) promove pertinente comentário referido ao texto.

> O texto aqui selecionado é considerado uma das passagens mais centrais da Fenomenologia do espírito. Contém uma análise dialética do processo de formação da consciência como determinado pela relação com o outro – visando impor-se ao outro como sujeito, mas, ao mesmo tempo, pressupondo o reconhecimento de sua própria identidade pelo outro, que considera assim esta consciência com que se relaciona, por sua vez, como objeto.

A relação entre duas consciências é, portanto, uma relação entre duas objetividades/subjetividades, que se visam mutuamente como objeto. Trata-se de luta entre "vida e morte" que, segundo Hegel, é travada entre consciências.

A metáfora da relação entre o senhor e o escravo, entre aquele que submete e o que é submetido procura mostrar, entretanto, como dialeticamente os papéis acabam por se inverter, já que o senhor também precisa ser reconhecido como tal pelo escravo.

O processo de submissão acaba por degradar aquele que procura submeter o outro.

Pode ser isto entendido como processo didático/dialético?

Resposta provisória:

Também descrito como "método dialógico", esse teor retórico tem um foco, consistindo em contradições de ideias, contraditórios jurídicos, na arte do manuseio com as palavras, na arte estética do diálogo, tese argumentativa para definir de modo claro os conceitos envolvidos em discussões retóricas necessárias.

Em *Outros escritos* (2003a, p. 155), temos repetido o famoso Discurso de Roma, com um rodapé para complementar a importância da dialética, da fenomenologia e, por fim, da psicanálise de Lacan.

Ainda em *Outros discursos*, diz um aluno ao mestre:

> Nem sempre compreendi as coisas que o senhor nos dizia (sou severo com meus discípulos), mas pude constatar que, sem que eu saiba como, o senhor havia transformado minha maneira de ouvir os doentes de quem eu tinha de cuidar.

Apólogo é a narrativa em prosa ou em verso, geralmente dialogada, que encerra uma lição moral, na qual figuram seres imaginários dotados de palavra.

No apólogo do senhor e do escravo, dois homens lutam entre si: o homem livre é aquele que arrisca a vida, o homem vencido não ousa fazê-lo.

Esse apólogo teve intensa repercussão no marxismo, no existencialismo e na psicanálise, fixando-se como a melhor parábola filosófica. Os autores que marcam com seu estigma intelectual os vários trechos de leitura da *Fenomenologia do espírito* de Hegel (2011) são Kojève, Hyppolite e Lacan.

Alexandre Kojève produziu a obra *Introdução à leitura de Hegel* (2002) trabalhando com o método da análise estruturalista e reafirmando o que Hegel registrara: "O senhor é a própria consciência de si, porém, a despeito disso, ele parece necessitar do escravo, que cumpre o papel de sua consciência".

Kojève explicita o chamado "impasse existencial": o senhor lutou pela sua vida – o que seria construir o próprio reconhecimento. No entanto, recebeu apenas reconhecimento sem valor para si, o reconhecimento do escravo, quando gostaria de ser reconhecido por alguém digno de fazê-lo, múnus que o escravo não possui.

Assim, o senhor nunca estará satisfeito. Só a quantidade de escravos que venha a possuir poderá satisfazê-lo. De outro lado, o escravo se mantém sempre na única situação reservada pelo destino, pela natureza ou pela condição humana.

Hyppolite (1946) ressalta a nobreza do trabalho e a dialética da sujeição, marcando: "O senhor como escravo do escravo e o escravo como senhor do senhor".

O apólogo do senhor e do escravo reverte-se na metáfora célebre pelas mãos de Hegel, à época com 37 anos. O texto por ele produzido foi reconhecido de modo popular em 1807.

É no capítulo IV da *Fenomenologia do espírito* que os estudiosos encontram elementos para entender o apólogo e popularizá-lo.

Nesse capítulo há desdobramentos responsáveis pelo movimento do desejo e do saber absoluto (saber do saber), no sentido filosófico puro.

Lacan fará as aproximações necessárias com a temática do desejo, que ele soma com rigor à filosofia de Hegel.

Aí surge o Lacan filósofo (2005a, p. 32): "O 'salto' que me caracteriza em relação a Hegel é justamente o que concerne à função do desejo".

No *Seminário 1*, capítulo III, p. 189 – "A báscula do desejo" –, Lacan inicia o estudo do narcisismo e do Ego (eu) para adentrar a exploração discursiva do desejo.

Diz o mestre: "[Aqui] começamos a estar em plena filosofia".

"O desejo do homem é o desejo do outro, axioma válido para a captação imaginária."

Nas várias leituras que fizemos, o axioma anterior ora é atribuído a Hegel, ora a Kojève e, afinal, a Lacan.

De qualquer forma, o importante é assinalar que o "retorno a Freud" se deu à luz das ideias de Hegel, tendo como "supervisor" o filósofo russo Kojève.

Assim, o desejo seria a duplicação da passagem da consciência de si para a consciência do outro. Lacan aumenta o valor do desejo que em Hegel estaria pouco explorado. Cria-se a partir daí a "universalidade afetiva", na qual se valorizam as leis da tribo e sua relação com as leis da pólis.

O homem quer ser reconhecido na sua subjetividade, na sua diferença, na sua singularidade de "sujeito", conforme conceito de Lacan. Ele quer ser reconhecido como "sujeito desejante". A dialética do apólogo, pois, é a própria história do desejo humano.

Considerando a leitura da obra de Hegel um desafio intelectual, Lacan inclui em seus escritos conceitos delicados, finalizando: "O homem autônomo é o que se reconhece no seu trabalho, é o que exercita dominada pela sujeição ao seu trabalho, é aquele que vive a angústia da morte".

24. Estratégias clínicas

1 A afirmação imperativa de Lacan – "o psicanalista não deve recuar diante da psicose" – deve ser compreendida como convocação para se ter coragem intelectual de aprofundar-se no estudo teórico e clínico da psicopatologia com rigor e ética. Cabe ao psiquiatra o destemor para ampliar sua prática, formando-se em outra dimensão do conhecimento, sem precisar renegar sua origem médica. Com certeza, Jacques Lacan, por sua vida e sua obra, se nos oferece como exemplo.

2 Os transtornos psicóticos devem merecer, inicialmente, um estudo diagnóstico preciso. É do conhecimento do psiquiatra atilado: a encefalite límbica, doenças degenerativas como o mal de Huntington, patologias inflamatórias como o lúpus sistêmico, sequelas da meningite e os vários tipos de demência. Na categoria das doenças infecciosas tem-se a neurossífilis (ainda neste século XXI), encefalites por herpes e HIV e as várias afecções depressivas.

Os neurologistas são parceiros indispensáveis nessa pesquisa.

3 A concepção estrutural da clínica, estabelecida por Jacques Lacan, colocou a psicose na função e no campo da fala e da linguagem. Seus estudos não se referem às psicoses orgânicas – demenciais e tóxicas –, mas às psicoses funcionais da psiquiatria clássica: esquizofrenia, melancolia, mania e paranoia, sendo esta última escolhida como paradigma.

As estruturas são permanentes, invariáveis, ao contrário dos sintomas, que mudam conforme o discurso sociocultural e as distorções afetivas da realidade, pelo que, consequentemente, são variáveis.

Pessoas ditas normais teriam fantasias paranoicas, sentimentos de autorreferência, ilusões dos sentidos, alucinações hipnagógicas e tóxicas; todavia, só aquelas possuidoras de uma estrutura psicótica elucubrariam e as colocariam em ato, definindo a loucura em seu *sensu lato*.

4 As formas de negação do saber são: o recalque, para as neuroses, o desmentido, para as perversões, e a rejeição, para as psicoses, estabelecendo as estruturas clínicas fundamentadas em operações específicas. Reveja o Capítulo 13.

Duas definições permitiram a Lacan estabelecer a clínica da psicose sob a visão psicanalítica: as formas de negação de modo geral e, particularmente, a forclusão (preclusão) do "nome do pai".

5 A forclusão indica a falta da inscrição no inconsciente da experiência simbólica da castração, experiência normativa estabelecida pelo "nome do pai". Todavia, não se diagnostica a psicose pela forclusão, e sim por seus efeitos. Forclusão não é causa, mas condição essencial para a ocorrência da psicose.

6 O "nome do pai" é o significante do pai. Não é patronímico nem a presença concreta do pai, mas a metáfora paterna, o que fica no lugar, substituindo a figura e a função do pai. Pode ser representada pela sociedade, pela Lei e pelas normas socioculturais. Trata-se da entrada do sujeito na cultura e na civilização.

7 A título de confirmação, é interessante falar do "pai do nome", prótese construída por convicções religiosas, ideologias políticas, literatura e paixões de várias naturezas, verdadeiras suplências. Trata-se de um significante usado tardiamente para dar conta do gozo psicótico.

8 O que dá condição para que se forme a estrutura psicótica é uma coisa; o que promove o desencadeamento da psicose é outra. Há pessoas com estrutura psicótica sem nunca apresentar crise ou surto. De outro lado, quem não possui estrutura nunca ficará psicótico. "Não é louco quem quer", dizia Lacan.

Denomina-se ponto cego a dificuldade do terapeuta de perceber a dinâmica do paciente, a sua própria dinâmica e a dinâmica relacional entre ambos.

Diante de um paciente drogadicto, devemos atentar para os sinais (ainda que pequenos) capazes de nos ajudar na descoberta de uma estrutura psicótica. Isso porque, sabe-se hoje, o uso de drogas funciona como suplência, principalmente nas chamadas "psicoses ordinárias", próprias do senso comum, mesmo quando não apresentam estruturas bem definidas. Essa modalidade de psicose é denominada também psicose "escamoteada" ou psicose já medicada.

9 O psicótico não o é sempre. A forclusão do "nome do pai" no *infans* só *a posteriori* desencadeará o surto, em certo momento da vida. Poderá ocorrer na forma florida dos surtos "schreberianos" ou ao modo não desencadeado da vivência "joyceana". Uma pergunta se impõe: o que é necessário para que um dia a psicose se desencadeie?

10 No lugar de analistas de psicóticos, devemos-nos contentar em passar por secretários do alienado, tomando ao pé da letra o que ele nos conta. Por quê, na margem do quê, para significar o quê, mobilizado por que o fenômeno aparece na vocalização do delirante? (Lacan)

As psicoterapias não repõem aquilo que o paciente nunca teve (falta) em sua formação estrutural. Apenas se propõem a acompanhá-lo na busca de condições para fazer frente às faltas.

11 A proposta de tratamento do psicótico tem por finalidade acolhê-lo, permitindo vislumbrar o laço social de maneira ética, que é o respeito à sua pessoa. Ele é uma pessoa a ser considerada responsável. Mas não se tentará inserir esse paciente na ordem fálica; ao contrário, deve-se aceitá-lo fora do discurso.

12 O psicótico apresenta uma estrutura clínica original e irredutível aos fenômenos neuróticos, o que impede de inseri-lo no "nome do pai".

Por isso, necessita de uma estratégia especial de tratamento. O analista se coloca como testemunha e com o seu testemunho na relação analítica. O exercício clínico será constituído por entrevistas longas e repetidas (Leclaire, 1999).

13 O analista estará atento à demanda do psicótico, dando-lhe o direito e a oportunidade de falar e de falar do que quiser sem pressuposto nenhum. É necessário detectar o pathos em que o sujeito se encontra para extrair a doutrina de sua particularidade, a patologia que o afeta (Quinet, 2000).

Cabe ao terapeuta observar o que diz o paciente: a compulsão do falar, a compulsão à repetição e a insistência do significante.

A análise altera a questão da pulsão. Esta contorna o objeto sem nunca encontrá-lo, porém no seu trajeto se transforma, o que repercute na transformação do sintoma.

Delírios e alucinações não são obrigatórios no diagnóstico da psicose.

14 Há de se cuidar para não fazer "interpretações" no tratamento de pré-psicóticos, pelo risco de desencadear a loucura contida. Daí por que o estudo da psicopatologia e do diagnóstico das estruturas deve ser feito de modo preciso e rigoroso. E ainda: o analista não interpretará o paciente delirante para não concorrer com ele. A escuta apurada permitirá ao analista "ler" o discurso de seu paciente não só pela aparência. O manejo da "transferência psicótica" é o que se impõe para a adequada condução dessa intervenção. O estudo do estado pré-psicótico e sua equivalência com a situação do "homem moderno" compõem a nova nosografia de Lacan.

15 Na psicanálise, cada sujeito é diferente do outro, cada caso é diferente do outro e, por isso, cada tratamento será diferente do outro. O que fundamenta um tratamento não é uma lei universal, mas a construção que se faz uma a uma (Paes Barreto, 2010). Já estava em Freud a exigência da "precisão diagnóstica", cabendo a Lacan reiterá-la em seus três registros: real, simbólico e imaginário (RSI).

16 É importante esclarecer, na clínica, a questão da "demanda". O psicótico terá uma demanda social, delineada pela família ou pela sociedade, exigindo muitas vezes a internação hospitalar, hoje mitigada pelas estratégias de atendimento ambulatorial. E haverá a demanda pessoal, por iniciativa do próprio paciente, em função do desconforto, do espanto, do medo e da confusão diante do que lhe ocorre no plano do pensamento. Essa segunda demanda deve ser dirigida ao analista, psiquiatra ou não. E, ainda, deve-se considerar a demanda pelo hospital, de pacientes que têm nele um porto seguro e proteção contra as "ameaças" de sua loucura.

17 Diz-se, como blague, que não há psicologia sem cérebro. Sem dúvida, qualquer manifestação psíquica se faz sobre uma massa de neurônios, entrecruzamentos de sinapses, suporte neuroquímico e evidente base genética. Daí por que o emprego de psicofármacos para conter o gozo psicótico é, hoje, uma estratégia para facilitar a sessão analítica. Na visão clínica de David Cooper, expoente da antipsiquiatria, o essencial para o tratamento seria o diálogo, cabendo às medicações a facilitação da fala. Dizia ele ao psicótico: "Eu lhe dou esta coisa [o remédio] para que possamos falar dos assuntos que importam". Por sua vez, Balint exortava os médicos que supervisionava: "Antes de tudo, o medicamento é você". J. A. Miller ousou afirmar: "Os medicamentos são formas de anestésico. Eles não curam, mas permitem trabalhar com pacientes decididos". Para compreender o jogo de palavras contido nessa frase, é necessário lembrar que o primeiro neuroléptico, a cloropromazina, surgiu de uma substância anestésica. E por "pacientes decididos" devemos entender "aqueles que querem se tratar". Na trilha de Eric Laurent, tendo o medicamento como um dos significantes-mestres da civilização ocidental, espera-se do psicanalista um trabalho para que o sujeito não se hipnotize com esse indicador farmacológico.

18 Cuidados no tratamento do psicótico: atenção para a "passagem ao ato"; reconhecer a erotomania como modalidade específica da transferência psicótica; não insistir nas regras da associação livre de ideias; ter percepção do surgimento do real na clínica do sujeito; o real é que permite entender e aclarar o fenômeno psicótico; não estimular inter-relação que possa dar numa "loucura a dois"; evitar bater de frente com a certeza delirante do sujeito; trazer o paciente sempre para o uso da palavra, evitando o "acting out"; não se deixar manobrar pelo paciente. Por fim, levar muito a sério a tarefa clínica, com capacidade de espera, paciência e prudência.

19 Para Lacan, a contratransferência existe, porém não deve ser usada no processo analítico. Ela se refere à angústia do profissional em seu trabalho, no trato com neuróticos, psicóticos ou perversos. Em vez de usá-la para fazer interpretações, o analista deve expô-la para tratamento próprio em sua própria análise.

O analista se coloca na posição denominada "ignorância douta". Ele não sabe nada, então indaga e auxilia o paciente a pensar, a falar e a associar a cadeia de significantes.

20 A psicanálise não é ato de fé. Ela tem regras, leis e estruturas, sendo a ética responsável pelo direcionamento desses vetores. A psicanálise não inocenta nem desculpabiliza ninguém, nem mesmo o que é da ordem do inconsciente.

Propõe, todavia, a noção de responsabilidade a ser incluída no comportamento social do sujeito. Trata-se de implicá-lo na posição subjetiva de seu gozo.

21 Maud Mannoni registrou em seus escritos: "Se o tratamento de psicóticos frequentemente alcança mais êxito quando realizado por analistas novatos do que por veteranos, é porque os jovens preservam o entusiasmo que falta aos mais velhos". A importância da presença do profissional iniciante na análise de psicóticos deve-se à sua disposição física, à sua inteligência em pleno viço, à sua curiosidade intelectual, ao prazer dos desafios e à busca de solução para os enigmas humanos. Os anosos serão estimulados pelo poeta Bastos Tigre: "Mantém-te jovem, pouco importa a idade, tem cada idade a sua juventude".

22 Momento crucial do processo analítico se dá quando se estabelece a transferência negativa: a agressividade e a eroticidade do analisado em relação ao profissional que o trata. Lacan denominou essa ocorrência de "nó inaugural do drama analítico".

23 O terapeuta deve estimular o paciente a falar, sem a obrigatoriedade de ordem ou organização. Assim o discurso catártico do analisante pode chegar aos limites do delírio.

24 Ser analisável é ser capaz de transformar as pulsões, os impulsos, a agressividade, a amorosidade, a eroticidade em sentimentos traduzidos pelas palavras.

25 No cansaço, no tédio, ou no mau humor do analista, propõe-se que o profissional desenvolva o prazer de ouvir, o aprender a escutar, a curiosidade de saber, e, por fim, mantenha-se em constante processo de fazer e refazer o diagnóstico inicial.

Conforme Alain Badiou (1996), "há, portanto, acordo geral quanto à convicção de que nenhuma sistemática especulativa é concebível na forma de um discurso acabado. O tempo do pensamento está aberto para um regime de apreensão diferente".

A terapia não pode realizar nem mais nem menos do que ajudar o psicótico a fazer o que ele vem tentando durante toda a sua vida: criar um espaço seguro para viver (Leader, 2011).

Ponto-final

A AMPLIAÇÃO QUE LACAN estabeleceu para a clínica psicanalítica leva o especialista em psicanálise a participar das diretrizes e dos modelos de atenção integral à saúde mental em vários níveis: promoção, prevenção, proteção, cuidados médicos, segurança social, reabilitação e inserção na sociabilidade, na qual a dignidade se instala cheia de esperanças.

Suportar a transferência

"O TRABALHO DO ANALISTA não é cor-de-rosa." De forma lúdica, Lacan refere-se ao "peso" profissional que envolve a tarefa de enfrentar os fantasmas e as angústias do nosso paciente.

"A linguagem profere seu veredicto a quem sabe ouvi-la."

Referências bibliográficas

ALLOUCH, J. *Paranoia: Marguerite Anzieu, ou a "Aimée" de Lacan*. Rio de Janeiro: Cia. de Freud, 2005.

_____. *O sexo do mestre*. Rio de Janeiro: Cia. de Freud, 2010.

ALMEIDA, W. C. de. *Psicoterapia aberta: o método do psicodrama, a fenomenologia e a psicanálise*. São Paulo: Ágora, 2006.

ANDRADE, M. L. de A. *Distúrbios psicomotores*. São Paulo: EPU, 1984.

ASSIS, M. de. "Um apólogo". In: *Para Gostar de Ler volume 9 – Contos*. São Paulo: Ática, 1984.

BADIOU, A. *O ser e o evento*. Rio de Janeiro: Zahar, 1996.

BAIRRÃO, J. F. M. H. *O impossível sujeito: implicações do tratamento do inconsciente por Lacan*. Tese (Doutorado em Filosofia), Universidade Estadual de Campinas, Campinas (SP), 1996.

BALINT, M. *O médico, seu paciente e a doença*. Rio de Janeiro: Ateneu, 1988.

BARRETO, F. P. *Reforma psiquiátrica e movimento lacaniano*. Belo Horizonte: Itatiaia, 1999.

BASTIDE, R. (org.). *Usos e sentidos do termo "estrutura"*. São Paulo: Herder/Edusp, 1971.

BECKETT, S. *Esperando Godot*. São Paulo: Cosac Naify, 2006.

BENETI, A. "Psiquiatria lacaniana?" In: QUINET, A. (org.). *Jacques Lacan: a psicanálise e suas conexões*. Rio de Janeiro: Imago, 1993.

_____. *Ensaios de psicanálise e saúde mental*. Belo Horizonte: Scriptum, 2010.

CALLIGARIS, C. *Cartas a um jovem terapeuta*. São Paulo: Alegro, 2004.

CHILAND, C. *O sexo conduz o mundo*. Rio de Janeiro: Cia. de Freud, 2005.

CLÉMENT, C. *Vidas e lendas de Jacques Lacan*. São Paulo: Moraes, 1983.

COSTA, M. O. *Tintas e fragmentos – Retalhos de memórias*. XIV Congresso Brasileiro de Psicodrama, 2004.

DE STRYCKER, E. "Les témoignages historiques sur Socrate". In: MÉLANGES, G. (org.). *Annuaire* (Institut de Philologie de Bruxelles), v. 10, 1950, p. 199-230.

DELEUZE, G. *Qu'est-ce la philosophie*. Paris: Minuit, 1991.

DELUMEAU, J. *A confissão e o perdão*. São Paulo: Companhia das Letras, 1991.

DIATKINE, G. *Jacques Lacan – Biografia*. Porto Alegre: Artes Médicas, 1999.

DÍAZ-BENITEZ, M. E.; FIGARI, C. E. *Prazeres dissidentes*. Rio de Janeiro: Garamond, 2009.

DILTHEY, W. *Psicologia e teoria do conhecimento*. México: Fondo de Cultura Económica, 1945.

Dover, K. J. *A homossexualidade na Grécia Antiga*. São Paulo: Nova Alexandria, 2007.

Eco, U. *O nome de rosa*. Rio de Janeiro: Nova Fronteira, 1983.

Ellmann, R. *James Joyce*. São Paulo: Globo, 1989.

Ferenczi, S. (1932). *Diário clínico*. São Paulo: Martins Fontes, 1990.

Freud, S. *The interpretation of dreams*. Nova York: Modern Library, 1938.

_____. *Obras completas*. Madri: Biblioteca Nueva, 1968.

_____ (1923). "O ego e o id". In: *Edição Standard Brasileira das Obras Psicológicas Completas de Sigmund Freud*. v. XIX. Rio de Janeiro: Imago, 1969a.

_____. "Estudos sobre a histeria". In: *Edição Standard Brasileira das Obras Psicológicas Completas de Sigmund Freud*. v. II. Rio de Janeiro: Imago, 1969b.

_____ (1908). "Fantasias histéricas e sua relação com a bissexualidade". In: *Edição Standard Brasileira das Obras Psicológicas Completas de Sigmund Freud*. v. IX. Rio de Janeiro: Imago, 1969c.

_____ (1914). "Recordar, repetir e elaborar (novas recomendações sobre a técnica da psicanálise II)". In: *Edição Standard Brasileira das Obras Psicológicas Completas de Sigmund Freud*. v. XII. Rio de Janeiro: Imago, 1969d.

_____. "Delírios e sonhos na Gradiva de Jensen". In: *Edição Standard Brasileira das Obras Psicológicas Completas de Sigmund Freud*. v. IX. Rio de Janeiro: Imago, 1974a.

_____ (1924). "A perda da realidade na neurose e na psicose". In: *Edição Standard Brasileira das Obras Psicológicas Completas de Sigmund Freud*. v. XIX. Rio de Janeiro: Imago, 1974b.

_____ (1920). "Além do princípio do prazer". In: *Edição Standard Brasileira das Obras Psicológicas Completas de Sigmund Freud*. v. XVIII. Rio de Janeiro: Imago, 1976.

_____ (1905). "Os chistes e sua relação com o inconsciente". In: *Edição Standard Brasileira das Obras Psicológicas Completas de Sigmund Freud*. v. VIII. Rio de Janeiro: Imago, 1980a.

_____ (1919). "O estranho". In: *Edição Standard Brasileira das Obras Psicológicas Completas de Sigmund Freud*. v. XVII. Rio de Janeiro: Imago, 1980b.

_____ (1920). "A jovem homossexual". In: *Edição Standard Brasileira das Obras Psicológicas Completas de Sigmund Freud*. v. XVIII. Rio de Janeiro: Imago, 1980c.

_____ (1937). "Construções em análise". In: *Edição Standard Brasileira das Obras Psicológicas Completas de Sigmund Freud*. v. XII. Rio de Janeiro: Imago, 1996a.

_____ (1911). "Notas psicanalíticas sobre um relato autobiográfico de um caso de paranoia". In: *Edição Standard Brasileira das Obras Psicológicas Completas de Sigmund Freud*. v. XXI. Rio de Janeiro: Imago, 1996b.

_____ (1904). *Três ensaios sobre a teoria da sexualidade*. Rio de Janeiro: Imago, 2002.

_____ (1926). "Inibição, sintoma e angústia". In: *O futuro de uma ilusão e outros textos*. São Paulo: Companhia das Letras, 2014.

Gay, P. *Freud: uma vida para o nosso tempo*. São Paulo: Companhia das Letras, 1989.

Giles, T. R. *História do existencialismo e da fenomenologia*. São Paulo: Edusp, 1975.

Gorman, R. A. *A visão dual*. Rio de Janeiro: Zahar, 1979.

Gracián, B. *A arte da sabedoria mundana*. Rio de Janeiro: Best-Seller, 1992.

GRANON-LAFONT, J. *A topologia de Jacques Lacan*. Rio de Janeiro: Zahar, 1996.

HANNS, L. *A teoria pulsional na clínica de Freud*. Rio de Janeiro: Imago, 1999.

HARRISON, T. R. "O médico e o seu paciente". In: *Medicina interna*. Rio de Janeiro: Guanabara Koogan, 1960.

HEGEL, G. W. F. *Fenomenologia do espírito*. Petrópolis: Vozes, 2011.

HILLMAN, J. *Edipo e variações*. Petrópolis: Vozes, 1995.

HUXLEY, A. *As portas da percepção*. Rio de Janeiro: Globo, 1984.

HYPPOLITE, J. *Genèse et structure de la phénomenologie de l'esprit de Hegel*. Paris: Aubier-Montaigne, 1946.

IANINI, G. *Estilo e verdade em Jacques Lacan*. Belo Horizonte: Autêntica, 2012.

JONES, E. *Vida e obra de Sigmund Freud*. Rio de Janeiro: Imago, 1989.

JULIEN, P. "A análise como exaustão do simbólico". In: *O retorno a Freud de Jacques Lacan*. Porto Alegre: Artmed, 1993.

KINSEY, A. C.; POMEROY, W. B.; MARTIN, C. E. *Sexual behavior in the human male*. Filadélfia: W. B. Saunders, 1948.

KOJÈVE, A. *Introdução à leitura de Hegel*. Rio de Janeiro: Contraponto, 2002.

LA ROCHEFOUCAULD, F. *Reflexões ou sentenças e máximas morais*. São Paulo: Penguin/Companhia das Letras, 2014.

LACROIX, M. *O culto da emoção*. Rio de Janeiro: José Olympio, 2006.

LAGACHE, D. *A transferência*. São Paulo: Martins Fontes, 1992.

LAIA, S.; BATISTA, M. do C. D. (orgs.). *Todo mundo delira*. Belo Horizonte: Sciptum, 2010.

LAING, R. D. *O eu dividido*. Petrópolis: Vozes, 1973.

LAPLANCHE, J. *Teoria da sedução generalizada e outros ensaios*. Porto Alegre: Artmed, 1988.

_____. *Sexual*. Porto Alegre: Dublinense, 2015.

LAPLANCHE, J.; PONTALIS, J. B. (orgs.). *Vocabulário de psicanálise*. Lisboa: Moraes, 1976.

LAURENT, E. *A sociedade do sintoma – A psicanálise hoje*. Rio de Janeiro: Contracapa, 2007.

LEADER, D. *O que é a loucura*. Rio de Janeiro: Zahar, 2011.

LECLAIRE, S. *Principios de una psicoterapia de las psicosis*. Madri: Síntesis, 1999.

LEMOINE, G.; LEMOINE, P. *Una teoría del psicodrama*. Buenos Aires: Granica, 1974.

LÉVI-STRAUSS, C. "A eficácia simbólica". In: *Antropologia estrutural*. Rio de Janeiro: Tempo Brasileiro, 1975a.

_____. *Antropologia estrutural*. Rio de Janeiro: Tempo Brasileiro, 1975b.

LUIJPEN, W. *Introdução à fenomenologia existencial*. São Paulo: Edusp, 1973.

LUKÁCS, G. *História e consciência de classe*. 2. ed. São Paulo: Martins Fontes, 2012.

LYOTARD, J.-F. *A fenomenologia*. São Paulo: Martins Fontes, 1986.

MAJOR, R. *Lacan com Derrida*. Rio de Janeiro: Civilização Brasileira, 2002.

MANNONI, O. *Um espanto tão intenso*. Rio de Janeiro: Campus, 1992.

MARCONDES, D. *Textos básicos de filosofia*. Rio de Janeiro: Zahar, 1999.

MARINA, J. A. *O quebra-cabeça da sexualidade*. Rio de Janeiro: Guarda-Chuva, 2008.

MASSON, J.-M. (org.). *A correspondência completa de Sigmund Freud para Wilhelm Fliess, 1887-1904.* Rio de Janeiro: Imago, 1986.

MERLEAU-PONTY, M. *Fenomenologia da percepção.* São Paulo: Martins Fontes, 1969.

MILLER, G. (org.). *Lacan.* Rio de Janeiro: Zahar, 1993.

MILLER, J.-A. *Lacan elucidado – Palestras no Brasil.* Rio de Janeiro: Zahar, 1997.

MORENO, J. L. *Psicoterapia de grupo e psicodrama.* São Paulo: Mestre Jou, 1974.

NASIO, J. D. *Cinco lições sobre a teoria de Jacques Lacan.* Rio de Janeiro: Zahar, 1993.

_____. *O silêncio na psicanálise.* Rio de Janeiro: Zahar, 2010.

NIETSZCHE, F. W. *Ecce Homo: como alguém se torna o que é.* São Paulo: Companhia das Letras, 1995.

O'BRIEN, E. *James Joyce.* Rio de Janeiro: Objetiva, 1999.

POE, E. A. *A carta roubada – E outras histórias de crime e mistério.* Porto Alegre: L&PM, 2003.

PRECIADO, B. *Manifesto contrassexual.* São Paulo: N-1, 2014.

QUINET, A. *Teoria e clínica da psicose.* 2. ed. Rio de Janeiro: Forense Universitária, 2000.

ROUDINESCO, E. *Jacques Lacan, história de um sistema de pensamento.* São Paulo: Companhia das Letras, 1993.

_____. *A parte obscura de nós mesmos: uma história dos perversos.* Rio de Janeiro: Zahar, 2008.

REIK, T. (1945). *La significación psicológica del silencio.* Buenos Aires: Hormé/Paidós, 1975.

ROSSET, C. *O real e seu duplo.* Porto Alegre/São Paulo: LPM/Gallimard, 1988.

SAADEH, A. *Transtorno da identidade sexual: um estudo psicopatológico de transexualismo masculino e feminino.* Tese (Doutorado em Ciências), Universidade de São Paulo, São Paulo (SP), 2004.

SAUSSURE, F. *Cours de linguistique générale.* Paris: Payot & Rivages, 1916.

SCHNEIDERMAN, S. *Jacques Lacan: a morte de um herói intelectual.* Rio de Janeiro: Zahar, 1988.

SCHREBER, D. P. (1903). *Memórias de um doente dos nervos.* Rio de Janeiro: Paz e Terra, 1995.

SHOWALTER, E. *Histórias histéricas.* Rio de Janeiro: Rocco, 2004.

SILVEIRA, N. da. *Imagens do inconsciente.* Rio de Janeiro: Alhambra, 1981.

SIMANKE, R. T. *Metapsicologia lacaniana.* São Paulo: Discurso, 2002.

SOLER, C. *A maldição sobre o sexo e outros temas.* Salvador: Escola Brasileira de Psicanálise, 1997.

_____. *O inconsciente a céu aberto da psicose.* Rio de Janeiro: Zahar, 2007.

STOLLER, R. *Sex and gender: the development of masculinity and femininity.* Nova York: Science House; 1968

STONE, J. F. *O julgamento de Sócrates.* São Paulo: Companhia das Letras, 1988.

SULLIVAN, H. S. *Conceptions of modern psychiatry.* Nova York: W. W. Norton, 1940.

TCHEKHOV, A. *Um homem extraordinário e outras histórias.* Porto Alegre: L&PM, 2007.

WAHL, J. *As filosofias da existência.* Lisboa: Europa-América, 1962.

Winter, J. P. *Os errantes da carne: estudos sobre histeria masculina*. Rio de Janeiro: Companhia de Freud, 2001.

Žižek, S. "A paixão pelo real". *Folha de S.Paulo*, 30 nov. 2003, caderno Mais! Entrevista concedida a Vladimir Safatle.

_____. *Como ler Lacan*. Rio de Janeiro: Zahar, 2010.

Dois livros importantes para o atual momento da psicanálise

Alberti, S. *et al.* (orgs.). *Ofício do psicanalista – Formação vs. regulamentação*. São Paulo: Casa do Psicólogo, 2009.

Porge, E. *et al. Manifesto pela psicanálise*. Rio de Janeiro: Civilização Brasileira, 2015.

Bibliografia lacaniana

Lacan, J. *O mito individual do neurótico*. Lisboa: Assírio e Alvin, 1980.

_____. *O Seminário. Livro 2 – O eu na teoria de Freud e na técnica da psicanálise*. Rio de Janeiro: Zahar, 1985a.

_____ (1975). *O Seminário. Livro 20 – Mais, ainda*. Rio de Janeiro: Zahar, 1985b.

_____. *O Seminário. Livro 11 – Os quatro conceitos fundamentais da psicanálise*. Rio de Janeiro: Zahar, 1985c.

_____ (1953-1954). *O Seminário. Livro 1 – Os escritos técnicos de Freud*. Rio de Janeiro: Zahar, 1986.

_____ (1932). *Da psicose paranoica em suas relações com a personalidade*. Rio de Janeiro: Forense Universitária, 1987a.

_____. *A família*. Lisboa: Cooperativa Editora e Livreira, 1987b.

_____. "Os três tempos do Édipo". In: *O Seminário. Livro 5 – As formações do inconsciente*. Rio de Janeiro: Zahar, 1999.

_____. *A querela dos diagnósticos*. Rio de Janeiro: Zahar, 1989a.

_____. *Shakespeare, Duras, Wedekind, Joyce*. Lisboa: Assírio & Alvim, 1989b.

_____. *O Seminário. Livro 17 – O avesso da psicanálise*. Rio de Janeiro: Zahar, 1992.

_____ (1974). *Televisão*. Rio de Janeiro: Zahar, 1993.

_____ (1930). *Os complexos familiares*. Rio de Janeiro: Zahar, 1997a.

_____. *O Seminário. Livro 7 – A ética da psicanálise*. Rio de Janeiro: Zahar, 1997b.

_____. *O Seminário. Livro 3 – As psicoses*. Rio de Janeiro: Zahar, 1997c.

_____ (1970). *Escritos*. Rio de Janeiro: Zahar, 1998.

_____. "De uma questão preliminar a todo tratamento possível da psicose". In: *Escritos*. Rio de Janeiro: Zahar, 1998a.

_____. *Escritos*. Rio de Janeiro: Zahar, 1998b.

_____. "O estádio do espelho como formador da função do eu". In: *Escritos*. Rio de Janeiro: Zahar, 1998c.

_____. "Função e campo da fala e da linguagem em psicanálise". In: *Escritos*. Rio de Janeiro: Zahar, 1998d.

_____. "A instância da letra no inconsciente ou a razão desde Freud". In: *Escritos*. Rio de Janeiro: Zahar, 1998e.

_____. "Seminário sobre 'A carta roubada'". In: *Escritos*. Rio de Janeiro: Zahar, 1998f.

_____. *O Seminário. Livro 5 – As formações do inconsciente.* Rio de Janeiro: Zahar, 1999.

_____ (1966-1967). *Outros escritos*. Rio de Janeiro: Zahar, 2003a.

_____ (1966-1967). "A lógica da fantasia". In: *Outros escritos*. Rio de Janeiro: Zahar, 2003b.

_____. *O Seminário. Livro 10 – A angústia.* Rio de Janeiro: Zahar, 2005a.

_____. *O triunfo da religião*. Rio de Janeiro: Zahar, 2005b.

_____. *Meu ensino*. Rio de Janeiro: Zahar, 2006a.

_____. *O Seminário. Livro 12 – Problemas cruciais para a psicanálise* (seminários estenografados exclusivamente para membros do Centro de Estudos Freudianos do Recife). Recife: CEFR, 2006b.

_____. *O Seminário. Livro 18 – De um discurso que não fosse semblante.* Rio de Janeiro: Zahar, 2007a.

_____. *O Seminário. Livro 23 – O sinthoma.* Rio de Janeiro: Zahar, 2007b.

_____ (1960). *O Seminário. Livro 8 – A transferência*. Rio de Janeiro: Zahar, 2010.

_____. *Estou falando com as paredes*. Rio de Janeiro: Zahar, 2011.

_____. *O Seminário: Livro 6 – O desejo e sua interpretação*. Rio de Janeiro: Zahar, 2016.

www.gruposummus.com.br

Acesse, conheça o nosso catálogo e cadastre-se para receber informações sobre os lançamentos.

www.gruposummus.com.br